特里維廉的英國史（筆記版）

從不列顛邊陲到世界強權，解析英國歷史的關鍵轉折點

History of England

(G. M. Trevelyan)
喬治・麥考萊・特里維廉 著
伊莉莎 編譯

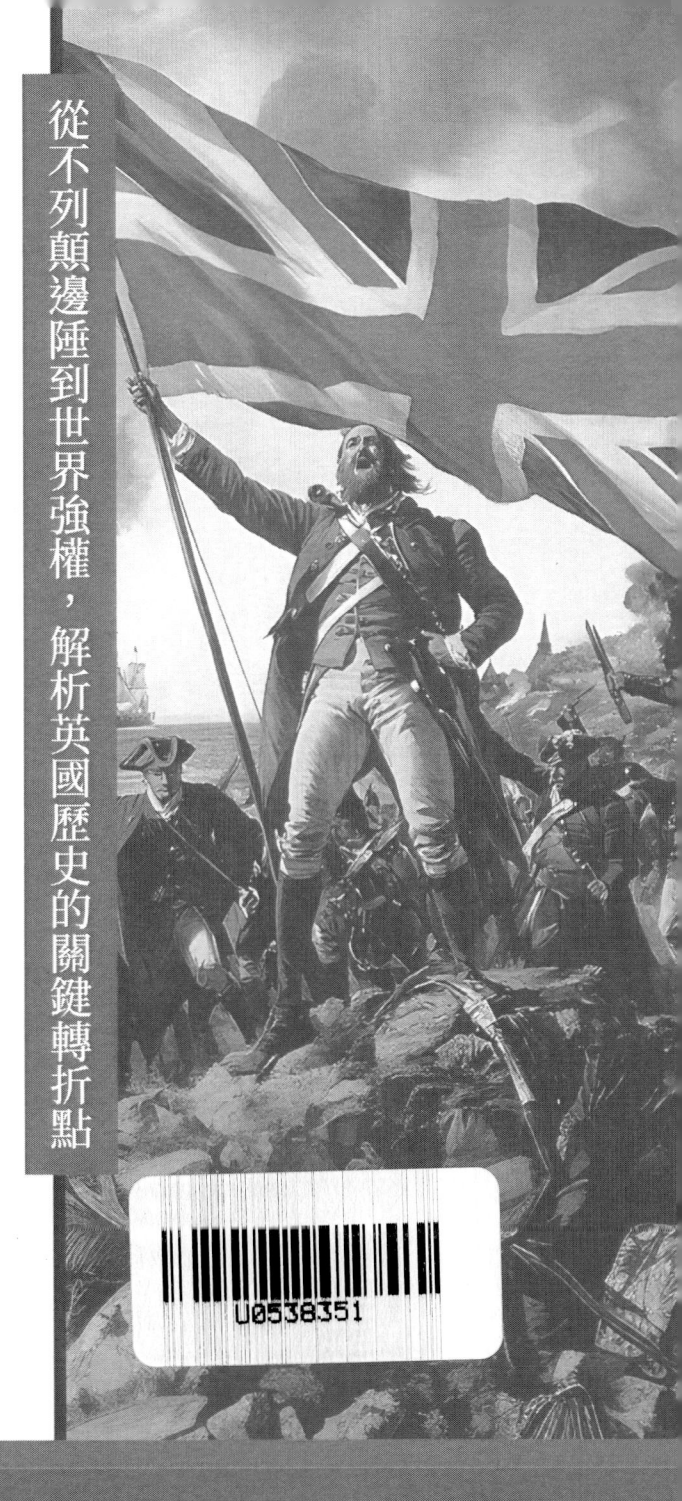

早期部落社會到世界強權，封建割據到民主憲政
政治制度演進、民族融合與文化變遷
不僅僅是對英國歷史的概述！

目錄

前言 ………………………………………………………………… 011

撒克遜凱爾特人的足跡與不列顛的文化交融 ……………………… 019

不屈的邊陲：羅馬帝國在不列顛的征服與挑戰 …………………… 022

征服與重生：盎格魯－撒克遜人的不列顛之旅 …………………… 025

不列顛的信仰轉折：基督教的興起與文化傳承 …………………… 028

王位爭奪與民族復興：不列顛的動盪與新生 ……………………… 035

森林與自由：盎格魯－撒克遜人的生活畫卷 ……………………… 041

英格蘭的動盪與重生：從丹麥金到倫敦的崛起 …………………… 044

從克努特到諾曼征服：英格蘭歷史的轉折 ………………………… 046

征服與革新：諾曼人如何改寫英格蘭命運 ………………………… 051

英格蘭的權力角逐與文化變遷 ……………………………………… 056

中世紀的學院與行腳僧 ……………………………………………… 072

英格蘭法律與金融的蛻變 …………………………………………… 073

英國國會的獨特演進：從法家到雙院制 …………………………… 075

政教分離與權力轉移：英國中世紀的政治變遷 …………………… 077

英國憲政與學術傳統的演進 ………………………………………… 079

目錄

曙光與黑暗：中世紀的英格蘭與愛爾蘭 …………………… 080

愛爾蘭與威爾斯：未竟的統一與頑強的抵抗 …………… 083

蘇格蘭的獨立夢：自由的代價 …………………………… 087

英國民族性的形成與語言的蛻變 ………………………… 093

黑死病後的英格蘭：社會變革的序曲 …………………… 094

西元 1381 年的農民起義：英格蘭社會變革的序章 …… 095

英國宗教改革的前奏：教會的頹勢與社會的覺醒 ……… 097

英國中世紀的管業法與國會制度：變遷與影響 ………… 100

英國中世紀的權力角力與憲政演進 ……………………… 102

矛盾時代的文明曙光 ……………………………………… 104

玫瑰戰爭的終章：愛德華四世的遺產 …………………… 106

英格蘭的現代化曙光：推動民族國家崛起的力量 ……… 108

英格蘭的蛻變：從動盪到繁榮 …………………………… 110

都鐸王朝的革新與穩固 …………………………………… 112

法律的角力：特種法院與普通法院的對抗 ……………… 114

都鐸時期的農業革命與社會轉型 ………………………… 117

英倫新生：文藝復興與宗教改革的交織 ………………… 119

文藝復興與權臣的遊戲：亨利八世與托馬斯‧沃爾西的故事 …… 121

從邊緣到主角：英國海軍的崛起之路 …………………… 123

英格蘭宗教改革：亨利八世的決裂與獨立 ……………………… 125

權力的陰謀與信仰的悲劇：愛德華六世、諾森伯蘭與瑪麗女王 …… 134

宗教與權力的交織：蘇格蘭改革的風雲人物 …………………… 139

海洋的曙光：英國的崛起 ………………………………………… 142

英格蘭的動盪與機遇 ……………………………………………… 149

威爾斯與愛爾蘭：凱爾特民族的不同命運 ……………………… 151

愛爾蘭的靈魂：宗教改革與民族意識的覺醒 …………………… 153

伊莉莎白時代的文化復興：詩歌與音樂的黃金時期 …………… 155

英格蘭的紳士與鄉村生活 ………………………………………… 157

都鐸與斯圖亞特時代的英格蘭：宗教與政治的交織 …………… 160

英國自由的演變與挑戰 …………………………………………… 162

英國政治轉型的序曲：從中央集權到地方自治 ………………… 165

詹姆士一世的宗教困局與宗教紛爭的激化 ……………………… 167

英荷商戰與斯圖亞特王朝的衰落 ………………………………… 169

政治野心與宗教衝突：溫特渥斯的兩難 ………………………… 172

蘇格蘭的抗爭與英格蘭的變革 …………………………………… 175

理想與現實的衝突：英國內戰的深層解讀 ……………………… 177

克倫威爾的矛盾與抉擇 …………………………………………… 184

英格蘭的轉變：從農村到現代社會 ……………………………… 190

目錄

邊陲精神：美國獨立的推動力 …………………………… 194

英國復辟：權力的重塑與和解 …………………………… 197

政治風暴中的權力鬥爭 …………………………………… 204

從危機到共識：西元 1689 年英國憲政的奠基 ………… 209

從專制到自由：英格蘭與蘇格蘭的漫長旅程 …………… 211

蘇格蘭的復興與挑戰 ……………………………………… 213

英格蘭與蘇格蘭：從敵對到共榮的歷史轉折 …………… 215

海權與陸權：路易十四的策略失誤 ……………………… 217

海權與金融：英國的全球崛起 …………………………… 219

政治風雲：英國兩黨制的演變與影響 …………………… 222

輝格黨的崛起與英國政治的轉型 ………………………… 224

革命與保守：18 世紀英國的矛盾與成就 ………………… 226

英國政治的演進：從寡頭政治到內閣制的形成 ………… 228

靈活的憲政：英國政治制度的演進與穩定 ……………… 230

跨文化影響下的 18 世紀英國文學與社會 ……………… 233

信仰的力量與社會的變革 ………………………………… 235

18 世紀英國的宗教與教育：變革與挑戰 ………………… 237

英國鄉村的靜謐與變遷 …………………………………… 239

工業革命的動力：英國的條件與挑戰 …………………… 241

輝格黨與詹姆士黨：英格蘭與蘇格蘭的政治角力 …………… 243

喬治一世與沃波爾：從動盪到穩定的過渡 ………………… 245

英國政壇的轉捩點：從沃波爾到皮特 ……………………… 247

從叛亂到改革：蘇格蘭的現代化之路 ……………………… 249

自由與專制的對決：皮特與腓特烈的聯盟 ………………… 251

英國內閣制度的崛起與挑戰 ………………………………… 253

喬治三世與帝國的分裂 ……………………………………… 255

分裂與獨立：美洲革命的序章 ……………………………… 257

政治變革的序曲：美國獨立戰爭對英國的影響 …………… 259

英國政壇的變革與堅韌 ……………………………………… 261

托利黨的矛盾與轉型：英國政治的漸進改革 ……………… 263

英法革命交織下的改革浪潮 ………………………………… 265

革命與改革：英國的兩難抉擇 ……………………………… 268

輝格黨的堅持與改革之路 …………………………………… 270

歷史的回聲：英法衝突中的相似與變革 …………………… 272

尼羅河之勝：重塑大英帝國的海上霸權 …………………… 274

英國政壇的權力交織與制約 ………………………………… 276

戰爭陰影下的階級圖景 ……………………………………… 278

勝利的背後：不列顛的堅守與智慧 ………………………… 280

目錄

維也納會議：和平與矛盾的交織 …… 282

不列顛帝國的蛻變與融合 …… 284

18 世紀愛爾蘭的重生與掙扎 …… 286

英國統治下的印度：從新政到擴張 …… 289

工業革命中的英國：變革與挑戰 …… 291

鐵與火的交響：工業革命的心跳聲 …… 293

工業革命的代價：工人與移民的苦難 …… 295

英國農業革命與圈地運動的雙重變奏 …… 297

工業革命中的英國城市與社會變遷 …… 299

英國政治與社會的雙重革新：維多利亞時代的啟示 …… 301

大英帝國的轉變與新秩序的萌芽 …… 303

激進主義與工人階級的覺醒 …… 305

激進主義的浪潮：克伯特與 19 世紀英國的社會變革 …… 307

自由之風：英國警政與關稅改革的推進 …… 309

坎寧的外交革新：從南美獨立到希臘解放 …… 311

坎寧的遺產：自由主義的啟動與改革的萌芽 …… 313

改革之風：1830 年代英國社會的變革浪潮 …… 315

改革的浪潮：西元 1832 年法案的深遠影響 …… 317

英國改革與比利時獨立：西元 1833 年的雙重變革 …… 319

改革的代價：英國社會的轉型與挑戰 …………………………… 322

維多利亞時代的階級爭鬥與社會變革：從《穀物法》到政治重塑 …… 324

政治與教育的交錯：十九世紀中葉英國的兩難抉擇 …………… 326

克里米亞戰爭的教訓與英國軍事改革 …………………………… 328

英國外交的智慧與失策 …………………………………………… 330

英國政治的轉折：從改革到民主 ………………………………… 332

皮爾的雙面性格與政治影響 ……………………………………… 334

大英帝國的轉型與加拿大的自治曙光 …………………………… 336

奧勒岡邊界與和平的奠基 ………………………………………… 338

南非的殖民對抗與矛盾 …………………………………………… 340

帝國的轉折與重塑 ………………………………………………… 342

印度民族運動的萌芽與英國的應對 ……………………………… 345

維多利亞時代的思想革命與格萊斯頓改革 ……………………… 347

愛爾蘭土地與英國教育改革的雙重變革 ………………………… 349

轉型與挑戰：英國政黨的民主浪潮 ……………………………… 351

自由黨的挑戰與重塑 ……………………………………………… 353

格萊斯頓的遺產：自由與自治的交錯 …………………………… 355

維多利亞時代的改革與影響 ……………………………………… 357

工業革命的影響與審美重生 ……………………………………… 359

目 錄

政治風暴中的堅韌：自由黨的改革與挑戰 ⋯⋯⋯⋯⋯⋯⋯⋯ 361

大不列顛的外交轉折與戰爭抉擇 ⋯⋯⋯⋯⋯⋯⋯⋯⋯⋯⋯ 363

現代戰爭的總體化與國際互賴 ⋯⋯⋯⋯⋯⋯⋯⋯⋯⋯⋯⋯ 365

英國政壇的變遷與現代民主的奠基 ⋯⋯⋯⋯⋯⋯⋯⋯⋯⋯ 367

前言

在廣袤的歐洲大陸邊緣，遙遠的海洋彼岸，矗立著一片曾經寂寂無名的土地——不列顛。在漫長的歷史長河中，不列顛這片土地以其獨特的地理位置和豐富的文化遺產，逐漸從歐洲大陸的邊緣走向世界舞臺的中心。早期的不列顛住著伊比利人和凱爾特人，他們在這片土地上繁衍生息，留下了深刻的文化痕跡。然而，這片土地的命運因羅馬帝國的到來而開始改變。羅馬的征服帶來了文明的衝擊和短暫的拉丁化，儘管最終未能長久，卻為不列顛的歷史開啟了一個新的篇章。

隨著羅馬帝國的衰退，盎格魯－撒克遜人和維京人相繼而至，這些來自北方的征服者不僅改變了不列顛的政治版圖，也在文化和社會結構上留下了深遠的影響。維京人的海上侵略塑造了不列顛的軍事和政治策略，並促成了多元文化的融合，逐步形成今日英格蘭獨特的民族性格。

中世紀的不列顛，經歷了從無政府狀態到封建采邑制度確立的巨大轉變。這個時期的政治動盪和社會變革，為英格蘭的法律制度和國會體系奠定了基礎。隨著百年戰爭的發展，英格蘭的國力逐漸增強，並開始向外擴張，逐步併吞了愛爾蘭、威爾斯和蘇格蘭，最終形成了統一的政治實體。都鐸和斯圖亞特王朝的興起，使得宗教改革成為時代的核心主題，影響深遠。

在 16 世紀末，英國的海上實力逐漸顯現，西元 1588 年英國艦隊擊敗西班牙無敵艦隊，這個事件象徵著英國海上霸主地位的確立。隨著海軍力量增強，英國開始向北美進行殖民擴張，為大英帝國的崛起奠定了基礎。英國內戰、克倫威爾共和以及隨後的王政復辟，進一步塑造了英國的政治

前言

體系，權力的天平回到了議會和國王之間的微妙平衡。

18世紀，英法之間的競爭以及工業革命的興起，將英國推向了鼎盛時期，成為當之無愧的「日不落帝國」。這個時期，英國在政治、經濟、文化上都居於世界領先地位，其成就的取得是多方面因素共同作用的結果。地理位置的優勢、堅韌的民族性格、先進的政治法律制度、強大的海軍實力，以及工業革命的推動，都是英國崛起的重要因素。

本書追溯英國從史前到近代的發展歷程，展現了一個偉大帝國的崛起之道。作者以宏大的歷史視角，描繪了英國從早期民族融合到中世紀封建制度的確立，再到宗教改革帶來的變革，並深入分析英國能夠稱霸世界的多重因素。這些因素不僅包括地理和經濟的優勢，也涉及文化和政治的深刻變革。

同時，英國人善於利用地理優勢發展海上貿易，並在工業革命中搶得先機，這使得大英帝國能夠迅速擴張。透過詳實的史料和深刻的分析，本書勾勒出大英帝國興衰的恢宏圖景。它不僅展示了英國如何從一個小小的島國一躍成為「日不落帝國」，更啟發我們思考國家崛起的深層原因。

本書不僅僅是一部關於不列顛歷史的紀錄，更是一幅描繪人類文明演進的宏大畫卷。在這個過程中，我們看到不同民族的交融與衝突、文化的傳承與創新，以及制度的演變與完善。從早期的凱爾特人社會，到羅馬帝國的影響，再到盎格魯－撒克遜人的崛起，每一個歷史階段都為不列顛的發展注入了新的動力。

本書也探討了不列顛與海洋的密切關係，海洋不僅是防禦的屏障，更是交流的橋梁，促進了不列顛與歐亞大陸的商貿往來和文明交流。書中深入分析了不列顛的地理優勢如何影響其歷史發展，並闡述不同民族在此地的興衰更替，如何塑造出今日英國的民族特性。

透過對羅馬統治時期的詳細描述，作者揭示了羅馬文化的引入如何在短暫時間內改變了不列顛的社會結構，並如何在其衰退之後影響隨後的歷史發展。書中還專注於基督教的傳入與發展，從早期的傳教士到宗教改革，這個過程不僅改變了不列顛的宗教景觀，也深刻影響了其政治和文化走向。

　　中世紀的部分，書中闡述了從封建制度的建立到諾曼征服所帶來的深遠影響，特別是在法律和社會結構上的變革。隨著封建制度的鞏固，英格蘭形成了獨特的政治體系，這為後來的國家統一和對外擴張奠定了基礎。

　　本書還探討了英國如何從一個內陸封建國家轉變為海上強國，並在工業革命的浪潮中成為全球經濟的中心。透過對英法競爭和工業革命等重大事件的分析，作者揭示了英國崛起的內在邏輯，並對其在全球歷史中的地位進行了深刻的反思。

　　總之，本書不僅是對英國歷史的詳細記述，更是一部關於文明如何演進的深入思考。透過對歷史事件的深入剖析，作者帶領讀者理解英國發展的複雜性和多樣性，並啟發我們思考現代國家發展的潛在動力和挑戰。

不列顛的崛起：從海洋邊陲到世界中心

　　不列顛的歷史，從古老的王朝時期至今日的現代國家，展現了一幅波瀾壯闊的畫卷。儘管不列顛的歷史可以追溯至阿佛烈大帝之前，但它真正成為世界強權是在伊莉莎白一世時期之後。這個歷史轉折的背後，隱藏著地理位置與全球貿易的演進。在古代的地圖上，不列顛島常被置於西北角落，無論是亞歷山卓的學者還是中世紀修道院的僧侶，都未曾預見它的未來。然而，隨著航海技術的進步和新航線的開闢，不列顛逐漸成為海上貿

前言

易的樞紐。

斯圖亞特王朝時期，不列顛已不僅僅是海洋貿易的中心，它開始展現出金融與工業的力量。工業革命的浪潮，使得不列顛以機械化生產取代了傳統的手工業，鞏固了其在世界舞臺的地位。同時，大規模的海外移民活動，也為日後大英帝國的擴展奠定了基礎。即使北美十三州最終脫離英國獨立，大英帝國仍在不斷壯大，成為一個龐大的全球帝國。

在文化和知識領域，不列顛的成就同樣令人矚目。從中世紀的比德、培根到文藝復興時期的莎士比亞，不列顛的文化成就逐步提升。當倫敦成為新世界和新航線的交通樞紐，思想和文化的繁榮也達到了新高。不列顛人勇於探索、善於貿易的本性得以充分發揮，這種精神推動著他們在大航海時代開拓新天地。

不列顛在政治制度上的成就同樣值得稱道。以「國會之母」著稱於世的不列顛政治制度，成功地兼顧了行政效能、民意管束及個人自由三者的平衡。中古時代的國會制度，厭惡集權專制，注重公共生活和各階級分享政權，這些特點奠定了其長久發展的基礎。都鐸、斯圖亞特及漢諾威王朝期間，國會制度成功抵禦了來自歐陸的君主專制潮流，並成為議會統治的典範。

西元1689年至1815年間，儘管列強爭戰不斷，不列顛憑藉其國會制度，始終保持著在國際上的領先地位。工業革命後，國際競爭愈加激烈，但不列顛的地位依舊穩固。這段歷史證明了根植於民意的制度具有強大的生命力，並為後世的民主政治樹立了典範。從默默無聞到世界舞臺的中心，不列顛的非凡歷程昭示了其民族精神的頑強與不屈。

不列顛：從多元交融到海上霸主

　　不列顛的歷史如同一部充滿變遷與融合的史詩，從古至今，這片土地上的民族與文化不斷交織、衝突與融合，最終形塑出今日不列顛獨特的面貌。早在西元 1066 年以前，不列顛就成為各民族的交會地。伊比利人、凱爾特人、撒克遜人和丹麥人等，從歐洲大陸越過海洋，將各自的文化與基因融入這片土地，豐富了不列顛的文化底蘊。

　　條頓人和斯堪地那維亞人從東岸登陸，成為不列顛民族的主幹；地中海各民族則從南方侵入，帶來先進的文化和組織能力。中世紀時期，諾曼王朝與金雀花王朝的君主們致力於守土固疆，為不列顛的文化制度奠定了基礎。到了都鐸王朝時期，不列顛已經發展成一個擁有 500 萬人口的國家。伊莉莎白一世在位期間，人民利用海洋間的新發現和知識界的新運動，開啟了日後數百年的輝煌。

　　進入西元 19 世紀，工業革命的到來使不列顛社會日趨複雜，龐大的大英帝國囊括了許多民族，統治的挑戰大大增加。然而，不列顛人民以智慧與胸懷，在國內以國會制度治理，在海外以公平正直的方式對待尚未能自治的民族，維繫了這個龐大帝國的穩定。從物質進步到政治制度，從文藝成就到思想貢獻，近四個世紀以來，不列顛的發展堪稱奇蹟。

　　海洋、港灣與河流構成了不列顛生生不息的命脈。古代的不列顛因海洋而備受侵擾，近代的不列顛則學會了馴服海洋，成為海上霸主。這是一部由多元文化交融和海洋塑造的歷史。古往今來，無數先賢前輩篳路藍縷，砥礪前行，最終鑄就今日不列顛的輝煌。

　　在克努特大帝時期，不列顛與斯堪地那維亞關係密切，但諾曼征服打破了這種親密關係。隨後數百年間，說法語的貴族和說拉丁語的僧侶統治

著這個由條頓人和斯堪地那維亞人組成的島國。在異族領導下，濃厚的國家觀念開始萌芽，獨特的政治和法律制度逐漸發展。不列顛逐漸脫離歐陸，成為一個獨立的國家。宗教改革使不列顛進一步脫離了拉丁族的影響，形成了獨特的文化體系。

英國人雖然是島國居民，但擁有廣泛的經驗和全球視野。這得益於數百年來的海上霸權和遍布新舊大陸的足跡。這種獨特歷史背景塑造了不列顛，使其從多元文化交融中崛起，成為富有活力和影響力的現代國家。

海洋與不列顛：從被動到主動的歷史轉折

不列顛的歷史，是一部與海洋密不可分的歷史。它的歷史如同其周圍的海洋，波瀾壯闊，充滿變遷。海洋不僅是這片土地的守護者，更是其發展的催化劑。這個島國在早期受制於海洋，逐漸演變成為一個掌控海洋的強權，這個過程深刻影響了不列顛的命運。海洋不僅是民族融合的管道，也是國家崛起的基礎。

在不列顛的早期歷史中，海洋是外來民族進入這片土地的主要途徑。凱爾特人、撒克遜人及丹麥人等民族，皆是透過海上航行來到這裡，留下了豐富的文化遺產與族群交融的歷史。這些民族的到來，不僅塑造了不列顛的社會結構，也為未來的歷史發展奠定了基礎。這種多元的融合，猶如莎士比亞戲劇中的情節，充滿了戲劇性和變數。

諾曼征服是這段歷史中的一個重要轉捩點。諾曼人的入侵結束了不列顛的分裂狀態，為這片土地帶來了新的政治和文化秩序。諾曼的統治不僅強化了中央集權，也促使不列顛建立起強大的海軍力量，為後來的海上霸權奠定了基礎。這使得不列顛在面對外來威脅時，能夠憑藉強大的海上防

禦，成功抵禦如西班牙無敵艦隊和法國統治者的入侵。

　　不列顛的內部穩定和強大的海上力量，使得即便是強如亨利七世和威廉三世這樣的征服者，也只能在民眾的支持下進入不列顛。這揭示了國家內部團結和海洋優勢的重要性，表明當一個國家擁有堅強的內部凝聚力與強大的海上力量時，外敵難以撼動其根基。然而，在這些事件背後，是無數默默無聞的人們，他們以自己的勞動和智慧，為不列顛的繁榮奠定了基礎。從早期的農夫和樵夫，到後來的礦工和工匠，他們的努力讓這片土地充滿生機。

　　不列顛與海洋的關係，不僅限於防禦和抵禦入侵。在近代，不列顛利用海洋建立了遍及全球的海上帝國，將其影響力擴散至全球。海洋成為不列顛經濟和文化擴張的主要途徑，使得這個島國在世界舞臺上占據了重要地位。不列顛的地理位置，讓它成為歐洲大陸權力角逐的焦點。位於歐洲大陸西端的不列顛群島，是古代民族航海遷徙的必經之地。這片土地的富饒，吸引著一波又一波的外來者，他們在此定居、繁衍，推動著文明的進步。這種不斷的交融與碰撞，最終形成了獨特的不列顛文化。

　　在凱爾特人之前，伊比利人已在此生活了數千年。他們的文明為後來的民族提供了發展的基礎。這些早期的居民，雖然被時間所掩蓋，但他們的影響深植於不列顛的土地上，成為今日英國人血脈中的一部分。他們的遺產，不僅是那些古老的遺跡，更是這片土地上生生不息的文化和精神。

　　不列顛的歷史，從早期的被動接受到後來的主動掌控，海洋在其中扮演了關鍵角色。這不僅展現了海洋對於不列顛民族構成的影響，也彰顯了其在國家命運中的決定性作用。海洋不僅是地理上的屏障，更是歷史中的推手，推動著不列顛從一個被動的島國走向海上霸權。

前言

撒克遜凱爾特人的足跡與
不列顛的文化交融

在凱爾特人征服不列顛之前，這片土地早已與歐亞大陸保持著頻繁的商貿往來。透過商人和移民族群的活動，東西方的文明成果不斷交流，從南方傳播至北方，穿越叢林密布的北歐，最終抵達以產錫聞名的不列顛群島。這些商貿活動不僅帶來了物資的交流，還促進了文化的交融。考古證據顯示，早在西元前 2500 年，英國產的黑玉就已經出現在西班牙，而埃及的細珠也在西元前 1300 年左右傳入英國，這顯示出地中海商人早已發現不列顛並與之建立了貿易關係。

這些東方商人用珠寶和奢侈品交換不列顛豐富的金屬礦產，推動了當地文明的進步。伊比利人善於吸收東方商人的長處，隨著煉銅技術的傳入，不列顛的石器時代逐漸落幕，銅器和鐵器開始主導人們的生活。島上的工匠精通金屬加工，製作的器物精美絕倫，特別是伊比利人製作的塗漆銅器，更是至今無人能出其右。

凱爾特人以其卓越的移殖能力而聞名，他們於西元前後幾個世紀陸續渡海進入不列顛島，與原住民伊比利人展開了一場漫長的征服與融合過程。凱爾特人並非一次性大規模入侵不列顛，而是分屬不同部落的多批先後移居。加爾人和不列東人是其中最值得關注的兩大族群。他們憑藉優越的武力征服了伊比利人，卻在征服過程中也與之融合，形成了新的民族構成。

凱爾特人的社會結構，深植於血統與部落的根基，這與後來征服不列

撒克遜凱爾特人的足跡與不列顛的文化交融

顛的撒克遜人截然不同。凱爾特人在不列顛的統治並未建立起真正意義上的領土和封建制度，即便撒克遜人進入之後，威爾斯、愛爾蘭和蘇格蘭高地的凱爾特人依然保留著部落特性。他們的社會組織以血統和部落為基礎。部落酋長被稱為「王」，法律以部落利益為依歸，內部保護與懲罰並行，對外則以戰爭和勒索解決紛爭。

他們的農業發展緩慢，儘管鐵器的出現帶來了一定的進步，但可耕地依然有限。茂密的森林和沼澤地限制了農業的拓展，導致人口稀少。野豬成群在橡樹林中覓食，而豬肉成為凱爾特人最鍾愛的食物之一，這個飲食習慣對後世英國人影響深遠。除了狩獵和養豬，凱爾特人還以捕魚、放牧、紡織、養蜂和冶鐵為生。他們天生熱愛戰鬥，這種熱情在廣袤而人煙稀少的土地上尤為突出。簡陋的村莊常因戰火而毀於一旦，迫使一些凱爾特人經常遷徙，這種游牧式的生活方式使他們難以與土地建立穩定的連繫。

凱爾特人的社會結構以部落為主體，家族和村莊是生活的基本單位。然而，家族的分裂導致村莊難以發展成為真正的城鎮。直到撒克遜人到來，並逐步建立起封建制度，這片土地上的人們才開始過上更為穩定的農耕生活。在凱爾特時期，南部及西南部地區是教育程度最高的地方，擁有肥沃的農田和豐富的鐵礦資源，並與地中海及其他凱爾特地區進行頻繁的商貿往來。

宗教方面，凱爾特人信仰自然神靈，德魯伊教士在他們的社會中擁有極大的權力，掌控教育和司法。然而，與日耳曼人不同，凱爾特人的宗教基於民眾的畏懼和僧侶的壟斷。羅馬人征服不列顛後，雖未能徹底拉丁化這片土地，但他們的到來為不列顛帶來了基督教和一些城市化的影響。

凱撒的入侵雖未能永久征服不列顛，但為羅馬帝國的擴張奠定了基

礎。儘管羅馬人統治不列顛的影響如曇花一現,但他們的文化遺產,尤其是基督教,對不列顛的長遠發展產生了深遠的影響。這片土地在歷經多次征服後,最終形成了今日英國文化的多元性和豐富性。

◆ 不屈的邊陲：羅馬帝國在不列顛的征服與挑戰

不屈的邊陲：
羅馬帝國在不列顛的征服與挑戰

　　羅馬帝國的鐵蹄曾踏遍歐洲大陸，然而在不列顛島的征服過程中，卻遇到了難以踰越的障礙。雖然羅馬成功地在不列顛南部建立了穩固的統治，並在倫敦等地推動了繁榮的羅馬－不列顛文明，但在西北邊疆地區，尤其是威爾斯和蘇格蘭，羅馬人面臨著來自本土部落的頑強抵抗，這個問題直到羅馬統治的末期都未能得到圓滿解決。

　　威爾斯的山地和北方的荒原，成為羅馬人難以征服的屏障。這些地區的原住民族勇猛善戰，經常對羅馬控制的東南平原發動突襲，對平民的安全構成嚴重威脅。為了應對這個挑戰，羅馬軍隊訓練有素，紀律嚴明，並在全島修建了系統的軍用道路和要塞。然而，儘管付出了巨大努力，羅馬人始終無法徹底羅馬化這些地區。

　　相比之下，薩默塞特地區因其豐富的礦產資源和良好的水利條件，成為羅馬－不列顛人的社交中心，當地居民的生活方式也高度羅馬化。但在北方，尤其是蘇格蘭，羅馬人面臨的挑戰更為嚴峻。蘇格蘭地勢險要，高山、叢林、溪谷與河流構成了天然的屏障，加上皮克特人頑強的抵抗精神，使得羅馬人難以為繼。最終，羅馬人不得不放棄征服蘇格蘭的計畫，這片土地成為皮克特各部落團結抵抗的象徵。

　　羅馬人在不列顛的統治主要依靠軍事占領，尤其是在西北地區。然而，在東南部，羅馬的城市和鄉村別墅生活十分盛行，人口眾多，百姓安居樂業，幾乎感受不到被征服的痛苦。這種對比反映出羅馬帝國在邊疆治

理方面的局限，無法將其文明全面延伸至整個不列顛。

蘇格蘭頑強的抵抗精神和特殊的地理環境，讓羅馬帝國的鐵蹄始終未能真正踏遍這片土地。這種抗爭精神一直延續到後來蘇格蘭抵抗英格蘭的征服，展現了蘇格蘭人民不屈的民族性格，這種精神在與羅馬的對抗中已經展露無遺。羅馬帝國在不列顛的征服歷程，不僅是文明的碰撞，更是人類意志與自然環境的激烈角力。

異域繁華的短暫榮光

羅馬人在征服不列顛後，迅速在東南部建立起一個繁榮的都市文明，然而這種源自地中海的文化終究未能在不列顛扎根。當撒克遜人入侵時，這些羅馬化的城市文明很快被摧毀，而保留本土凱爾特文化的威爾斯和康瓦爾等地則倖免於難。這種差異的原因主要有兩個：首先，羅馬文化本質上是一種都市文明，依賴城市而存續，離開城市便難以延續。羅馬人在不列顛修築了許多城市，如倫敦和錫爾切斯特，城內生活方式與地中海地區如出一轍。然而，這種移植來的文化與當地固有的凱爾特文化格格不入，很難被廣泛接受。其次，古代世界的文化中心在地中海，不列顛位於歐洲的邊陲，實在過於遙遠。相比之下，高盧靠近地中海，更容易受到羅馬文化的影響。隨著基督教的傳播，文化重心逐漸北移，不列顛反而處於較為有利的位置。

儘管羅馬文化在不列顛未能持久，它在鼎盛時期還是取得了令人矚目的成就。考古發現表明，當時的教育程度相當高，即便是普通工匠也能讀寫拉丁文。然而，這種昂揚向上的景象也揭示出羅馬文化根基之脆弱——它從來不是本土文化自然演進的結果，而是由外來政權強加於人的。一旦

統治者的力量衰弱，這種表面的繁榮便迅速土崩瓦解。整體而言，羅馬文化為不列顛帶來了短暫的輝煌，但卻沒能融入當地社會的血脈。它終究只是異域的花朵，美麗卻脆弱，禁不起風吹雨打。當狂風席捲不列顛時，羅馬化的城市毫無招架之力，迅速傾覆。反觀仍保持固有生活方式的地區，卻在劫後餘生，延續了凱爾特文化的命脈。

在羅馬統治期間，不列顛的社會面貌發生了許多變化。在南部一些郡，考古學家發掘出了不少羅馬時期的別墅遺址，而在另一些郡則尚未有所發現。從這些遺址可以看出，當時凱爾特人的生活已開始受到羅馬文化的影響。村屋的基礎結構仍保持著凱爾特風格，但居民使用的陶器和其他器皿已經採用羅馬式樣。這就像今日亞、非洲的本土產品被歐洲製造品所取代一樣，當時的薩米亞和義大利器物也開始替代當地土產。

然而，對於凱爾特人生活習慣的改變程度，我們卻無從得知。即便是深入研究羅馬占領時期的學者也在這些問題上看法不一。農業方面，羅馬時期的耕地面積擴大，一些林地和沼澤地開始被開墾，但真正大規模的開墾還需等到撒克遜人和丹麥人的到來。羅馬時代已開墾的土地已足以讓羅馬人種植穀物並向歐洲大陸出口。

在城市政治方面，不列顛的管理並不嚴格劃一。羅馬帝國在某些地方仍能尊重自由，幾個城市享有自治特權，如維魯拉米恩、科爾切斯特、林肯、格洛斯特和約克。作為商業中心的倫敦雖規模超過其他城市，但地位卻不高。

征服與重生：
盎格魯－撒克遜人的不列顛之旅

不列顛的歷史在西元第四到第六世紀的動盪時期中，經歷了一場由盎格魯－撒克遜人和朱特人主導的劇變。這些來自北歐沿岸的民族，從福夫河到康瓦爾邊界，逐漸取代了羅馬的統治，為不列顛帶來了新的文化和社會結構。盎格魯人和撒克遜人，無論是來自丹麥還是德國沿岸，因語言和習俗相似而常被混為一談，但其實這兩個族群在學者間的認知上仍存在分歧。

朱特人則不同於盎格魯－撒克遜人，可能從丹麥北部的日德蘭半島或法里西亞群島遷徙而來。雖然這些民族皆以農業為主，但他們的征服歷程卻充滿了勇氣與冒險。他們的戰士在北海中活躍，作為海盜和海上英雄而聞名。這些深海漁民和勇敢的戰士，常在挪威至法里西亞的海岸間出沒，所獲得的戰利品則與族人共享，展現出他們的慷慨和忠誠。

盎格魯撒克遜人的政治體制以獨裁的君主制為特徵，君主被視為神的後裔，戰士們則自尊自立，少有奴隸性。這些民族早已在定居後開始從事農業，不能簡單地視為游牧民族。盎格魯撒克遜人最著名的君主之一是盎格爾王奧法，他的故事雖多見於神話，但現代歷史學家大多相信其真實存在。

在這段歷史中，盎格魯－撒克遜人的征服既有殘暴的一面，也有重建秩序的一面。戰士們首先登陸，驅逐羅馬化的不列顛人，逼退凱爾特人，為農業社會的建立掃除障礙。隨後，農民和家屬移入，為新文明的建立奠

◆ 征服與重生：盎格魯－撒克遜人的不列顛之旅

定基礎。這種雙重性質決定了英格蘭文化的獨特發展道路。

儘管當時的文獻記載不多，我們只能從考古發掘和稀缺的史詩中窺見一斑。然而，這些征服者的足跡，無論是征戰或是定居，都在不列顛的歷史上留下了不可磨滅的印記。他們的勇猛和勤勞，共同構成了這場改變不列顛歷史發展的重大事件。盎格魯－撒克遜人的征服與建立，為日後英國的形成奠定了基石，成為歷史長河中一段不可忽視的篇章。

蠻族的征服與民族的碰撞

在羅馬統治結束後，英格蘭的歷史進入了一個新的篇章。撒克遜人的入侵席捲了不列顛，這段歷史充滿了矛盾與悖論。儘管撒克遜人以簡陋的武器和缺乏正規軍事訓練的背景著稱，他們卻成功征服了曾經受到羅馬影響的不列顛。這個征服揭示了當時不列顛社會的脆弱，羅馬時代的城市和設施在蠻族的衝擊下不堪一擊。儘管蠻族撒克遜人如潮水般湧入，但他們對羅馬遺留下來的城市卻興趣索然。即便考古學家未來可能會發現撒克遜人曾在羅馬建築中居住的零星證據，但這些新來者似乎對石頭城池心存敬畏，甚至不願讓其他人居住其中。許多城市因而被荒廢，成為廢墟。

然而，地理位置優越的城市如徹斯特、巴斯和坎特伯里，因交通便利而重新繁榮，倫敦、林肯和約克則可能從未完全荒廢，並在文明復甦後再次繁榮。這些城市的恢復顯示了地理位置在歷史發展中的重要作用，即使蠻族的破壞也無法完全抹去這些城市的價值。

隨著時間的推移，盎格魯－撒克遜人逐漸在英格蘭站穩腳跟，形成了一系列彼此獨立但又相互交織的王國。從南部的威塞克斯到北方的諾森布里亞，這些王國的疆域和名稱時有變更，但一些地區的名稱如埃塞克斯、

薩塞克斯和肯特至今仍保留著當年的印記。這段時期，英格蘭的東部地區逐漸被撒克遜人占據，而西部則仍由凱爾特人掌控。這種分裂的局面導致了持續的衝突，尤其是在撒克遜人向西推進的過程中。

在這場征服中，撒克遜人不僅摧毀了羅馬留下的城市和設施，也帶來了文化和種族的巨大變革。與其他被諾爾狄克人征服的地區不同，撒克遜人在不列顛的征服徹底破壞了城鎮、基督教和羅馬－凱爾特語言，導致整個文化的重塑。這種變革的影響深遠，原住民部落和羅馬行政區劃的疆界消失，城鎮和村落的名稱被更改，文明程度較高的低地成為蠻族的焦點。

地理條件在這場歷史變革中扮演了關鍵角色。撒克遜人占據了低地的沃土，這使得他們能夠逐漸發展出一種新的文明，而逃往威爾斯山區的文明人則在隔絕中失去了羅馬的技術和知識。這使得撒克遜人的征服不僅僅是軍事上的勝利，更是一場文化和社會的重塑。地理的力量在這場變革中顯得尤為突出，影響著不列顛的未來發展方向。

此外，在這段動盪的歲月中，英格蘭的民族面貌逐漸定型。撒克遜人與威爾斯人之間的衝突與融合，塑造了今日英格蘭的民族特質。儘管撒克遜人在最初的征服中遭到挫敗，但他們並未放棄，而是與威爾斯人展開了長期的邊境衝突。在這段歷史中，威塞克斯和諾森布里亞的勝利促使威爾斯人逐漸孤立，成為凱爾特部落的三大孤島。

最終，撒克遜人和後來的斯堪地那維亞人征服了英格蘭的大部分地區，但在西部的某些地區，凱爾特人的文化和習俗依然保留，尤其是在康沃爾和威爾斯的深山中。這些地區的文化多樣性為英格蘭的歷史增添了豐富的色彩。英國人的血統中混合了多個民族的基因，這種融合在今日的英格蘭文化中依然可見。無論如何，歷史上不同民族的融合與碰撞，共同塑造了今天的英格蘭。

◆ 不列顛的信仰轉折：基督教的興起與文化傳承

不列顛的信仰轉折：
基督教的興起與文化傳承

羅馬帝國對不列顛的影響深遠，不僅在政治和軍事制度上，還包括了基督教信仰的引入。令人驚訝的是，考古證據顯示，在羅馬統治時期，基督教似乎並未在不列顛深入人心。然而，隨著羅馬勢力的衰退，基督教卻在威爾斯人中得以傳承，這個現象背後的原因值得深思。

當時的威爾斯人正面臨內憂外患，西面有皮克特人和蘇格蘭人的侵擾，東南方則有撒克遜人的威脅。在這個動盪不安的年代，文明世界與威爾斯人幾乎斷絕往來，只有傳教士還不時遠渡重洋前來傳道。其中，聖澤美納斯的故事廣為流傳，據說他在西元430年率領信徒擊退了皮克特人和撒克遜人的聯軍。雖然這些事蹟可能有誇大的成分，但它象徵著威爾斯人在缺乏羅馬軍政領導的艱困時期，得到基督教傳教士的幫助和引導。

面對生死存亡的威脅，威爾斯人自然對基督教傳教士所帶來的精神寄託深信不疑。後來，撒克遜人在面對丹麥人和諾斯人的壓迫時，也因相同理由而篤信基督教。英國人在禮拜時常唱頌「主啊，在我們的年代，賜給我們和平！因為除你之外，別無他助。」這樣的禱告，對第五世紀的威爾斯人和第九世紀的撒克遜人而言，上帝的確是他們在危難時刻唯一的依靠和盟友。

基督教在羅馬統治不列顛時期並未興盛，卻在羅馬勢力衰退後，成為威爾斯人的精神支柱，甚至影響了日後的撒克遜人。這不僅彰顯了宗教信仰的力量，也突顯了基督教文明在動盪年代得以傳承的奇蹟。

在西元第五、六世紀時，威爾斯人逐漸以信奉基督教成為他們的特點。儘管日益被迫遷往「野威爾斯」的深山荒地，但他們仍以優越的民族自居，鄙視野蠻的撒克遜人。這歸功於他們對基督教的信仰，以及對詩歌音樂的熱愛。古時威爾斯詩人曾預言，不列顛人將永遠讚美上帝，保存自己的語言，而除了野威爾斯以外的土地將全部遺棄。

　　在西威爾斯的康瓦爾半島，凱爾特基督教有著類似的發展。荒地、溪流邊的樹林及山隙中，皆是教士們的居住之地。本地聞名的聖徒們在此兢兢業業，時至今日，康瓦爾的村落仍多以他們的名字命名。儘管不列顛文化可能滅亡，但不列顛的基督教卻能在灰燼中重生。

　　康瓦爾當時的宗教史已難以考證，但無疑與對岸的高爾阿摩立卡關係密切。阿摩立卡原是拉丁化的高爾人之地，因大量不列顛人逃避撒克遜人而遷入，故稱為不列顛尼，成為凱爾特文化的避難所。即使在法國大革命期間，不列顛尼仍難與拉丁法蘭西的其他地區完全一致，展現了凱爾特文化與基督教信仰的頑強生命力。

信仰的交替：從異教到基督教的歷程

　　在歐洲大陸，奴隸俘虜作為祭品的習俗雖仍存於某些地區，但在撒克遜英格蘭已不復見。然而，犧牲牛羊的傳統依舊盛行，並伴隨著享用神宴和飲用神酒的習慣，這些後來在教宗格列高里的影響下，演變成了教堂宴會和「教堂酒」。諾爾狄克人的宗教信仰，不是基於恐懼或詛咒，而是以勇氣和無畏面對死亡為核心，鼓勵英雄們在戰鬥中無懼生死，期待能與神祇並肩而立。即便是神祇，也同樣無法逃脫命運的掌控，這種信念讓斯堪地那維亞人認為，諸神在世界末日將奮勇抗爭，與邪惡勢力戰鬥至死。

不列顛的信仰轉折：基督教的興起與文化傳承

儘管諾爾狄克人的宗教不夠完善，卻非邪教。其獨特之處在於，它為現代文化注入了勇氣與榮譽的元素，這些特質在某種程度上與基督教相契合。然而，撒克遜和丹麥人的信仰最終因缺乏自我完善的動力而無法與基督教抗衡，信徒們紛紛皈依基督教，承認了自身信仰的無力。在推崇慈悲與謙遜等美德方面，這些原始信仰並無能為力，它們也不會激發任何形式的宗教狂熱或對異教的敵意。因此，當基督教傳教士來到這片土地時，並未遭遇盎格魯－撒克遜人的激烈反抗。面對基督教的傳播，這些原始宗教毫無抵抗能力，其僧侶鬆散無序，缺乏凝聚力。

當保利努斯抵達諾森伯蘭向艾德溫王傳教時，約克的窩登教主教科伊菲公開表示，儘管他忠誠地侍奉諸神，卻未得到任何回報，於是，他決定帶領人民摧毀自己的寺廟，轉而皈依基督教。這個事件生動地反映了當時的宗教變遷。

在中世紀英格蘭，基督教逐漸取代了舊有的異教信仰，這個過程充滿了有趣的故事和觀點。比德在《宗教史》中記錄了一位豪族在會議上的言論，他將人生比作冬日飛燕穿過宴會大廳：短暫的溫暖後，便是無盡的嚴寒。基督教則提供了對生命的解釋，指引人們通往天堂，遠離地獄。

在斯堪地那維亞，異教同樣被基督教替代。《尼亞爾薩迦》中記述了尼亞爾的兒子目睹父親在墓穴中高唱戰歌，象徵北歐異教徒的勇敢與不屈。然而，基督教迅速傳入，連尼亞爾這樣的英雄也皈依了基督。相較之下，基督教在英格蘭的傳播更加迅速，7世紀時，來自北方的愛爾蘭和南方的羅馬傳教士共同努力，使基督教成為主流信仰。

這段歷史顯示，文化的碰撞和交融中，新的信仰往往能提供更具說服力的世界觀，從而取代舊的傳統。基督教以其深厚的教義和完備的組織，最終征服了整個歐洲大陸，留下深遠影響。

聖派翠克，雖然是威爾斯人，卻對英格蘭的基督教化有著深遠的間接影響。他的傳教事業在愛爾蘭的成功，為後來基督教在蘇格蘭及英格蘭北部的傳播奠定了基礎。聖派翠克的故事始於他被愛爾蘭史考特人俘虜至愛爾蘭，然而他後來成功地將這個島國轉變為基督教國度。在他去世後，他的影響力依然延續，哥侖巴於西元 563 年將基督教從愛爾蘭傳至蘇格蘭，而愛丹則於西元 635 年將基督教帶到諾森布里亞。因此，英格蘭北部的基督教化僅比奧古斯丁在肯特登陸早了幾十年。

儘管聖派翠克的基督教與後來的羅馬基督教在某些方面存在對立，他本人並不打算創立一個獨立於羅馬的教會。他是羅馬帝國的公民，對羅馬的敬仰和尊重不亞於聖保羅。他把拉丁語帶到愛爾蘭，這對凱爾特人的文化發展形成重要影響。愛爾蘭迅速吸收了這種新的語言資源，在宗教和世俗領域都取得了顯著進步。凱爾特人的修道院生活與聖本尼狄克的理想不同，更加自由、多元且充滿個人特色。他們的生活方式在愛爾蘭、蘇格蘭及諾森布里亞創造了許多聖士，這些人的事蹟至今仍令人嚮往。

然而，凱爾特教會的鬆散組織和過度的個人自由也限制了其持久的發展和影響力。愛爾蘭的部落主義依然根深蒂固。西元 563 年，聖哥侖巴帶領徒眾來到蘇格蘭，在愛奧那島上建立修道院，並在不列顛北部傳教。凱爾特人的美術與南方的基督教裝潢相結合，創造出如刻爾斯的手錄《福音》這樣的藝術珍品。在拉丁古典文學幾乎絕跡於西歐的時期，愛爾蘭的寺僧們成為這些文化遺產的守護者，並將其傳播到英格蘭和歐洲大陸。

在愛底溫時期，諾森布里亞的撒克遜人與凱爾特人間的敵意依然存在。凱爾特人內部也因部落分歧而爭鬥不斷。儘管如此，基督教的傳播仍在繼續。羅馬教宗格列高里的影響力在這個過程中不可忽視，他的領導使教廷成為西羅馬帝國的精神繼承者。奧古斯丁在英格蘭傳教的努力，尤其

不列顛的信仰轉折：基督教的興起與文化傳承

是他的堅持，使基督教在肯特扎根，並成為日後基督教遍及英格蘭的重要基礎。儘管面臨異教勢力的挑戰，基督教的影響力在國王的支持下日益增強，為英格蘭最終成為基督教國家奠定了基礎。

宗教與政治的交錯：英格蘭的歷史轉折

在第七世紀中葉，英格蘭面臨著劇烈的政治與宗教變遷。隨著諾森布里亞的衰落，麥西亞日益崛起，吞併了許多撒克遜小邦，並壓迫威塞克斯退居泰晤士河以南。在這個背景下，諾森布里亞儘管在政治上不再占據領導地位，卻在美術、宗教、文學等領域保持著一定的影響力。尤其是在藝術方面，諾森布里亞以其獨特風格的藝術作品，將南歐的體形飾與凱爾特及撒克遜的蝸卷形飾相結合，形成一種歷久不衰的藝術風格。

然而，政治的變遷並非唯一的紛爭。宗教方面，羅馬教會與凱爾特教會之間的競爭愈演愈烈。愛奧那派僧士雖在傳教上頗有成績，但因組織不夠嚴密，影響力無法長久。相較之下，羅馬教會憑藉其完善的組織體系，在英格蘭穩固地建立勢力。然而，凱爾特教會並未因此退縮，與羅馬教會在復活節日期確定及僧侶髮式等細節上針鋒相對，這些分歧反映出兩者在精神和組織上的根本差異。

惠特比會議的召開，成為羅馬教會與凱爾特教會競爭的轉捩點。西元664年，諾森布里亞王奧斯外召集教會要人，宣布羅馬教宗作為教會領袖，這個決定削弱了愛奧那教會的影響力。隨著時間推移，蘇格蘭、威爾斯和愛爾蘭也逐漸接受了羅馬教會的管轄。這個宗教統一對英格蘭政治統一產生了深遠影響，促使英格蘭加速種族融合，鞏固君權和封建權。

惠特比會議之後，教會的行政模式影響了國家治理，教士成為當時主

要的輔佐，促使政治事務更有序。教會的影響力不僅限於宗教，還延伸至政治，促進了行政、立法和稅收的發展。教士的智慧和文筆為君主提供了新的助力，而教士宣傳的羅馬法主權觀念也增強了君主的權力。然而，隨著時代進步，教權和君權的關係漸趨複雜，既可能結盟，也可能對立。

宗教政治的重組也為學問的復興提供了契機，特別是在塔爾索斯的狄奧多主教的努力下，坎特伯里成為拉丁和希臘文學的中心。這些文化交流促使英格蘭在學術上取得了顯著進步，為後來的文化繁榮奠定了基礎。儘管丹麥人後來的入侵帶來挑戰，英格蘭在這個時期的宗教與政治變革，無疑為其未來的發展打下了基礎。

英格蘭教會的崛起與文化交融

比德（西元 673～735 年），一位博學多才的學者，被譽為「英國歷史之始祖」，在他的著作《宗教史》中，詳細記載了基督教在英格蘭的發展歷程。比德的記載詳實可靠，為後人提供了英格蘭中古時期的重要史料。儘管他對異端思想持反對意見，但他並未對其過於苛責，顯示出他寬容的歷史觀。

隨著坎特伯里羅馬勢力的擴張，教堂音樂也傳播到英格蘭各地，從而增強了基督教在英格蘭民心中的地位。這種文化的傳播不僅限於音樂，還包括了宗教建築的進步。當時英格蘭的教堂建築開始以羅馬建築為榜樣，追求宏偉與堅固，這些建築在後來的諾曼王朝和金雀花王朝時期經過重建，成為英格蘭建築風格的重要組成部分。

英格蘭教會的組織始於西元 669 年，在狄奧多的領導下，經過 21 年的經營，教會體制初具規模。新組織設立了若干主教區，各區主教職權分

明，隸屬於坎特伯里大主教管轄。相比於四處漂泊的凱爾特教會傳教士，新組織下的修道院則具備了更多的穩定性和財富。

在盎格魯－撒克遜時代，主教及貴族在創立牧區制度方面扮演了重要角色，牧區教堂成為村落的中心。隨著舊有異教崇拜的消退和基督教的普及，牧區教堂成為人們生活中不可或缺的部分。教會的權勢增長帶來了神聖性與進步性，同時也帶有封建性與貴族性。君主大量捐贈土地給修道院和教區，這不僅是對教會的信任，也是一種靈魂救贖的方式。

然而，英格蘭社會並未完全被基督教文化所支配，盎格魯－撒克遜人仍保有尚武好鬥的特質。他們的詩歌讚頌忠君愛國、勇武善戰的美德，這種精神在《貝奧武夫》等記事詩中得以展現，並成為英格蘭民族性格的重要組成部分。

這個時期的英格蘭，國家與教會的界限模糊，僧侶在朝中擔任要職，教會的影響力無處不在。然而，社會動盪不安，統治者經常面臨來自親屬和貴族的挑戰，權力爭鬥的殘酷性與忠誠和勇氣的力量在歷史中不斷上演。這種文化交融與衝突，塑造了英格蘭獨特的歷史發展。

王位爭奪與民族復興：
不列顛的動盪與新生

在動盪不安的時代，王位的繼承往往伴隨著血腥的爭鬥和殘酷的背叛。年輕的貴族在試圖取代先王時，面臨著忠於先王勢力的激烈反抗。即便這些貴族願意以土地和財富換取支持，忠臣們也堅定不移。他們相信，族人中沒有人能與先王的親緣關係相提並論，絕不會臣服於被視為仇敵的人。這種王位繼承的慘烈爭鬥反映了盎格魯－撒克遜時期的倫理觀念，忠誠和榮譽被視為最高美德，而背叛和懦弱則是不可饒恕的罪過。追隨先王的勇士們寧願犧牲生命，也不願在忠誠和榮譽上有所退讓，他們視死如歸的精神成為後世歌頌的對象。

然而，這種封建制度下的王位繼承方式帶來了無盡的動盪和混亂。每一次王位更迭，都可能引發血腥內戰，導致國家長期分裂和衰落。儘管當時的封建制度被視為必然和進步的產物，但其弊端不容忽視。隨著時代發展，人們逐漸意識到建立穩定和統一的政權是國家長治久安的基礎，這種穩定和統一必須建立在法治和制度的基礎之上，而非依賴於個人的忠誠和武力。因此，英國從黑暗時期走向近代文明，成為漫長而曲折的過程，滿載著先人堅持理想、與時俱進的艱辛探索。

在諾爾狄克人初次來到不列顛時，當地原住民正致力於發展文化和團結國家。然而，隨著丹麥人和諾斯人的到來，帶著信奉異教的野蠻之風，踐踏這片土地，摧毀了修道院孕育的高雅文化。漸趨統一的撒克遜人和凱爾特人居住之地因為法國的建立而再度破碎。不到百年後，斯堪地那維亞

◆ 王位爭奪與民族復興：不列顛的動盪與新生

人的入侵開始顯現鮮明的影響。作為撒克遜人的近親，維京人擁有酷愛詩歌和探求學問的特質，並在勇猛善戰和獨立自主上更勝一籌。他們恰好彌補了撒克遜人因長期農耕而失去的航海技能。

維京人的融入重新點燃了城市生活的復興之火，若是沒有 9 世紀的劇變，不列顛民族不可能獲得斯堪地那維亞人的新鮮血液，英國的航運業和商業也難以達到今日的繁榮。維京人的加入，為日漸式微的盎格魯－撒克遜民族注入新的活力，他們的勇武善戰和堅韌不拔成為復興的強大助力。兩族人的融合，開啟了英格蘭歷史的新篇章，為日後英國成為海上霸主奠定了扎實基礎。

斯堪地那維亞人的征服與融合

盎格魯－撒克遜人在面對外敵入侵時，雖然能夠暫時擱置內部紛爭，團結禦敵，但由於缺乏長久的團結能力和周詳的計畫，最終仍逐一敗於異族之手。直到丹麥人戰爭的末期，在諾森布里亞和麥西亞相繼淪陷後，英格蘭人才開始萌生組建統一國家的想法。經歷長期戰爭洗禮，封建制度和新的政治制度應運而生。在新制度的支持下，埃格柏特的後裔才能逐步統一全英格蘭，不像七國時期的國王那樣毫無實權。然而，若非威塞克斯王室歷代明君輩出，如阿佛烈大帝等雄主，歷史的進程或許會完全不同。在缺乏完善制度的社會中，一切命運幾乎全繫於君主一人之身：君主英明，社會便得以維繫；君主昏庸，社會亦將難逃衰敗。東盎格利亞雖是英格蘭農業時代最富庶繁華之地，卻因沒有像愛底溫、彭達或阿佛烈大帝那樣雄才大略的國王，始終未能在英格蘭稱霸。

丹麥人深知東盎格利亞孤立無援，乃先從此地登陸，進而征服已衰敗

的諾森布里亞和麥西亞。威塞克斯遠離丹麥人登陸點，加上阿佛烈大帝兄弟相繼執政，抵抗外敵的力量較強，丹麥人一時難以得逞，英格蘭也暫免淪陷。直到 11 世紀克努特時期，斯堪地那維亞人才得以入侵康瓦爾和威爾斯邊境。倘若他們在 9 世紀就攻陷這兩地，歷史的走向是否會完全不同，抑或遠遜於現實，不得而知。假設丹麥人在征服英格蘭後像諾曼人一樣，放棄異教改信基督教，未來的變遷難以預測。但如果他們暫時不接受基督教，那麼他們提前侵略英格蘭的後果，必然遠不如歷史的實際進程。然而，歷史的假設終究虛幻，我們只能慶幸事情的真實發展。

正因為丹麥人未能立即得勢，恢復文明和調和北歐兩大族群的重任，才落在阿佛烈大帝及其子孫肩上，英格蘭的命脈才得以延續。「Viking」一詞在西方語言中雖意為「戰士」，而非「灣民」(creek-men)，但維京人的確是生長在海灣的民族。丹麥地勢平坦，沙灘遍布，海峽縱橫交錯，怒濤拍打著全境海岸。挪威地形崎嶇多山，峽灣深入內陸數百英哩。

斯堪地那維亞人是一個充滿冒險精神的民族，他們既是勤勞的農夫，也是勇敢的海上冒險家。從石器時代開始，他們就以大海為通道，在波羅的海沿岸活動。然而，直到查理曼時期，他們才開始大規模遠征，侵略西方基督教國家。這些斯堪地那維亞人為何會突然展開大規模的海外侵略行動？對此，人們提出了許多解釋，每一種解釋都包含了一些真理。

有人認為，在氣候惡劣的地區，一旦遇到歉收，就會發生嚴重的饑荒，迫使整個地區的人口尋求他鄉的食物和居所。另一說法是，斯堪地那維亞社會分為奴隸、平民和貴族三個階層，貴族階層普遍實行一夫多妻制，子女眾多，但可耕種的土地卻很少。這些年輕的貴族子弟喜歡冒險和戰鬥，以佩戴刀劍、盔甲和紅袍為榮，崇尚金色飾品和黃色長髮，他們不甘心死在故鄉或依附他人為生，因此成為侵略英格蘭的主力。

◆ 王位爭奪與民族復興：不列顛的動盪與新生

　　總之，斯堪地那維亞人的海外侵略可能是多種原因綜合作用的結果。他們的商人在海盜侵略之前可能已經到過英格蘭，但相關證據很少。像所有歷史上的重要運動一樣，斯堪地那維亞人的擴張也可能源於偶然事件。這個居住在偏遠峽灣的民族之所以能夠突然崛起，遠征格陵蘭和君士坦丁堡，在法國建立諾曼第，在英格蘭建立丹法王國，在蘇格蘭和愛爾蘭建立無數城鎮，可能完全是出於順應時勢的一時衝動，也可能源於少數逃亡者偶然的成功。當少數人獲得成功後，越來越多的人效仿他們，幾十年後，就可能演變為整個民族的遷徙運動。

阿佛烈大帝：英格蘭的奠基者

　　阿佛烈大帝無疑是英國歷史上一位偉大的君主，他在軍事、政治和文化方面的成就，對英國的發展產生了深遠的影響。在軍事上，面對維京人的入侵，阿佛烈大帝積極改革軍隊，學習維京人的戰術，組建了一支由騎士和步兵組成的強大軍隊。他建造艦隊，築營柵，學會了騎馬作戰，大大提高了軍隊的機動性和戰鬥力。這些舉措使得威塞克斯能夠在丹麥人的進攻中屹立不倒。

　　在政治上，阿佛烈大帝努力維護封建君主制度，將英格蘭逐步走向統一。在他和他的後代的努力下，英格蘭從一個分裂的封建領地逐漸整合為一個整體，奠定了日後英國強盛發展的基礎。阿佛烈大帝的影響不僅限於軍事和政治，他還大力推動文化復興，重建倫敦為一座有城牆和堡壘的城市，並推動文字及宗教的恢復。他同時還是一位博學多才的君主，不僅重視文化教育，提倡學習，自己也擁有淵博的學識。在他的影響下，英格蘭的社會結構和文化水準大幅提升，英格蘭的文化教育事業也得到了長足

發展。

阿佛烈大帝的功績使他成為英國歷史上璀璨的一顆明星，他的事業比同時代的查理曼更加持久。查理曼的帝國在他死後很快分崩離析，而阿佛烈大帝奠定的基礎，卻使英格蘭從此走上了統一發展的道路。阿佛烈大帝的仁慈和智慧，使他在最艱難的時期依然贏得民心，並在伊森丹戰役中扭轉了戰局，迫使丹麥首領古斯魯姆簽訂了韋德莫爾條約，劃定了丹法國的邊界，除了鞏固英格蘭南部的安全，並成為新定居於英格蘭的丹麥人的敬仰對象。

整體而言，阿佛烈大帝無論在軍事、政治還是文化上，都是一位卓越的君主。他的改革和建設，不僅使英格蘭擺脫了外敵的侵擾，走向統一，而且為英國後來的強盛發展打下了堅實的基礎。他的功業流芳千古，在英國歷史上留下了不可磨滅的印記。

盎格魯丹麥時期的法律與城市轉型

在盎格魯丹麥時期，英格蘭的法律體系展現出多元且複雜的特質。儘管英格蘭在名義上已統一於一位君王之下，各地的法律卻因歷史淵源的不同而各具特色。丹麥人來到英格蘭後，不僅帶來了正面的影響，也深刻地改變了當地的法律體系。丹麥人對法律辯論情有獨鍾，視其為一種樂趣。他們雖然沒有專職的法律專家，卻有許多像業亞爾這樣的農夫兼戰士，對本族的習慣法和訴訟程序瞭若指掌。在丹麥人統治的城市中，有 12 名世襲的「法官」擔任主要官員，並引入了自由人組織陪審團的制度，這個制度後來成為英國陪審制度繁榮發展的基礎。

盎格魯丹麥時代的正義觀念有三大淵源：一是盎格魯撒克遜人和斯堪

王位爭奪與民族復興：不列顛的動盪與新生

地那維亞人共有的「贖金」觀念，讓受害者或其家人可以透過接受贖金停止私人復仇；二是基督教教義，認為作惡不僅觸犯王法，還是道德和對上帝的叛逆；三是斯堪地那維亞人特有的榮譽觀，譴責如臨陣脫逃和背叛首領等行為，視之為自由戰士的恥辱。從阿佛烈大帝時期開始，叛國罪逐漸被視為特別嚴重的罪行，需受到特殊的懲罰和譴責。英國法律中關於叛國和不忠罪的規定，既來自國王和封建主權力的擴大，也受到僧侶傳入的羅馬法影響，而斯堪地那維亞人痛恨背叛的觀念無疑促進了相關法律的發展。

在城市發展方面，丹法國在獨立時期並非一個統一的國家，而是由多個半自治城市組成的鬆散聯盟。這些城市依賴河流運輸貨物，成為重要的商業中心。丹麥人建立五個著名城市，既是軍事要塞，也是貿易樞紐。每個城市都有自己的行政長官和軍隊，實際上相當於獨立的小國。英國國王愛德華及其妹妹埃塞爾弗萊德在征服丹法國後，採用了丹麥人的城市制度，修復羅馬時期的城牆，在策略要地建立堡壘，並將中部地區許多城市的起源追溯到這個時期。

隨著盎格魯－丹麥戰爭結束，英國逐漸形成新的行政和軍事制度，城市從軍事和行政中心轉型為商業中心。丹麥人善於經商，他們的貿易習慣影響了撒克遜人，並促進城市商業繁榮。城市居民逐漸專注於經商和手工業，而將軍事事務交由諾曼騎士，這種分工的出現，極大地受益於丹麥人引入的城市生活方式。

森林與自由：
盎格魯－撒克遜人的生活畫卷

盎格魯－撒克遜時代的英格蘭，儘管受到戰爭的陰影籠罩，卻是個追求美感與品味的時代。這裡的人們在日常生活中不斷探索自然的美，並以精湛的工藝製作出富有藝術價值的珠寶和日用品。儘管大多數建築已隨時間消逝，但從現存的文物中，我們依然能感受到當時的繁榮與美麗。

在這個時期，森林覆蓋了英格蘭的大部分地區，形成一片未開發的荒野。這些森林不僅是詩人和草莽英雄的庇護所，更是整個盎格魯－丹麥人民賴以生存的家園。英格蘭人對大自然的熱愛深植於心，他們在林中漫步，流連於連翹花、風鈴草和垂柳的景緻中，這種對自然的讚美在古英語詩歌中表露無遺。

然而，隨著時代推進，森林的開墾與砍伐成為不可逆轉的趨勢。撒克遜時期的拓荒者們，如同西元 19 世紀的北美和澳洲移民，使用牛馬運輸物資，揮舞斧頭砍伐木材，搭建起簡陋的木屋。儘管彼此相距遙遠，這些拓荒者仍然保持著樸實無華、重義氣的品格。隨著開墾的深入，市鎮逐漸擴張，將周圍的原始自然轉化為可居住的土地。

在社會結構上，封建制度成為維繫秩序的中流砥柱。農民與戰士的分工日益明確，盎格魯－撒克遜人逐漸放下戰鬥的重擔，專注於農耕。貴族們則將精力投入到狩獵和戰鬥中，並透過當地習慣法解決糾紛。隨著職業分化，社會逐漸走向安定與文明，儘管平等和自由有所減少，但這種變革孕育了未來更為豐富的自由。

農民的生活雖然艱辛，但他們仍然努力維持著貴族和僧侶的生活標準。奴隸和農奴在封建制度下的生活尤為艱難，他們從日出到日落不停勞作，忍受著嚴酷的條件。即便如此，他們的忠誠與辛勞為社會的發展奠定了基礎。

從盎格魯－撒克遜時期的生活畫卷中，我們看到了一個自然與人類和諧共處的時代，雖然歷經變遷，但這片土地仍然保留著原始的風貌和野性的氣息。這一切，都凝結在古老的英語詩歌和民謠中，供後人憑弔與懷念。

封建制度下的英格蘭司法與宗教復興

在盎格魯－丹麥時期，英格蘭的司法體系面臨著封建制度的深刻影響。當時，英格蘭尚未形成統一的法律體系，司法權力主要集中在地方公共法院，由自由人充當審判官，長老或邑官代表國王主持審判。然而，隨著封建勢力的擴張，這些公共法院的許可權逐漸被削減。自國王愛德華以來，王室的司法權力被逐漸轉讓給僧侶和封建貴族，尤其是縣法院的許可權。國王常常透過一紙公文，授予修道院主教或封建貴族建立私人法院的權力，這些法院可以審理竊盜、破門搶劫等案件，其管轄範圍甚至可以覆蓋一個或多個郡。隨著司法權的私有化，原屬於國王的司法收入，如訴訟費和罰金，也流入了那些受寵或令國王畏懼的地主的手中。這種司法權力的私有化和封建化，對英格蘭的司法體系產生了深遠而持久的影響，削弱了中央集權，增加了地方割據的局面，為後來英國法律的發展留下了複雜的歷史遺產。

同時，在10世紀下半葉，英國的宗教生活也經歷了一次重要的轉

折。由於連年的丹麥人侵略，宗教熱忱和學問的中心——修道院幾乎被摧毀殆盡。即使在相對安全的威塞克斯，僧侶們也需要阿佛烈大帝長期的努力提倡，才恢復了一些宗教熱忱和求學野心。然而，直到 10 世紀中葉，修道院生活仍處於反動狀態，難以振作。克呂尼改革的傳入改變了這個狀況。這場修道運動源自法國的克呂尼和夫勒里兩大修道院，是本篤會教規影響下的一個分支。在這股新精神的激勵下，許多堅定的僧侶和主教開始恢復英國修道院的清規戒律。其中，丹斯坦是最有能力、度量寬廣的一位高僧。英國國王愛德華及其繼任者也參與其中，重建了許多修道院，並將司法和地方管理的大權交給修道院僧侶。在克呂尼改革和國王支持的雙重推動下，英國修道院生活終於走出了谷底，重新煥發了生機。這場修道院復興運動不僅在宗教層面影響深遠，對英國的整體發展也有著舉足輕重的作用。克呂尼改革為英國注入了新的精神動力，使得宗教生活重新成為社會的中流砥柱，推動了英國中世紀文明的繁榮發展。

◆ 英格蘭的動盪與重生：從丹麥金到倫敦的崛起

英格蘭的動盪與重生：
從丹麥金到倫敦的崛起

在中世紀的英格蘭，宗教與封建制度經歷了重要的變革。修道主義運動的興起，使宗教實踐趨於教宗聖額我略七世時代的標準。這場運動不僅要求牧師過獨身生活，還強化了教會的國際性，促進了化體之說和貞女瑪利亞崇拜等宗教運動的發展。同時，封建制度初期不分世俗與宗教界限，豪貴和教士都是領主，為國王服務。隨著禁慾主義的復興，修道院獲得了大量土地和特權，甚至在諾曼征服時期超越了世俗諸侯，推動了中世紀華麗建築的興起。然而，這些特權也為教會的腐化埋下隱患。

在此背景下，英格蘭面臨丹麥人的入侵。埃塞爾雷德二世在位時，丹麥人捲土重來，英格蘭陷入戰亂。丹麥金（Danegeld）成為一種文明的勒索，要求英格蘭支付巨額贖金以換取和平。這些贖金超過諾曼和金雀花王庫的賦稅總額，顯示出當時豪族和僧侶累積的財富。丹麥金的支付，部分用於丹麥人的再入侵，也成為封建制度擴張的助力。

在這動盪的時期，倫敦的地位日益重要。阿佛烈大帝重建倫敦城堡，抵禦丹麥人，倫敦成為抵抗的中流砥柱。福克貝爾德和埃塞爾雷德去世後，克努特與鐵甲愛德曼爭奪王位，倫敦支持愛德曼，成為其堅實堡壘。最終，克努特在賢人會議的推舉下繼位，成為一位才德兼備的君主，為英格蘭帶來穩定。

11世紀中葉，英國君主繼承制度達到轉捩點。克努特、哈羅德和威廉的王位來自賢人會議和豪族支持，顯示出民意基礎。儘管賢人會議並非現

代議會制度的起源，它擁有選舉繼任者的權力，對王位繼承影響深遠。

倫敦在對抗丹麥人後期展現出軍事與政治實力，成為獨立政治實體。雖然自治權有限，但其崛起與英國封建制度變遷密切相關。賢人會議與王權的互動、城市自治權缺失及封建領主的控制，共同構成了 11 世紀英國政治版圖的特徵。這個時期的矛盾與動盪，孕育了英國制度變革的契機。

◆ 從克努特到諾曼征服：英格蘭歷史的轉折

從克努特到諾曼征服：
英格蘭歷史的轉折

倫敦在英國歷史上一直扮演著獨特而重要的角色。與其他英國城市相比，倫敦享有更多的實際權力和獨立性，甚至超出了法律賦予它的地位。這座城市在英國古代並沒有被固定為首都，克努特選擇溫徹斯特作為新都，而非倫敦，這賦予了泰晤士河畔的大港真正的政治自主權，甚至有可能從旁監督王權。這個特權使得倫敦在後來的幾個世紀裡，尤其是斯圖亞特王朝的動盪時期，始終保持著不屈不撓的精神。

克努特的統治時期，倫敦成為英格蘭與波羅的海地區貿易的重要樞紐。丹麥商人湧入倫敦，不僅為城市帶來了繁榮，還成為英格蘭海防的重要力量。他們中許多人皈依基督教，這從城市中以聖奧拉夫為名的教堂可見一斑。與此同時，倫敦也吸引了來自中世紀神聖羅馬帝國的商人，恢復了其在羅馬時期作為歐洲商業中心的地位。

克努特是一位非凡的君主。他的統治風格結合了查理曼的帝王之風和阿佛烈大帝的明君之德，努力推動英格蘭的民族和解與國家建設。雖然他以武力征服英格蘭，但他對待英格蘭人和丹麥人一視同仁，這使得他贏得了廣泛的敬愛。他在法律上強制實施宗教稅收和儀式，並打擊異教徒，為基督教的弘揚貢獻良多。

然而，克努特的雄心壯志在他去世後未能完全實現。丹麥王室後繼無力，英格蘭在撒克遜王愛德華的治理下，逐漸遠離斯堪地那維亞，轉而接近法蘭西的諾曼地公國。這種轉變使英格蘭受到法蘭西文化的深刻影響，

並最終捲入法蘭西本土的領土戰爭。這個劇烈的變化，儘管是不可避免的歷史趨勢，但仍讓人不禁遐想克努特未竟的願景。

諾曼征服的到來，象徵著英格蘭歷史的重大轉折。征服者威廉將拉丁文化帶入英格蘭，結束了斯堪地那維亞勢力的影響。英格蘭從一個諾爾狄克海上帝國，轉變為法蘭西封建文化的一部分，這不僅影響了英格蘭自身的發展方向，也在歐洲歷史上留下了深刻的印記。威廉的勝利不僅征服了一個國家，更重塑了一個時代，奠定了日後英格蘭與歐洲的文化與政治格局。

諾曼文化的影響與英格蘭的變革之路

諾曼人將深植於法蘭西和拉丁文化的獨特君主制度帶到了英格蘭，這個制度不同於法蘭西王室的傳統，卻延續了諾曼第公爵的強大影響力。諾曼國家的獨特性值得深入探討，它雖然與不列顛其他地區同由丹麥人和挪威人建立，但其後來的制度演變卻截然不同，也與法蘭西其他地區迥然有別。

諾曼第的居民主要是舊法蘭西的農戶，他們專注於耕作，對世事不甚關心。與此同時，貴族及沿海港口的商人漁民大多來自斯堪地那維亞，這些北方人的後代雖然接受了法蘭西的語言、文字、風俗和宗教，但仍保留著祖先冒險和漂泊的性格，尤其熱愛航海。維京貴族（jarl）成為封建男爵（baron）後，他們學習了大陸的騎兵戰術，放棄了傳統的雙柄斧，轉而使用鞍上的刀和矛，並築起土山木寨以鞏固其在國內的地位。

重灌騎兵和私人堡壘的出現，象徵著封建社會發展的巔峰，這種形式在諾曼人來到英格蘭之前並不存在。最初的諾曼堡壘是木製的，後來改用石料，成為中世紀普遍的石頭城堡。諾曼的封建制度與法蘭西相似，具有嚴格

的土地屬性，貴族為諾曼第公爵服務，完全基於土地的關係。這與英格蘭的貴族有著顯著不同，後者在忠於君臣關係或出於愛國情懷上有著更多考量。

諾曼第公爵經常與周邊省分作戰，貴族必須在他的旗幟下提供騎兵，每個封建領地提供的騎士數量不等，但總是5的倍數，以利軍事管理。這種軍役制度被威廉嚴格施行於英格蘭，騎士受封土地的制度與貴族受封相似，皆為獲得軍事服務而存在。根據諾曼第的習俗，當貴族作戰時，受封於他的騎士必須隨行出征。通常軍役為期40天，但為完成戰役，封建主可以要求更長的服役期。

然而，隨著交通的進步，封建制度逐漸衰落，因其不適合長期遠征或攻守大國。這個制度本是為防禦外敵入侵而生，久戰或遠攻皆不相宜。諾曼人帶來的文化和制度深刻影響了英格蘭的發展，引入了強大的君主制、嚴格的封建制度和先進的騎兵戰術，改變了英格蘭的社會結構和軍事體系。

在諾曼文化的影響下，英格蘭逐步走上了與歐陸不同的君主集權之路，這是諾曼人思想與行為習慣在新土地上的延續與發展。年輕的威廉在諾曼第面臨諸侯的反叛，艱難地擊敗對手，這段經歷塑造了日後征服者的雄心和手腕，為英格蘭帶來了新的政治與社會秩序。

諾曼人這個民族充滿著矛盾的特質，他們一方面與教會保持著緊密的聯盟關係，另一方面卻常常表現出與宗教信仰相悖的行為。他們推翻丹麥人的統治，信奉基督教，重建修道院，恢復主教區，並慷慨捐助教會，藉此獲得了任命主教和僧正的權力。然而，當他們面對叛逆者或俘虜時，卻施以斷手、剜足、挖眼等殘酷刑罰，甚至進行屠城洗劫。這種雙重性格在他們的歷史中留下了深刻的印記。

諾曼人的影響力不僅限於宗教和暴力，他們在知識和組織能力方面同樣卓越。教會教導他們組織社會的方法，使他們能夠在動盪的中世紀

歐洲建立起一個穩固的社會結構。在英格蘭，他們建立了穩固的「王之治安」，但在諾曼第本土卻依然面臨封建割據和動盪不安的局面。這種矛盾的特質使得諾曼人在歷史上成為一個複雜多面的民族，對英格蘭乃至整個歐洲的歷史發展產生了深遠影響。

愛德華國王在位期間，英格蘭政局動盪不安，諾曼勢力逐漸滲透到英格蘭的各個階層。愛德華有一半的諾曼血統，長期流亡法蘭西，這使得他對諾曼人有著天然的親近感。他引進大量的諾曼僧侶和貴族，讓他們掌控英格蘭的教會和政府機構，削弱了本土貴族的勢力，為日後的諾曼征服埋下了伏筆。

然而，愛德華的政策並未能促進英格蘭的統一和進步，反而加劇了南北地區間的對立與地方主義。他利用北方兩大伯爵之間的嫉妒制衡南方勢力，卻也因此激化了內部矛盾。最終，在愛德華的治理下，英格蘭四分五裂，為威廉公爵的入侵掃除了障礙。

這個時期的英格蘭缺乏真正的民族意識，人民對外來入侵沒有形成共同抵抗的意志。戈德溫父子的反攻雖然得到南英人民的支持，但也顯示出英格蘭內部的分裂與不穩。愛德華錯失了統一國家的良機，為英格蘭的未來埋下了深深的隱憂。這一系列事件最終導致了諾曼征服的發生，改變了英格蘭的歷史命運。

英格蘭王位的紛爭與諾曼征服的序幕

在 11 世紀的英格蘭，隨著國王愛德華的去世，王位繼承問題成為一個引發連鎖反應的導火線。愛德華死後，最合乎血統的繼承人應是年幼的愛德華王子，但在那個封建社會中，眾人皆恐懼一位孩童君主的統治可能

帶來無政府狀態。因此，經驗豐富且勢力強大的哈羅德成為眾望所歸的選擇。然而，哈羅德的登基並非篡位，卻也不甚明智。他本有機會擔任幼王的攝政，避免給外族入侵的藉口，但他選擇了接受王位。這個決定，加上他在流亡諾曼第時被迫向諾曼公爵威廉立下的效忠誓言，使得他的統治充滿爭議。諾曼公爵威廉聲稱已故的愛德華曾承諾將王位傳給他，雖然這個主張缺乏實證，但在當時誓言被視為神聖不可侵犯的社會中，哈羅德被看作是背信棄義者。英格蘭長期以來便是斯堪地那維亞與拉丁勢力的角逐場，在挪威國王哈拉爾三世與諾曼公爵威廉的雙重壓力下，哈羅德終於在哈斯丁之戰中敗於威廉。

這場王位爭鬥反映出中世紀社會與現代社會在倫理觀念上的巨大差異。在封建時代，誓言的地位遠高於個人意願和民族自決，即使在脅迫或欺騙下立下的誓言，違背起來也會被視為不道德。然而，從現代觀點看，威廉利用哈羅德在困境中立下的誓言，迫使他放棄個人和國家利益的行為，無疑是缺德的。這種觀念上的差異或許是理解這個歷史事件的關鍵所在。

威廉的征服不僅僅是因為對王位的野心，也與宗教和政治的複雜交錯有關。威廉反對哈羅德支持斯蒂甘德的立場，這成為他進攻英格蘭的理由之一。斯蒂甘德曾被戈德溫派不合規矩地任命為全英大主教，被大陸上的教宗派視為異端。當時在羅馬勢力日增的聖額我略七世雖然尚未成為教宗，但在威廉與斯蒂甘德的衝突中大力支持威廉。教宗的祝福和旗幟對威廉而言是極為有利的，缺少了這些支持，威廉的遠征可能僅被視為赤裸裸的武裝掠奪。反觀哈羅德，由於不懂得宣傳和外交，導致無人支持。當說法語的封建世界聯合起來侵略英格蘭時，自以為是在替天行道，卻實際上是在大領主的率領下加入了一夥強盜。這場王位之爭不僅改變了英格蘭，還在歷史的長河中留下了深刻的印記。

征服與革新：
諾曼人如何改寫英格蘭命運

　　西元 1066 年，諾曼公爵威廉率領一支規模不大的精銳騎兵隊伍，跨越英吉利海峽，向英格蘭發起進攻。這支軍隊並非依靠封建徵召，而是由來自諾曼第、不列顛尼和法蘭德斯的武士自願組成，渴望透過征服獲得土地和財富。威廉的軍隊如同一個合夥企業，目標是瓜分英格蘭的土地資源，甚至以未來的土地收益作為貸款擔保。為了這次征服，威廉投入巨資建造艦隊，運送訓練有素的騎兵和戰馬，突破英格蘭國王哈羅德的防線。

　　哈羅德剛剛在北方擊敗了挪威國王哈拉爾三世，雖然贏得輝煌戰果，卻損失慘重。得知南方威廉來襲，他迅速率領禁衛軍南下，準備在索塞克斯迎戰。哈羅德選擇在一個山丘上紮營，這裡後來成為巴特爾村的所在地。儘管兵力已大不如前，哈羅德決心在此一戰，以阻止諾曼軍隊的入侵。10 月 14 日的哈斯丁之戰上，哈羅德和他的軍隊奮勇作戰，但仍不敵武裝精良的諾曼騎兵，最終戰死沙場，英格蘭自此落入諾曼人之手。

　　這場戰役的勝敗，不僅僅是騎兵與步兵的對決，更是戰術與策略的較量。英格蘭禁衛軍以「盾牆」陣型抵擋諾曼騎兵，但面對騎兵衝鋒及弓箭襲擊，仍難以持久。諾曼人結合騎射戰術和弓箭技藝，這些戰術優勢使他們在英格蘭占據上風。哈斯丁之戰後，英格蘭並未形成統一的抵抗，各地領主和教會首長紛紛考慮與威廉議和，保全自身利益。

　　威廉逐步鞏固其統治，平定倫敦周邊地區，最終在倫敦加冕為王。雖然加冕典禮中發生了混亂，威廉的隨從誤以為有叛變，放火燒毀房舍，但

威廉仍試圖塑造自己是愛德華國王合法繼承人的形象。他與英格蘭臣民合作，恢復民兵組織和地方法庭，為統治奠定正當性基礎。儘管征服行動充滿暴力，但威廉為英格蘭的統一與變革掃除了障礙，開始了諾曼王朝的統治時代。這場征服不僅改寫了英格蘭的命運，也深刻影響了其後的歷史發展。

諾曼征服：鐵腕統治與文化交融

諾曼人征服英格蘭後，英國人最初的期待很快被現實擊碎。威廉一世以效忠哈羅德為名，剝奪了大量英吉利人的土地，並將這些土地分配給來自諾曼的征服者。威廉的統治比起過去的克努特和丹麥人要嚴厲得多，他建立了一套新的軍事制度，並強迫撒克遜農民在各地興建土丘和堡壘。這些堡壘，最初是木製的，後來用石頭重建，成為控制當地人民的重要據點。倫敦塔的建成，象徵著諾曼人對英吉利人的強勢統治，讓一向崇尚自由的倫敦人感到恐懼。

愛底溫和摩加等貴族的叛亂，促使威廉展開了殘酷的北征，以鐵腕手段鎮壓叛亂者。約克和達拉謨之間的土地被夷為焦土，許多村莊無人居住，人口損失慘重。威廉一世的征服行動，不僅徹底改變了英格蘭的政治版圖，還重塑了這片土地的社會結構和文化面貌。當威廉大規模摧毀北方叛亂勢力後，英格蘭的南北對立問題似乎得到了永久性的解決。北英格蘭和丹麥人對威塞克斯和倫敦國王的嫉妒和敵意隨之消失，斯堪地那維亞社會對諾曼封建主義的抵抗也告終結。

此外，這次行動削減了英格蘭北方的丹麥人口，也使得斯堪地那維亞的文化和思想逐漸被諾曼文化取代。在這場大屠殺後的30年內，英格蘭

的封建制度得到全面推行，大量的城堡和大教堂興建，象徵著法國僧侶、官員和建築師的影響力，也預示著拉丁文化的滲透。

達拉謨地區的變化尤為顯著。從一片貧瘠之地，迅速轉變為擁有雄偉建築的繁榮區域。這些來自諾曼的菁英，儘管人數不多，卻以他們的才能和毅力，成功地治理並改造了英格蘭。即便是最富饒的林肯郡和東盎格利亞，也不得不放棄昔日的自由，融入威廉推行的封建體系中。

然而，諾曼征服帶來的不僅是土地的重新分配和社會結構的重組，也促進了文化的融合。儘管舊有的自由傳統被摧毀，法蘭西式的封建制度逐漸滲透到各個角落，但拉丁文化的引入也帶來了新的發展和變革。即使是在繁榮的林肯郡，農奴仍能保持一定的小康生活，並在某些法律上享有自由民的地位。

在這樣的背景下，英格蘭北部逐漸形成了一個完全封建化和諾曼化的統治階層。從安布佛拉微爾和珀西兩大家族、約克郡的大修道院，到達拉謨主教領地，都能見證這個過程。諾曼貴族的影響力甚至延伸至蘇格蘭，改變了當地的社會和宗教結構。由於南英格蘭的經濟發展較快，最終在都鐸王朝時期較早脫離封建制度。然而，北歐人的獨立精神始終未被徹底抹去，即使在封建社會的高壓下，北方的居民總是比南方的撒克遜人更具鬥志。赫里沃德的反抗象徵著征服的軍事階段的結束。雖然他的反抗未能成功，但這次行動是當時英格蘭最後一次也是最悲壯的一次地方性反抗。

威廉一世的策略不僅在英格蘭內部徹底改變了權力結構，也為未來的英格蘭奠定了中央集權的基礎。他透過瓦解撒克遜英格蘭的六大伯土，削弱封建領主的權力，並建立了巡察官制度，為王權專制奠定了基礎。這些改變不僅促進了英吉利人和諾曼人的融合，也讓英格蘭開始走向民族統一的道路。

◆ 征服與革新：諾曼人如何改寫英格蘭命運

然而，這一切的背後，是舊有自由傳統的消逝，以及新制度下社會矛盾的滋生。威廉一世雖然成功地將英格蘭納入他的統治之下，但也埋下了未來動盪的種子。儘管如此，威廉一世的統治對英格蘭的影響是深遠的，為後世的政治和社會發展奠定了堅實的基礎。

威廉一世的法律與教會改革

在諾曼征服之後，威廉一世不僅在政治上進行了深刻的變革，他也建立了一套嚴苛的法律體系來維持其統治，最著名的便是森林法。這套法律對英格蘭的人民來說極其苛刻且不公平，因為它剝奪了居民在森林中的一切權利。國王占有廣闊的森林土地，但不允許人民在其中狩獵或使用，這種做法引發了廣泛的怨恨。在威廉一世的統治下，偷獵鹿隻會受到殘酷的懲罰，甚至在後來的國王統治下，偷獵被視為死罪。這種法律體系在數百年間都讓人民怨聲載道。

隨著時間的推移，森林逐漸被砍伐，這不僅促進了英國的經濟發展，也象徵著人民在道德上的勝利。到了斯圖亞特王朝時期，鄉紳階級的勢力增強，國王的林權逐漸落入他們手中。昔日的森林法演變成了「獵法」，雖然不再如森林法那般殘酷，但仍然與當時英國法律的自由精神背道而馳。布萊克斯通對獵法的評價是森林法的私生子，雖然尖刻，卻十分恰當，因為這一切的始作俑者正是征服者威廉一世。

威廉一世在法律之外的另一重大改革是教會的改造。他引入法蘭西貴族取代撒克遜貴族，並以外來的主教、修道院院長及教士充實英格蘭的宗教機構。這些改變在提高效率和促進學問發展的同時，也使英格蘭的教會日益拉丁化，這種影響不易為北歐民族所接受。威廉還奉教宗之命推行獨

身制，雖然抵制之聲不斷，但他依然堅持實施。獨身制剝奪了牧師組建家庭的權利，對此，受過教育的人和學者都感到不滿。

　　威廉在宗教領域的另一個重大改革是將宗教法庭與世俗法庭分開。在此之前，主教和地方官員共同主持地方法院，審理所有案件。威廉下令設立專門的宗教法庭來審理宗教案件，這個舉措使教會法庭能夠緊跟歐陸宗教法的發展步伐。這種分立是邁向更高法治文明的重要一步，為後來英格蘭普通法的發展奠定了基礎。

　　總之，威廉一世的法律與教會改革不僅展現了他作為征服者的強權統治，也為英格蘭的政治和宗教制度留下了深遠的影響。這些改革在鞏固中央集權的同時，也在無形中推動了英格蘭社會的進步。

◆ 英格蘭的權力角逐與文化變遷

英格蘭的權力角逐與文化變遷

　　中世紀的英格蘭，是一個矛盾交織、充滿變革的時期。政治上，國王與貴族之間的權力博弈成為常態，國王一方面努力鞏固中央集權，另一方面，貴族們則竭力維護自己的特權。君王與教會之間的權力爭鬥，也成為這個時代的顯著特徵。在威廉一世的統治下，他巧妙地利用教會的影響力來鞏固王權，卻也開始意識到教會的巨大影響力可能對皇權構成威脅。威廉二世時期，這種矛盾愈發激烈，他拒絕任命新的大主教，並占用教會的資源，引發了與教會的尖銳對立。到亨利一世時期，君王與教會之間的「敘任權」之爭達到了頂點，經過激烈的角力，雙方達成妥協，國王保留了選擇主教的權力，而主教則必須效忠君主。

　　這場持續的權力角逐，反映了中世紀英格蘭的特殊社會結構：世俗政權尚不穩固，而教會擁有龐大的組織和資源。如果教會完全不受國家控制，整個社會可能會被教會所左右。然而，英格蘭的君主們成功地在維護國家獨立的同時，維持了與教會的微妙平衡。

　　諾曼征服為英格蘭帶來了深遠的影響，尤其展現在語言、宗教和社會結構的變遷上。法語成為上層社會的語言，而英語則在被忽視中悄然轉型，吸收大量法語詞彙，最終成為一種優雅且豐富的語言。在宗教上，諾曼征服強化了天主教會的影響，諾曼貴族掌控教會的財富，而被征服的盎格魯－撒克遜人的牧區僧侶地位低下。隨著時間的推移，牧師的地位逐漸提高，最終成為上流社會的一部分。

　　社會結構方面，威廉一世以強而有力的手段建立起嚴密的封建體系，並透過《土地調查書》將土地重新分配給諾曼貴族，盎格魯－撒克遜貴族

失去權力，奠定了未來數世紀的政治基礎。這些變革雖然初期殘酷，但長遠來看，為英格蘭注入了新的活力，促進了社會的發展。

　　經濟層面，封建制度的特徵尤為明顯。莊園經濟下，農奴辛勤勞動，剩餘產品主要供應給領主和教會。然而，隨著城市的興起，商業和手工業逐漸繁榮，新興的中產階級開始崛起。這個階層的出現，促使財富向世俗和宗教菁英集中，社會分化和不平等的問題日益顯著。宗教依然是這個時期的主導力量，基督教會擁有巨大的土地、財富和影響力，大主教和修道院長往往成為實際上的封建諸侯。教會不僅掌控著精神生活，也深度介入政治事務，但腐敗和世俗化的問題也日益突出，為日後的宗教改革埋下伏筆。

　　總之，中世紀的英格蘭是一個充滿矛盾與變革的時代。在政治、經濟和宗教層面，封建制度、等級秩序和教會權威交織在一起，既推動了文明的進步，也埋下了深層次的矛盾。這一切，構成了英格蘭民族形成過程中一段關鍵而獨特的歷史篇章。正如中世紀的多樣性和進步性，它的真正本質在於活力與熱情，而非靜止不變。

英格蘭的中世紀變革：從封建到民族國家

　　中古時期，不列顛從世界邊陲逐漸融入歐洲文化與政治體系，這個轉變始於諾曼征服。諾曼人將英格蘭從斯堪地那維亞的影響中解放出來，並將其與法蘭西的封建制度緊密結合。在隨後四個世紀裡，英國與歐洲各國的連繫愈發密切，儘管政治上尚未統一，但在社會、宗教和文化方面卻顯示出高度一致性。羅馬天主教會是中世紀歐洲唯一的統一力量，教宗所在的羅馬則是唯一的都城。這個時期的所謂「帝國」僅僅是名義上的，缺乏實質性的行政架構。

英格蘭的權力角逐與文化變遷

諾曼征服後的不列顛，逐漸憑藉四周環海的地理優勢建立起自衛能力，並且隨著諾曼統治者被島國文化同化，尤其在約翰王朝失去諾曼第後，他們的英格蘭化進程更加迅速。最終，英格蘭人已經成長為一個強大、睿智、卓越的民族，他們的成就足以讓威廉和蘭弗朗克大為驚訝。

諾曼征服的影響遠比羅馬時期更加深遠且持久。它使英格蘭成為中世紀歐洲不可分割的一部分，並讓這個島國看到了歐陸文明的曙光。隨著時間推進，英格蘭逐漸發展出獨特的民族性格和法律制度，並在亨利三世時期形成了一種堅持不改變古老法律習俗的意識。儘管最初的諾曼和安茹王朝的征服者帶來了外來的文明，最終取得勝利的卻是那些曾被輕視的英格蘭人。

在諾曼人的影響下，英格蘭國王比其他歐洲君主更加英勇善戰。英格蘭利用封建制度促進了國家統一，建立了一個強大而靈活的行政體系，這在其他地方通常導致分裂。英格蘭的普通法則是其獨特的發展，與議會制度相互促進，最終使英格蘭獲得了一種與拉丁文化不同的獨特身分。

西元 14 至 15 世紀的英格蘭，逐漸意識到其島國地位和獨特性。雖然英王們仍然在百年戰爭中努力恢復歐陸的諾曼和安茹帝國，但英格蘭內部的民族意識卻在逐步覺醒。阿金庫爾戰役的勝利被視為國家的光榮，激發了愛國情操。新興的英國文化在法國和義大利學者的影響下，顯示出更加豐富多彩的面貌。

15 世紀，隨著中世紀社會特徵的消逝，英格蘭迎來了革命的先聲。農奴獲得自由，新的中產階級興起，商業和手工業日益繁榮。印刷技術的引入，使得知識普及，人們不再唯教士的話是從。這一系列變革使英格蘭從世界的邊緣躍升為海上貿易的中心，並在探索中找到了自己的道路，邁向一個嶄新的時代。

英格蘭的轉型：從封建割據到中央集權

亨利二世的登基為英格蘭帶來了一場深刻的改革，終結了長達 20 年的封建混亂局面，並為日後的穩定奠定了基礎。作為一位富有遠見的君主，亨利二世的統治重點在於削弱封建勢力，增強中央集權。為此，他果斷廢除了前朝私設的城堡和軍隊，收回了大量封建領主的特權，將權力集中在中央政府手中。這個系列改革使得即使後來的理查王長期在外，約翰王行事不端，英格蘭也未再陷入無政府狀態。

在司法方面，亨利二世建立了巡迴法庭制度，派遣皇家法官到各地巡迴審判，確保全國的司法公正和統一。在財政上，他推行了包括編制土地清冊、規範稅收和整頓貨幣制度等改革，大大提升了王室的財政收入。這些措施不僅加強了王權，還使得英格蘭人民逐漸養成依從政府的習慣。

亨利二世的改革不僅限於行政和司法，他還注重文化和語言的融合。在他的時代，英格蘭是一個語言多樣的國家。上流社會講法語，而鄉村則以英語為主。亨利二世以其博學多才，尤其是在法律知識方面的深厚造詣，成功地在這樣一個語言多樣的環境中推動了英格蘭的發展。他的治國才能也得益於其廣袤的領土，不僅包括英格蘭，還延伸至法國的諸多地區。

在亨利二世的影響下，英格蘭逐漸從封建割據走向現代國家，這個進程具有深遠的歷史意義。儘管 12 世紀的英格蘭尚未出現中產階級，但隨著亨利二世的改革，社會結構開始發生變化。這個時期的英格蘭貴族和武士階層逐漸遠離戰爭，和平的農業和文化活動成為他們的新興趣。隨著法蘭西風尚的影響，英格蘭的文學和社會也隨之發展，形成了獨特的民族性格和文學傳統。

◆ 英格蘭的權力角逐與文化變遷

亨利二世的改革不僅為英格蘭的政治穩定奠定了基礎，也促進了文化的繁榮和社會的進步。他的中央集權制度和法治傳統在後世的英格蘭發展中發揮了重要作用，使得英格蘭在往後的幾個世紀裡，儘管經歷了一些動盪，但總體上保持了相對穩定和繁榮的局面。

中世紀英國的農村生活與土地制度

在中世紀的英國，封建制度深深影響著農村的生活方式和土地分配。采地制度為農村帶來了一定的穩定性，儘管在現代看來有諸多弊端，但對於當時的人民而言，它確實造成了建立秩序和培養守法觀念的作用。采地法院的存在，讓佃農們至少清楚自己應盡的義務，也在一定程度上限制了地主的權力。這種制度下，英國的財富逐漸累積，耕地不斷開拓，人口也有所成長。

然而，佃農的生活仍然十分貧苦。由於窮困和壓迫，他們大多愚昧無知，迷信盛行。農業技術落後，土地貧瘠，收成微薄。惡劣的氣候條件，加上野獸的侵擾，常常導致饑荒的發生。農民的飲食十分簡陋，以豬肉為主，很少能吃到牛、羊肉。中世紀的英國農村基本處於與外界隔絕的狀態。農民們的衣食住行所需，都依靠自給自足。佃農中有些手工藝人，能製作簡單的木製家具和農具。婦女們紡織粗布，供應衣著所需。皮革也是重要的衣料來源。只有在采邑領主的府邸中，才有機會購買一些外地的商品。

儘管佃奴地位低下，飽受剝削，但相較於其他地區的奴隸，他們仍享有一定程度的保障與權益。除了必須服從地主的差遣，在指定的日子替地主工作之外，佃奴尚擁有自己的一小塊田地可供耕種。他們也被允許使用

農村的草地、牧地、林地及廢地，飼養家畜如豬與鵝。雖然佃奴無法援引《大憲章》中賦予自由人的法律保護，也不能控訴地主於皇室法院，但他們仍有雙重保障以避免遭受虐待。首先，地主與管事人明白虐待佃奴的不智之處，因為善待佃奴才能換得更好的工作表現。其次，佃奴受到「村法」的保護，這是一種由采地法院執行的法律。

在亨利二世統治期間，英國封建主的住所多以石料建造，而佃奴的居所則十分簡陋，僅是一個茅草搭建的小屋，沒有煙囪，也沒有玻璃窗。這些小屋或以劈開的木條直列而成，隨著木材供應的減少，後來多以橡木建造房屋框架，牆壁則填充泥土。屋頂多用茅草覆蓋，少數也用泥土。村落中的公共田地被分割成數百條狹長的地塊，每條地塊是田產和耕作的基本單位。這種分散而不集中的田地分配方式，反映了中世紀英國農村的特殊風貌和土地制度。儘管生活條件艱苦，但這種公共田地的耕作方式在當時卻是一種合理而有效的農業組織形式。

中世紀英國修道院的光與影

在中世紀的英國，修道院不僅是宗教活動的中心，也是學術和文化的重鎮。在大學尚未普及，世俗歷史家、作家和印刷者尚未廣泛存在的時代，修道院成為學術活動的核心場所。僧侶們編纂年鑑、抄寫書籍，為後世保存了寶貴的歷史紀錄。然而，修道院生活也並非完美無瑕，其中存在著諸多問題。

例如，威爾斯的傑拉德在其著作《教士之鏡》中描述了溫徹斯特聖斯尉新修道院的僧侶們，因為主教將他們的菜餚從13道減至3道而跪在亨利二世的馬前哭訴。國王對此感到不屑，認為自己的御膳也不過3道菜，

僧侶們卻如此奢侈。這個故事的真實性或許存疑，但它揭示了當時修道院生活紀律鬆弛、僧侶奢靡的普遍現象。

儘管如此，修道院在中世紀英國社會中的重要貢獻不容忽視。除了作為學術中心，一些修道院的僧侶以高尚的品德和嚴謹的修行聞名於世，如伯里聖埃德蒙茲修道院院長薩姆森。他們的事蹟被當時的史家和作家所記載，成為後世景仰的典範。

整體而言，中世紀英國修道院生活可謂光影交錯。一方面，修道院承擔著保留和傳播知識的重任，為英國文化的發展做出了重要貢獻；另一方面，僧侶的墮落和腐化也引發了社會的不滿和批評。這些矛盾的現象，構成了中世紀英國修道院生活的複雜圖景。

亨利二世與坎特伯里大主教托瑪斯・貝克特之間的權力爭鬥，則反映了中世紀英國教會與王權之間的矛盾。貝克特作為國王任命的大臣和私人朋友，卻出乎意料地成為捍衛教會權威的鬥士。他的強硬立場引發了與國王的激烈對抗，最終導致了他在坎特伯里座堂被殺害的悲劇。

貝克特之死在英國引起了巨大反響，他迅速被奉為殉道者和聖人。朝聖者蜂擁而至，在前往坎特伯里朝聖的路上談論著聖湯瑪斯的事蹟，甚至形成了特定的步伐，被稱為「坎特步」（canter）。這種宗教熱情持續了數百年，直到亨利八世的宗教改革才被終結。

亨利八世對聖骨崇拜深感不屑，尤其是坎特伯里作為這種迷信的中心，更是他心中的恥辱。因此，他下令摧毀了聖湯瑪斯的神龕，視之為教會侵蝕王權的象徵。貝克特事件反映了英國宗教改革的深層次原因，國王與教會之間的權力爭鬥，以及民眾對聖人崇拜的狂熱，都為日後的改革埋下了伏筆。

英格蘭法治的奠基者：亨利二世的司法改革

在中古時期，教會的法律特權引發了諸多問題，尤其是僧侶不受世俗法院的約束，這種特權成為法律制度的一大弊病。英格蘭國王亨利二世為了矯正這個問題，試圖透過《克拉倫敦法典》改革僧侶犯罪的處理程序。根據該法律，僧侶若犯下重罪，應先在世俗法院受審，若被判有罪且被開除僧籍，則由世俗法院宣判和處罰。這個制度在尊重宗教法的同時，也賦予世俗法院一定的權力，得到了許多人的支持。然而，坎特伯里大主教湯瑪斯·貝克特的堅決反對，使得這個改革無法順利實施。貝克特死後，僧侶及教會相關人士仍然享有免於世俗法院制裁的特權，這導致犯罪行為增加，削弱了世俗法律的權威。

在英格蘭法律制度的演變歷程中，亨利二世的改革舉措具有劃時代的意義。自亨利一世時期開始，英國的司法系統逐步走向專業化，國庫和通常訴訟法院的設立為司法執行提供了穩固的基礎。然而，真正推動英格蘭法治發展的，則是亨利二世的司法改革。他不僅廣設皇室法院，擴大法院的管轄權，還通過一系列敕令規範訴訟程序，為普通法的形成奠定了基礎。

在此之前，英格蘭各地法律習慣各異，亨利二世的改革使得法律逐漸統一，這個過程被視為英語國家最寶貴的法律遺產。亨利二世任命的王家法官大多是法律界的翹楚，他們透過中央法院的司法程序，逐步演繹出普通法的基本原則，並以巡迴法官的身分推行新的司法程序。

普通法的形成過程中，受到了盎格魯·丹麥法典、全歐封建習俗、古羅馬民法和教會宗教法等外來因素的影響。然而，這些影響大多局限於法律的方法和精神層面，實質內容仍以本土習慣為主。英國法律學者尊重貴

族的情感，在採納外來法律方法的同時，拒絕吸收其實質內容，僅採用少數法律格言。因此，英國普通法並非成文法典，而是由眾多先例判決彙編而成，展現了英國人在法律發展過程中，力求維護民族傳統和政治獨立的努力。

此外，亨利二世的改革也有著雙重目的：一方面，他希望為人民提供公正的司法救濟，另一方面，他也試圖增加國庫收入。為此，他推動了陪審團制度的建立，這個制度最初並非今日意義上的事實判斷者，而是事實的證明者。陪審團由鄰人組成，透過宣誓陳述所知事實，為案件的裁決提供依據。這個舉措不僅削弱了封建法院的權力，也使得英格蘭的司法程序更加透明和公平。

儘管亨利二世的改革並非毫無缺陷。隨著時間的推移，特別是在理查、約翰和亨利三世時期，皇室法院的權力過度擴張，成為徵收賦稅的工具，偏離了促進正義的初衷。亨利三世時期的「總巡迴法院」制度，因為按察使嚴苛的審查和重罰，引起了廣泛的民怨，導致人民逃避按察。然而，儘管有這些問題，皇室法院仍是英格蘭早期進步的主要途徑之一。

亨利二世的改革不僅限於司法領域，他還頒布《武裝詔令》，鼓勵臣民武裝，這個舉措打破了封建傳統，展現了舊撒克遜時期的民軍精神，為英格蘭的軍事制度變革奠定了基礎。

亨利二世的改革不僅鞏固了世俗法院的權威，也有效遏制了宗教勢力的擴張，為英格蘭的法治發展奠定了重要基礎。他的努力使英格蘭避免了長期的無政府狀態，確立了本土的普通法傳統，維護了國王的統治，並與歐洲大陸的封建國家形成了鮮明對比。他的法制改革在後世影響深遠，成為英美法系的重要根基，為全球法治建設提供了寶貴的經驗和借鑑。

英格蘭的憲政萌芽與封建遺產

在中世紀的英格蘭，封建制度不僅塑造了社會的基本結構，也為憲政主義的萌芽奠定了基礎。西元 12 至 13 世紀期間，英格蘭的政治環境經歷了深刻變革，這個變革部分歸功於理查一世的十字軍東征和其弟約翰的背叛行為。在這段動盪的時期，沃爾特大主教的治理策略成為英格蘭內部穩定的支柱，並促進了中產階級的崛起。

坎特伯里大主教沃爾特在理查一世遠征時期擔任攝政，他的政策與國王的武力擴張形成鮮明對比。他透過頒布特許狀賦予城市自治權，從而削弱了封建領主的權力，並加強了國王對城市的直接控制。這個舉措不僅鞏固了王權，也推動了城市自治的發展，為後來的憲政改革提供了社會基礎。同時，沃爾特依賴新興的武士階級來協助治理，這些武士在地方上扮演著重要角色，協助維護治安並履行公務，這有助於後來治安法官制度的形成。

13 世紀，英格蘭的憲政主義思想逐漸成形，與封建制度的權力平衡息息相關。在封建體系下，國王與諸侯之間的權利義務受到法律和習俗的約束，這為貴族階級提供了抵抗專制的法律依據。當國王試圖超越傳統權利範疇時，諸侯可以依據法律進行抵抗，這種抵抗精神成為英格蘭憲政運動的起點。

議會制度的形成正是基於這種權力平衡的需求。國王發現，與其逐一與每位貴族談判，不如在議會中集體達成協定。這個制度的萌芽在 13 世紀尤為明顯，貴族階級的武力和政治覺醒使他們在對抗國王專權時占據優勢。這種局面在中世紀尤為突出，諸侯和騎士們可以合法地以武力與國王抗衡，這在後來的歷史中成為英格蘭政治制度的重要特徵。

◆ 英格蘭的權力角逐與文化變遷

　　整體而言，封建制度不僅是英格蘭社會的基石，也是憲政主義誕生的溫床。沃爾特的政策和中產階級的崛起推動了城鄉自治的發展，為日後的憲政改革奠定了基礎。而封建貴族階級的權力意識和武力優勢則為憲政思想的萌芽提供了堅實的支撐。這些歷史發展使英格蘭在未來面對更大挑戰時，能夠依靠自身的政治傳統和制度優勢。

大憲章：英國憲政的起點與演變

　　英格蘭國王約翰在位期間，以其虛偽、自私與殘暴著稱，激起了人民的強烈不滿。約翰國王在追求個人利益上展現了堅忍不拔的意志，卻缺乏政治遠見和統治手腕。他為了籌措資金，無所不用其極地破壞封建法律，濫用國家機關，進一步得罪了社會各階層的臣民，無論是平民、僧侶、或是貴族，都被其勒索之苦所困。約翰將搜刮來的財富全部投資於歐洲大陸的戰事，但即便如此，他仍無法保住世傳的安茹領土，無力抵擋法蘭西卡佩王朝的崛起。西元1204年，諾曼第被法國國王腓力二世奪去，約翰試圖藉助歐洲大聯盟重奪失地的計畫，卻因盟友在布汶戰役中的慘敗而告吹。這些事件，加上約翰與教宗之間長期未決的爭端，以及對英格蘭釋出的不利禁令，最終引發了《大憲章》的誕生。

　　布汶戰役後，英格蘭國內的局勢促進了立憲程序，而法蘭西則由此加速了統一進程。儘管法蘭西宮廷成為文化中心，並熱衷於騎士精神與十字軍東征，但法國國王未能如亨利二世般透過行政改革來增強王權。因此，在阿金庫爾和克雷西戰役中，法國面對英格蘭的猛烈攻勢仍舉步維艱。

　　13世紀初，英格蘭逐漸脫離安茹帝國影響，開始建立民族自覺。雖然安茹帝國不復存在，但英格蘭仍擁有加斯科尼及波爾多，這些地區不僅促

進了海外貿易，也使得葡萄酒取代了麥酒與蜜糖酒。英格蘭貴族不再如過去般在海峽兩岸都有封地，並開始關注本土問題，如與威爾斯、蘇格蘭的關係，以及英格蘭法律與國會的發展。

　　西元 1215 年，《大憲章》的簽署成為英格蘭歷史上的關鍵一刻，揭開了限制君權的序幕。這份憲章並非僅僅是貴族對抗國王約翰濫權的工具，更是他們試圖在國家機器中尋求制衡的具體表現。他們要求限制國王將案件從貴族法院移交至皇室法院的權力，這不僅是對司法權獨立的追求，也反映出他們對法治的堅持。儘管貴族們的動機自私且階級化，但他們無意中引發了一場追求自由的偉大運動。

　　《大憲章》象徵著代表制的萌芽，雖然「王國的共同樞密院」起初僅是貴族的封建議會，但它預示了未來議會制度的形成。這個制度的建立，不僅是為了限制君主的財政權力，還是為了確立「無代表不納稅」的基本原則，這對英國憲政的發展至關重要。他們的成功不僅在於自身的努力，更在於他們能夠與其他社會階層結盟，共同對抗君主專制。倫敦市民和僧侶的支持，使得這場運動成為全國性的抗爭，展現了全民族聯合起來對抗專制的精神。

　　《大憲章》也象徵著英格蘭民族在擺脫外來影響後的自我覺醒，並為其憲政發展奠定基礎。隨著愛德華三世重啟英法戰爭，英格蘭已然形成獨特的法律體系與國會，民族得以自立，不再面臨法蘭西文化同化的危險。這一切象徵著英格蘭走向憲政道路的關鍵一步，見證了英格蘭民族自覺的崛起。

　　然而，《大憲章》的意義並不止於當時的政治爭鬥，它為英國乃至世界的法治和人權奠定了基礎。憲章中的法律至上原則，首次將國王置於法律的約束之下，這在當時是一項革命性的突破，為後來的議會民主提供了

重要的法律框架。此外，憲章還提出了保障人權的思想，儘管其權利範疇在當時仍然有限，但這些條文為未來人權的逐步擴展奠定了基礎。

《大憲章》的影響力隨著時間的推移而演變。在詹姆士一世時期，它被重新賦予重要意義，成為捍衛自由的象徵。18 世紀，隨著特許狀的流行，《大憲章》被視為英國憲政精神的化身。即便在社會動盪的年代，它仍是各派政治力量爭相利用的旗幟，保守派和激進派都引用其精神來支持各自的立場。這份偉大的憲章不僅影響了英國的歷史發展，也為世界提供了寶貴的政治遺產。

教宗的影響與英格蘭的政治變革

在亨利三世的統治下，英格蘭經歷了一段宗教與政治的動盪時期。亨利三世對守教者愛德華的崇敬超越了他的前任，為了紀念這位聖人，他不惜拆除愛德華所建立的西敏寺，並在其遺骨旁重建了一座新的修道院，這便是今日的西敏寺。亨利三世的政治行為深受個人虔誠宗教信仰的影響，這使得他成為教宗在歐洲和英國野心的工具。

在教宗專制的時代，僧侶們除了依靠王權的保護外，別無他法。然而，亨利三世對教宗的禮讓卻讓羅馬教廷的貪欲日益膨脹，僧侶們苦不堪言。教宗經常透過「預派」的方式，將英國無數的教職授予義大利人或其他外國人，這些人往往不住在英國，且缺乏指導英國人靈魂的資格。有一次，教宗甚至將 300 個英國教職許諾給羅馬人，這些職位一旦出現空缺便由他們填補。同時，教宗在與神聖羅馬帝國皇帝腓特烈二世的爭鬥中需要大量金錢，英格蘭的僧侶也因此被迫承擔沉重的賦稅。

這個系列不公激起了英國人對教宗的仇恨，最終在宗教改革運動中達

到頂峰。英國人在早期一直是教宗最忠誠的臣民,但隨著威克李維等人的出現,反對羅馬的理論逐漸成形。為了迎合教宗的計畫,亨利三世縱容次子愛德蒙參與西西里島的繼承之爭,讓弟弟理查去競選神聖羅馬帝國的皇位,這些行為引發的戰爭費用和選舉賄賂都由英格蘭承擔,與英格蘭的利益毫無關係,激起了全國人民的憤慨。

在亨利三世執政期間,由於對教宗的盲從,朝政敗壞,民不聊生,最終引發了內戰,並孕育了新的憲政發展。當時的爭論仍圍繞《大憲章》展開,但在某些方面有很大不同。西蒙・德孟福爾所領導的改革派挑戰王權,主張法律應凌駕於國王之上,這種激進且遠見的理念在當時相當罕見。儘管西蒙在厄富茲罕戰役中戰敗身亡,但他的改革精神並未消亡,反而為英格蘭日後的民主發展奠定了基礎,為英格蘭的政治發展注入了新的活力。

西蒙・德孟福爾與奧利佛・克倫威爾在英國歷史中各有千秋,但他們對歷史的影響卻大相逕庭。克倫威爾的統治雖然長達十二年,卻在他死後迅速被推翻,因為民眾對他的政治舉措反應不佳。相比之下,西蒙的統治雖短暫,但他的理念卻在人民心中留下了深刻的印記。西蒙在厄沃斯罕戰役中為自由而戰,雖然戰死,但他的功績卻被後人銘記,這是克倫威爾難以企及的。

西蒙的影響力部分來自於他的主要敵人愛德華王子。儘管愛德華在戰場上獲勝,但他從與西蒙的對抗中學到了國王必須依法而治的重要性。他意識到,國王與議會聯合的力量遠比與人民對立來得強大,這一點對於英國議會的發展至關重要。

英國議會的起源可以追溯到亨利三世時期,當時大地主的封建議會和國王的廷議開始一起開會,稱為「英國議會」。然而,早期的議會並不具備選舉或代表的意義,也不一定擁有立法或徵稅的權力。它主要是國王的

◆ 英格蘭的權力角逐與文化變遷

廷議或樞密院的一種形式。在亨利三世時期,國王開始召集各城鎮的武士代表加入會議。這個舉措並非為了建立一個新的議會,而是自然演變的結果。

早期,出席議會被視為苦差事,許多人不願擔任代表,甚至設法逃避。然而,隨著時間的推移,選舉權的意義逐漸改變。西蒙・德孟福爾的改革運動中,他不僅召集各邑武士,還要求特許市鎮推選代表,這為後來的議會制度奠定了基礎。

英國議會的形成是一個漫長的過程,並非某一人之功。英國人民偏好委員致勝過獨裁,這種特質經過數百年的孕育,自然而然地催生了議會制度。儘管早期的議會備受爭議,它最終成為英國政治的核心機構,人民的聲音透過議會得以傳達,權力因此得以制衡。這一切,源於英國人民的智慧和美德,並在歷史的長河中持續影響著國家的發展。

中世紀大學的興起與思想的碰撞

在中世紀的歐洲,求知的渴望如同十字軍東征的熱情般蔓延開來。人們為了獲取知識,不惜遠赴他鄉,這股熱潮催生了大學的誕生。最早的大學在義大利成立,隨後擴展至整個基督教世界。與現代大學不同,中世紀的大學並非以宏偉的建築或豐厚的資金為基礎,而是以人為核心,形成了一個不受考試和嚴苛規則束縛的求知環境。儘管教會對思想有諸多限制,但相較於其他組織,大學仍是相對自由的。牛津和劍橋大學便是在這樣的背景下誕生,它們的地理位置優越,使得學生們能夠在充滿活力的環境中學習和生活。

那時的學生大多來自下層中產階級,年紀輕輕就進入牛津或劍橋求學。

他們的生活充滿自由，無論是學業還是日常活動，均不受過多拘束。文學作品如喬叟《密勒的故事》描繪了他們放縱不羈的生活方式，沉迷於歌利亞斯派的拉丁韻文，並自誇要「死於酒肆」。在這樣的氛圍下，學生們盡情享受浪漫和自由的生活。即便如此，他們對學問的追求卻未曾減退，這種矛盾的特質為中世紀的學生生活增添了獨特的色彩。

中世紀的大學並不僅僅是知識的傳播地，也是思想的碰撞場。學生們在這裡學習一種特殊的邏輯學，試圖調和亞里斯多德的學說與教會教義的矛盾。這種邏輯學的研究，雖然在現代看來似乎微不足道，但卻在當時大大提升了歐洲人的智識水準。中世紀學者們的辯論主題有時顯得瑣碎，如「針尖上能站多少天使」之類的問題，但這些討論鍛鍊了他們的思考能力和辯論技巧。

書院制度的出現進一步促進了大學的發展。那個時代的大學環境充滿挑戰，年輕學生在缺乏金錢和保護的情況下，必須在喧鬧和危險的環境中學習生存。13世紀末，為了給學生提供食宿，牛津和劍橋建立了多所書院。這些書院不僅在經濟上支持學生，還對他們的生活施加了一定的約束，為他們提供了一個相對安全的學習環境。隨著時間的推移，書院的數量和影響力不斷增長，尤其在英國，書院的地位逐漸超越了大學本身。

中世紀的大學，尤其是英國的牛津和劍橋，透過其獨特的書院制度和對邏輯學的研究，為現代教育體系奠定了基礎。即便面臨著思想上的束縛和資源的匱乏，它們仍然對人類文明的進步做出了不可磨滅的貢獻。

中世紀的學院與行腳僧

　　在中世紀的歐洲，尤其是在英國的牛津和劍橋大學，學生的生活充滿了對自由的追求和對學識的渴望。他們的生活方式與現代的拉丁區有些相似，但卻遠離了後來的牛津劍橋書院那種半貴族半體面的氛圍。當時的學生多半來自平民家庭，對外在形象不甚在意。他們的生活既是學業和娛樂的結合，也是放蕩與宗教信仰的交錯。

　　與此同時，行腳僧運動在英國興起，為宗教注入了新的活力。這些僧侶，尤其是法蘭西斯派，致力於接近最貧困和無助的人，將宗教信仰帶入城市貧民窟。他們以簡單易懂的語言傳達教義，彌補了當時教會在宣教方面的不足。然而，隨著時間的推移，行腳僧的理想逐漸被現實所侵蝕。儘管聖法蘭西斯提倡清貧，但他的追隨者卻逐漸累積財富，甚至擁有了僧寺和圖書館。

　　14世紀時，行腳僧成為龐大的組織，但也因為與地方教區牧師和改革派的競爭而樹敵頗多。隨著宗教改革的浪潮席捲歐洲，行腳僧的影響力逐漸減弱，他們不再是教宗的忠實擁護者，而是被視為需要被削弱的勢力。

　　中世紀的書院制度和行腳僧運動都反映了那個時代的社會和宗教變遷。書院的建立為學術發展提供了支持，而行腳僧則在最初為宗教注入了新的生命力。然而，隨著時間的推移，這些制度和運動也面臨了自身的挑戰和衰退，成為歷史的一部分。

英格蘭法律與金融的蛻變

自諾曼征服以來,英國經歷了漫長的外來勢力影響期,然而,當行腳僧的浪潮退去,英國開始在自身的沃土上萌芽出獨特的創造力。在愛德華及金雀花諸王朝期間,英國不再是被動的文化接受者,而是主動地塑造自己的社會結構和文化特色。這個轉變的代表性成就之一,就是英國法律和國會制度的發展。

在愛德華一世統治下,英國法律體系開始成形,他被譽為「英格蘭的查士丁尼」,因為他確立了許多法律的基礎。愛德華一世頒布的《附條件贈與法》和《封地買賣法》對土地繼承和封建制度進行了重要改革,促進了社會階層的平等化,並加速封建制度的衰落。這些法律不僅改變了土地所有權的結構,也為日後議會制國家的形成奠定了基礎。

與此同時,英國的金融體系也在發生重大變革。在中世紀早期,猶太人是英國金融界的重要角色,他們在貸款和放債業務中占據主導位置。然而,隨著愛德華一世驅逐猶太人,以及基督徒放貸人的興起,金融權力逐漸轉移到本地商人手中。商人如赫爾的威廉‧德‧拉‧波爾和理查‧惠廷頓等逐漸取代外來商行,成為主要的財務支持者和貸款人,為英國的財政獨立建立基礎。

這個時期,英國社會也在文化上展現出獨特的風貌。英語文學的萌芽、威克李維的宗教改革、以及如洛賓‧呼德這樣的民間英雄傳說,都反映了英國人在自由、創造力和幽默感上的特質。這些特質不僅是英國文化的象徵,也在相當程度上推動了英國社會的進步。

◆ 英格蘭法律與金融的蛻變

　　法律與金融的變革，文化的創新，這些因素共同促成了英國從一個受外來影響的國家向獨立自主、充滿活力的國家轉變。英國的歷史在這個時期不僅僅是權力轉移和制度改革的故事，更是一個民族尋找自身身分，並在政治、經濟、文化上重塑自我的過程。在這樣的背景下，英國逐漸走上了獨立與興盛的道路，為未來的繁榮奠定了堅實的基礎。

英國國會的獨特演進：從法家到雙院制

　　英國歷史的發展中，法家無疑扮演了舉足輕重的角色。他們不僅在法律體系的建立上貢獻良多，更在政治與社會的變革中發揮了關鍵作用。法家設立的法館，成為法律學習和傳授的中心，對於律師和法官的培養至關重要。隨著時間的推移，這些法館逐漸演變為現代法律教育的雛形，奠定了英國法律制度的基礎。

　　愛德華一世時期，法家開始記錄法庭實錄，這些「年報」不僅詳盡記載了法律程序，也為未來的法律實踐提供了寶貴的參考資料。此時，國王試圖削弱貴族的私家法權，並逐漸建立對皇室法院的信任。儘管早期的嘗試未能完全成功，但隨著時間推移，私家法院逐漸消亡，皇室法院成為法律權威。

　　國會的形成則是另一個漸進的過程。愛德華一世明白召集議會的益處，並非僅僅為了限制王權，而是希望透過與被治者的接觸增進治理效力。國會逐漸成為調和各方勢力的平臺，促進了英國民族的形成。在這個過程中，雖然佃奴階級被排除在外，但市民和武士的代表逐漸在國會中獲得一席之地。這些代表不僅在國會中討論國家大事，也在地方上協助實施政策，成為國家與地方之間的橋梁。

　　國會的獨特性在於其雙院制的形成。與大陸國家的等級制不同，英國的議會分為貴族院和平民院，而非貴族、僧侶和市民三個等級。這個分院方式打破了封建階級的界限，使得大佃主和市民代表能在下院共事。下級紳士與市民的密切連繫，加上社會階層間的通婚，這些因素共同促成了下議院的獨特組成。

英國國會的獨特演進：從法家到雙院制

　　這種獨特的議會構成對於英國的政治發展有著深遠的影響。下議院與武士結成的同盟，使其能夠在政治舞臺上發揮更大的影響力。這樣的結構也使得英國在後來的內戰中避免了階級對立，並對法國大革命的理解產生了不同的視角。英國國會制度的演進，展示了一個民族如何透過制度的創新來應對內部的挑戰，並在世界政治舞臺上占有一席之地。

政教分離與權力轉移：
英國中世紀的政治變遷

在英國中世紀後期，僧侶群體逐漸與政治生活疏離，自願放棄在議會中的席位。大多數高級僧侶因忙於教會事務，無暇顧及國會活動；他們更多地視自己為教宗的臣僕，而非國王的屬下。低階僧侶代表也逐漸不再出席國會。僧侶們堅信政教分離的原則，有意退出政治舞臺，不再干預國家發展。然而，他們並未放棄自身的特權和大量財產。隨著時代變遷，社會開始質疑僧侶的特殊地位。由於長期遠離政治，僧侶群體在宗教改革浪潮中顯得孤立無援，難以抵禦攻擊。

與僧侶勢力式微形成鮮明對比的，是眾議院權力的不斷上升。從愛德華一世時期的弱小地位，到百餘年後已在憲法中占據重要位置，眾議院的崛起令人矚目。法律的制定、特殊稅收的徵收都需要眾議院的同意，議員提出的請願也常常得到國王的允准。即便是國王的選舉或廢黜等國家大事，眾議院也有參與權。儘管在玫瑰戰爭爆發時，眾議院的權力還比較表面，真正的政治重心仍掌握在國王、貴族和教會手中，但這種表面權力為日後的發展奠定了基礎。

在都鐸王朝削弱貴族和教會勢力後，眾議院得以迅速取得實權，這在相當程度上得益於之前累積的法律先例和歷史紀錄。眾議院權力的增長，相當程度上源於其作為調停者的特殊地位。在愛德華三世和理查二世時期，國王與貴族之間的權力角逐，為眾議院提供了發揮影響的機會。蘭卡斯特王朝執政期間，朝廷內大家族之間的爭鬥，也使得眾議院得以充當裁

政教分離與權力轉移：英國中世紀的政治變遷

判者。由於眾議院的利益訴求與國王和貴族並不完全一致，他們往往能在兩者的爭鬥中成為得利漁翁，進而不斷擴張自身權力。

愛德華一世原本希望能藉由眾議院來制衡貴族院的勢力，但他卻因為過度徵收羊毛稅等行為而得罪了市民、貴族和僧侶。儘管在他去世時，反對勢力已經被削弱不少，英格蘭和蘇格蘭的叛亂也被平定，但接任的愛德華二世卻因為其天真懶惰的性格，讓國會的權力得以保全並逐漸增長。愛德華二世所信任的兩位倖臣皮爾斯・加韋斯頓和小休・德斯潘塞，都因其驕貴、治事紊亂和擅權暴虐而遭到貴族的反對。貴族領袖如郎卡斯忒伯多瑪斯等人，雖然也是愚蠢凶殘之輩，但仍自矜其貴族身分，瞧不起出身低微之人。

國王與貴族的爭鬥，理應對國家不利，但結果卻意外地促進了行政制度的改良和國會權力的提升。這是因為在愛德華二世和貴族的爭鬥中，雙方為了鞏固勝利成果，都會尋求國會以表決或立法的方式予以確認。眾議院在其中發揮了重要作用，因而也增加了自身的政治影響力和威望。整體而言，愛德華二世軟弱無能的統治，反而無意中促進了英格蘭君主立憲制的發展。諷刺的是，像亨利二世、愛德華一世這樣的雄主，反而可能因其強勢而對議會制度造成抑制。而約翰王、愛德華二世等弱君，卻給了議會發展的空間。可見歷史的發展往往充滿了弔詭與意外。

英國憲政與學術傳統的演進

　　自愛德華一世時期，大法官逐漸成為英國最重要的臣僚之一，掌握著與政府各部門密切連繫的權力。大法官不僅是掌璽大臣，還負責衡平法院（Chancery Court）的運作。這個法院在西元 14、15 世紀逐漸成為常設機構，提供通常法院無法解決的法律補救措施，實際上取代了國王英國樞密院的職能，以公平原則行使司法權。隨著國會限制國王隨意更改法院管轄權的自由，普通法成為獨立法律體系，大法官的補救和平衡司法權力成為維持王權的重要工具，得以與普通法律界和國會勢力抗衡。民眾因大法官府法院能彌補法律不足而支持其存在。即便在斯圖亞特王朝，國王設立的特別法院相繼失敗，衡平法院卻得以存續，展現了國王權力、普通法和國會之間微妙的制衡。

　　英國的學術傳統同樣源遠流長。中世紀的牛津大學和劍橋大學是英國最古老的學府，分別成立於 13 世紀。這些大學最初規模較小，牛津的學生人數不超過 3,000 人，劍橋則更少。學生分為受到書院津貼的學者和普通肄業生，前者享有免費食宿和津貼，後者則需自費。中世紀的英國大學深受基督教神學影響，許多著名神學家如阿奎那在此任教或學習。英國大學逐漸形成獨特特點：書院制的住宿模式、導師制的教學模式和古老的學術傳統。隨著時代進步，英國大學不斷改革創新，以適應新的社會需求和挑戰。

　　英國社會的文化與法律傳統在歷史演變中交織成獨特的風貌。宗教改革、民間傳說和法律體系共同塑造了英國的獨特魅力。從中世紀到近代，各種宗教運動、民間傳說和法律發展都深刻影響著英國乃至整個西方世界的文化面貌，這些傳統至今仍然是英國社會的重要組成部分。

◆ 曙光與黑暗：中世紀的英格蘭與愛爾蘭

曙光與黑暗：中世紀的英格蘭與愛爾蘭

　　中世紀的英格蘭在征服不列顛諸島的過程中，遭遇了與古羅馬帝國相似的地理挑戰。羅馬人多次試圖入侵蘇格蘭，但始終未能成功；在威爾斯的征服相對順利，卻依然無法讓山地居民完全接受羅馬文化。英格蘭的封建軍隊儘管不如羅馬軍團那般迅捷，但依靠四處建立的堡壘最終征服了威爾斯。然而，威爾斯人直到都鐸王朝和漢諾威王朝時代才完全融入盎格魯－撒克遜文化。蘇格蘭的征服始終未能實現，而在愛爾蘭，英格蘭僅能設立據點，猶如一隻警惕的獵犬在監視著獵物。中世紀英格蘭未能徹底征服蘇格蘭和愛爾蘭，也無法嚴格統治威爾斯，這在相當程度上是因為其與歐洲大陸的連繫未能徹底切斷。在諾曼第失陷之前，諾曼及安茹王朝的君主將大量精力耗費於保衛或奪回法國各省。直到諾曼第淪陷後的一百多年裡，英格蘭君主才得以專注於本土問題。然而，這個時期中唯一的雄主愛德華一世在位時，英格蘭在威爾斯、蘇格蘭和愛爾蘭的勢力達到頂峰，但其後國勢迅速衰退。愛德華二世是一位平庸的君主，他的繼位者又熱衷於征服法國，導致內部問題叢生：在蘇格蘭的勢力幾乎喪失殆盡，在愛爾蘭的統治岌岌可危，而在威爾斯的影響力也顯著下降。英格蘭對不列顛諸島的全面統治經歷了一個漫長且曲折的過程。

　　同時，在中古初葉，當歐洲大陸籠罩在黑暗時期的陰霾中，愛爾蘭卻燃起了學問的曙光。這道光芒不僅照亮了愛爾蘭本土，更遠射至蘇格蘭、英格蘭、德意志和法蘭西等地。然而，愛爾蘭的修道院主義雖然孕育出許多傑出的聖僧、藝術家和學者，卻未能組織起一個統一的教會或國家。早期的愛爾蘭教會不喜歡有組織的生活，這種精神與舊日的部落主義不謀而

合。因此，愛爾蘭僧侶始終無法像撒克遜僧侶那樣，將他們的種族聯合起來。隨著早期聖僧所鼓動的熱誠和感化力逐漸消散，他們留下的只有空洞的遺愛，而沒有具體的成就。愛爾蘭的黑暗和紛亂依然如昔。傳統與現代的衝突、部落主義的束縛，使得這個國家在歷史的洪流中載浮載沉。愛爾蘭的命運，似乎注定要在曙光與黑暗的交織中前行。

12世紀的愛爾蘭，仍被視為基督教世界的邊緣地帶，面臨著宗教改良與外來征服的雙重挑戰。儘管聖馬拉啟等宗教改革者努力提升教會的權威，強化羅馬教會的影響，但最終將愛爾蘭納入羅馬教會版圖的，卻是英格蘭的武力征服。在這個過程中，愛爾蘭缺乏民族意識，教會的改良派甚至對英格蘭的入侵表示歡迎。教宗亞得里安四世曾授權亨利二世征服愛爾蘭，以實現宗教上的統一。

亨利二世因忙於大陸事務，未能親自征服愛爾蘭，而是由威爾斯冒險家理查‧克萊爾，亦即「強弓手」彭布羅克伯爵，承擔了這個任務。這次征服行動是諾曼人最後一次遠征，但參與者已非純正的諾曼人，而是混雜了威爾斯和佛蘭德血統。這種混血背景有助於日後征服者與愛爾蘭原住民的融合，也使封建制度更易與當地部落生活調和。然而，在征服過程中，裝甲騎兵與弓箭手的優勢，使得愛爾蘭的輕步兵難以抵擋。原住民雖然利用地形優勢進行抵抗，但缺乏全民族一致的反抗，最終難以阻止征服者。

征服者依賴堡壘來鞏固統治，而愛爾蘭的凱爾特人缺乏攻破這些堡壘的能力。英格蘭移民的湧入，使得丹麥人建立的港市如都柏林迅速被同化，成為英格蘭統治的中心。都柏林及其周邊的「界內」地區，成為英格蘭法律的施行地，而愛爾蘭西部仍由凱爾特部族控制。介於兩者之間的是封建領主的區域，這裡的統治者逐步由諾曼－威爾斯的封建主義轉向凱爾特部落制度。

◆ 曙光與黑暗：中世紀的英格蘭與愛爾蘭

　　愛爾蘭在中世紀的歷史中，始終未能實現真正的民族統一。英格蘭的統治削弱了愛爾蘭內部的統一努力，尤其在 15 世紀，盎格魯－愛爾蘭貴族的自主嘗試未能持久。英格蘭透過「波伊寧斯法」強化對愛爾蘭的控制，阻止了愛爾蘭的自治發展。儘管英格蘭未能完全征服愛爾蘭，但卻成功地阻礙了愛爾蘭的自主發展。

　　對比之下，英格蘭與威爾斯的關係較為融洽，這從中世紀的歷史中可見一斑。威爾斯在諾曼征服後，逐步納入英格蘭的統治，雖然威爾斯文化受到影響，但雙方的文化交融促進了英格蘭的統治穩定。這個歷程，既是征服與同化的歷史，也是文化交融的見證。

愛爾蘭與威爾斯：
未竟的統一與頑強的抵抗

　　在英國的影響下，愛爾蘭始終未能實現真正的民族統一。英國在愛爾蘭的勢力雖然不算強大，但足以阻礙愛爾蘭自主推進統一進程。都柏林作為英國的統治中心，對愛爾蘭的自主發展構成了重大障礙。承認英王為最高封建主的制度，也讓愛爾蘭無法在盎格魯－愛爾蘭貴族的領導下實現統一。15 世紀後半葉，盎格魯－愛爾蘭貴族曾試圖推舉一位領袖，以英王的名義統治全國，常常選擇菲次澤爾德家族的基爾代爾伯爵。然而，這樣的安排無法持久，因為它與英王的利益相悖。亨利七世時期的事件揭示了這個矛盾，當時約克家族反對派經常與菲次澤爾德家族和輕信的愛爾蘭人結盟，支持如蘭伯特·西姆納爾等冒牌者，對英格蘭發動襲擊。愛爾蘭的「貴族自治」因此成為英國的威脅，英國自然無法容忍這個制度的存在。波伊寧斯法的發表，對愛爾蘭議會的自主行動進行了嚴格控制，使其必須服從英國國王的意願。

　　愛爾蘭的自治嘗試失敗後，真正的重新征服要等到下一個世紀。英格蘭在百年戰爭期間無暇顧及愛爾蘭事務，理查二世曾親征愛爾蘭，但最終失敗。直到奧蘭治的威廉時期，英國國王才再次踏上愛爾蘭的土地。在玫瑰戰爭期間，英國勢力範圍以外的地區更為徹底地同化於凱爾特部落主義，英格蘭的影響力逐漸減弱。

　　相比之下，英國對威爾斯的影響更為深遠。英國勢力透過「邊疆貴族」的武力征服和經濟滲透，逐步將威爾斯納入英國統治之下。儘管威爾斯的

愛爾蘭與威爾斯：未竟的統一與頑強的抵抗

地理位置使其更易受到入侵，但其文化仍然頑強抵抗，並對英格蘭產生了深遠影響。威爾斯人在封建主的統治下逐漸習慣農耕和城市生活，但他們並未放棄自己的語言和詩歌音樂傳統。威爾斯人在與英格蘭數世紀的戰鬥中展現了獨特的戰術，並在軍事技術上對英格蘭產生了影響。這種頑強的理想主義和非凡的才智，即使在今天，也值得銘記。

威爾斯的重生與融合

13 世紀初，威爾斯民族迎來了一段短暫而燦爛的復興時期。這個時期，不僅詩歌創作蓬勃發展，各部落也掀起了一場統一運動，這一切皆由羅埃林氏家族所主導。身為格乃德的領袖，他們依靠史諾登的天險和安格爾西島的豐饒土地，建立起穩固的地位。其中，羅埃林大王（Llewelyn the Great）更是從邊疆貴族手中奪回了庇斯的大部分地區，展現出非凡的勇氣與謹慎的外交手腕。儘管被擁戴為至高無上的君主，他卻始終謹記自己的封建地位，在與英格蘭交往中，謙稱為國王麾下的重要臣子。

然而，羅埃林的孫子羅埃林·幼格利菲司的野心不止於此。他試圖擺脫英格蘭的控制，建立一個獨立的威爾斯王國，這個舉動激怒了英王愛德華一世，最終導致了兩國間的大規模戰爭。愛德華一世屢次征討威爾斯，最終將羅埃林及其追隨者包圍在史諾登的要塞中，迫使他們投降。威爾斯雖然被征服，但人民並未完全屈服於英格蘭的壓迫，持續的叛亂與鎮壓成為常態。愛德華一世為鞏固統治，修建了多座堡壘，並將羅埃林的「君土」改制為英式郡縣，將其子封為「威爾斯親王」。

然而，直到都鐸王朝改革之前，威爾斯依然保留著兩種截然不同的統治方式：封建領地和凱爾特傳統的「君土」。英格蘭的法律在名義上適用於

整個威爾斯，但部落的習俗依然根深蒂固。隨著時光流逝，英格蘭人和威爾斯人的文化逐漸融合，農業、城鎮和貿易都得到了發展，威爾斯雖然喪失了獨立，卻開啟了另一個嶄新的篇章。

西元 14、15 世紀的威爾斯依舊處於混亂之中，部落互爭、貴族專橫、官吏苛暴，與英格蘭形成鮮明對比。格林杜爾試圖利用英格蘭內部的紛爭來恢復威爾斯的獨立，儘管他讓威爾斯短暫自主，卻加劇了兩國矛盾，延緩了融合的進程。隨著時間的推移，威爾斯逐漸與英格蘭融合，最終在都鐸王朝的興起下，兩國共同建構起現代民族國家，開啟了歷史的新篇章。

蘇格蘭的歷史是一部充滿了撒克遜人和凱爾特人接觸的篇章，然而與威爾斯和愛爾蘭不同，蘇格蘭在這場文化與政治的交織中走出了一條獨特的道路。在愛德華一世時期，蘇格蘭便開始要求對英格蘭的獨立，這個要求並非簡單地基於凱爾特語言和部落主義，而是深受盎格魯－諾曼語言和制度的影響。這種影響在蘇格蘭最重要的地區早已開始，為之後的民族融合奠定了基礎。

蘇格蘭王國的成立，最初是由肯尼思一世聯合皮克特人和史考特人而成，然而隨著羅新安地區的併入，蘇格蘭的政治和文化逐漸向盎格魯－諾曼風格轉變。馬爾科姆三世時期，英格蘭文化的影響愈加明顯，尤其是他與英格蘭公主瑪格麗特的聯姻，使得英語和羅馬宗教組織在蘇格蘭扎根。這個時期，隨著諾曼人征服英格蘭，大量撒克遜人和斯堪地那維亞人遷入蘇格蘭，進一步促成了民族的融合。

12 世紀的大衛一世看到了改變原有部落制度的必要性，他效仿英格蘭的封建制度，邀請諾曼和英格蘭貴族來到蘇格蘭，授予封地以換取效忠。與英格蘭不同，蘇格蘭的封建化並未伴隨大規模的土地充公，因為蘇格蘭還有大量無主荒地可供分封。這樣的改革帶來了巨大的變化，凱爾特人和

愛爾蘭與威爾斯：未竟的統一與頑強的抵抗

新移民成為封建主的附庸，必須承擔賦稅和勞役。隨著封建制度的建立，蘇格蘭的政治和宗教體系也逐漸地方化。大衛一世和其繼任者推動的制度改革，加強了中央集權，為日後與英格蘭的對抗奠定了基礎。

然而，蘇格蘭的命運在亞歷山大三世逝世後再次面臨挑戰。年輕的瑪格麗特意外去世，使得蘇格蘭面臨繼承危機，英格蘭國王愛德華一世企圖掌控蘇格蘭的王位繼承。巴力奧耳‧約翰被選為蘇格蘭國王，但他只是愛德華的傀儡，最終被廢黜，蘇格蘭被迫承認英格蘭的統治。然而，在這個時候，蘇格蘭的民族意識開始覺醒。威廉‧窩雷斯的出現點燃了蘇格蘭人的愛國熱情，他的抵抗運動使蘇格蘭人意識到自己是一個獨立的民族。

窩雷斯的崛起是蘇格蘭民族意識的開端，雖然當時的封建貴族大多支持英格蘭，但蘇格蘭平民展現出的愛國情懷卻為蘇格蘭的獨立戰爭奠定了基礎。這場戰爭不僅是對英格蘭的抵抗，也是蘇格蘭人自我身分認同的建立過程。窩雷斯喚醒了蘇格蘭人民的民族思想，這種思想在後來的歷史中成為蘇格蘭獨立運動的核心力量，塑造了蘇格蘭的民族特性和歷史命運。

蘇格蘭的獨立夢：自由的代價

蘇格蘭的獨立之路漫長而艱辛，羅伯特・布魯斯在其中扮演了至關重要的角色。出身貴族的他，卻擁有著愛國的赤子之心。早年，他在窩雷斯起義中舉棋不定，最終選擇為祖國奮戰到底。在殺死紅色的卡民後，他被視為罪犯，不得不與蘇格蘭的愛國志士並肩作戰，繼承窩雷斯的遺志。羅伯特・布魯斯融合了窩雷斯的民主理想、封建貴族的實質力量，以及自己作為王者的氣度，為蘇格蘭的未來點燃了希望的燈火。

愛德華一世去世後，羅伯特・布魯斯面對的是愛德華二世，形勢漸趨平衡。在他和「好爵士」道格拉斯的帶領下，蘇格蘭軍隊奪回了英格蘭用以控制蘇格蘭的堡壘。班諾克本戰役中，蘇格蘭民兵以長矛擊敗了英格蘭的騎兵，創造了一次具有轉折意義的勝利。然而，戰後的蘇格蘭並未迎來平靜，邊境的戰事仍持續了數個世紀。

羅伯特・布魯斯留下了「羅伯好國王的遺囑」，勸誡蘇格蘭人避免在空曠地帶與英軍正面交鋒，寧可犧牲財產引誘敵人。畢竟，英格蘭騎兵只需兩天就能從切維奧特山到達蘇格蘭的富庶地區，而蘇格蘭人能夠掠奪的英格蘭北部卻是荒蕪貧瘠。羅伯特・布魯斯以其才智和決心，帶領蘇格蘭人民走上了獨立自主的道路。儘管前路難測，但這位民族英雄已經點燃了熊熊不滅的自由之火，指引著蘇格蘭通往光明的未來。

然而，獨立的代價是沉重的。班諾克本戰役後，蘇格蘭雖然獲得了表面的獨立，但隨後的兩個半世紀裡，國內依然處於封建無政府狀態，暗殺、私戰和叛亂此起彼伏，與英格蘭的邊境衝突也從未停息。教會腐敗，主要城市和議會制度的缺乏，使得蘇格蘭的貧窮與落後依舊如故。

◆ 蘇格蘭的獨立夢：自由的代價

　　蘇格蘭的獨立精神雖然保障了其政治地位，卻未能推動實質進步。蘇法同盟在軍事上或許可以抵禦英格蘭，但在文化上卻是極不自然的結合，無法彌補失去與英格蘭合作的機會。獨立為蘇格蘭帶來了精神上的慰藉，但這種選擇也讓其發展蒙上陰影。只有當精神力量轉化為實際進步時，蘇格蘭的獨立才能真正展現其價值。

英法百年戰爭：民族國家誕生的序曲

　　根據史家尚·傅華薩的記載，英國人民對國王的愛戴與尊敬，建立在國王善戰、能夠攻擊比自己國家更強大富庶的鄰國之上。在戰時，英國比平時更加充滿金銀百貨，人民對他國財富的貪妄達到了極點，將攻殺視為無上的快樂與安慰。英國國王必須順從人民的意願，做他們想做的事情，否則就無法強迫人民出海作戰。由此可見，百年戰爭並非單純源於王位繼承的爭議，而是在國會政治下，反映了全民的意願。

　　當時的新興英國，猶如壯年男子易與同伴爭吵一般，不得不經歷一段對外擴張的軍閥主義時期。這個過程初時似乎有利，最終卻造成巨大損失。英國的野心在愛德華三世早年已從蘇格蘭轉移到法國。攫取百合花比拔起荊棘更容易、更光榮，也更有利可圖。無論是貴族、貴族的幼子還是自由農民，從法國凱旋歸來時，都帶回戰利品，或是教堂的金器、商人的掛毯，或是俘虜法國富有武士勒索贖金。當時人們熱衷於講述故事，如同今日看書看報。從法國回來的人總有許多冒險打仗的故事，在歐洲最有名的城市和酒池肉林中縱情享樂的軼事，供崇拜英雄的民眾津津樂道。

　　反觀從蘇格蘭回來的人，既沒有值錢的戰利品炫耀，也沒有動聽的故事自誇。蘇格蘭本就貧窮，又多次被英格蘭燒為焦土，再度摧殘頂多燒毀

空茅屋和麥稭,甚至連一張牛皮都得不到。與從軍法國相比,優劣立判,參軍法國者自然更得鄉里讚譽與自我滿足。英國吞併法國的野心,在民族主義思潮下,今人或許難以理解。然而在百年戰爭初期,法國抵抗英格蘭的力量還不如蘇格蘭,儘管後者與英格蘭使用同一語言。當時的蘇格蘭已具備民族精神,法國卻仍是許多封建領地的鬆散集合。

西元 1337 年百年戰爭爆發時,愛德華三世及貴族仍使用法語,他們在加斯科尼的地位也比在蘇格蘭更自然。除卻王位繼承問題,英法兩國還有其他根本衝突:法國覬覦英國在前安茹帝國領地僅存的加斯科尼,並有併吞法蘭德斯野心,與范阿特維爾德領導的市民自治主義不合;而英國與法蘭德斯唇齒相依,羊毛銷往法蘭德斯紡織業。

英法百年戰爭是一場斷斷續續持續了一百多年的戰爭,其根本原因並非單純的封建利益之爭,而是英法兩國在向現代民族國家轉變過程中必然經歷的陣痛。這場戰爭不僅反映了兩國社會結構的差異,也展現了戰爭形式從封建騎兵到現代步兵的轉變。英國在百年戰爭期間展現出了強大的國家凝聚力,國會持續透過戰費,督責大臣努力從事戰事。平民百姓亦因民族自豪感而團結一致,痛恨法國人。

相比之下,法國封建勢力林立,王權無法有效掌控,軍隊缺乏現代化的政治和軍事紀律,僅憑騎兵的奮勇衝鋒難以抵擋英國的長弓兵。然而,隨著戰爭的深入,法國民族意識亦逐漸覺醒。在杜格克林和聖女貞德的帶領下,法軍的戰術也漸有變化。兩國在這場曠日持久的戰爭中都經歷了深刻的社會變革,封建秩序逐步瓦解,民族國家的雛形初現。總之,百年戰爭是歐洲從封建社會向現代民族國家過渡的縮影。它不僅改變了英法兩國的國家結構和軍事策略,更深遠地影響了之後幾個世紀歐洲的政治格局,象徵著「自封建社會到民族國家,自中古時期到文藝復興」的漫長變革的開端。

蘇格蘭的獨立夢：自由的代價

英法百年戰爭期間，英格蘭的軍事策略與社會結構發生了顯著變化，這種轉變不僅影響了戰爭的結果，也改變了英格蘭的歷史發展。初期，英軍的成功相當程度上依賴於其獨特的軍事體系和戰術，尤其是長弓的運用。長弓不僅是一種武器，更是一種文化象徵，展現了英格蘭在軍事和社會上的獨特性。

在 14 世紀的英格蘭，射箭已成為一種普遍的社會活動。國王愛德華三世大力推廣射箭，甚至禁止了其他被視為無益的活動，如手球、足球等，以確保射箭的普及。村莊的空地上，射箭成為男女老少共同參與的娛樂活動，也是一種軍事訓練。這種射箭文化的普及，使得英格蘭的長弓手在戰場上能夠發揮出色，他們的精準射擊足以摧毀法國的重灌騎士，這在克勒西和阿金庫爾戰役中得到充分證明。

然而，隨著時間的推移，英格蘭的軍事體系也開始變化。百年戰爭的延續和社會結構的轉型，使得徵兵制逐漸被傭兵制取代。私人軍團的興起，反映了英格蘭從依賴民兵和徵兵轉向僱傭職業士兵的過程。這個轉變提高了軍隊的戰鬥力，但也帶來了新的挑戰，特別是在社會和政治穩定方面。這些私家軍團在和平時期常成為貴族爭權的工具，對社會秩序構成威脅。

到了都鐸王朝，火槍的出現進一步改變了英格蘭的軍事格局。長弓這個曾經引以為傲的武器漸漸被遺忘，取而代之的是對火槍的興趣和依賴。儘管法律多次試圖恢復射箭的傳統，但隨著社會的變遷和新技術的引入，這個努力收效甚微。射箭從日常生活中淡出，成為歷史的註腳。

英格蘭在百年戰爭中的勝利，不僅是軍事策略的成功，也是社會制度和文化的勝利。然而，隨著軍事技術的進步和社會結構的變遷，英格蘭不得不在軍事效率和社會穩定之間尋找新的平衡。在這個過程中，長弓和火槍的交替，成為英格蘭軍事轉型的象徵，見證了歷史的變遷和社會的進步。

百年戰爭：英法對抗中的民族意識覺醒

　　百年戰爭對英法兩國的影響是深遠的，尤其在塑造民族性格和國家認同方面，具有不可忽視的歷史意義。隨著克勒西和波瓦迭戰役的失利，法國試圖模仿英格蘭的軍事策略，但這種模仿未能扭轉戰局。法國人只能透過加厚盔甲來應對英格蘭長弓手的威脅，卻因此喪失了機動性，導致封建武士階級的衰落。相對而言，英軍在黑王子的帶領下，雖然在戰場上難以主動進攻，但他們的防守策略卻極為有效。

　　法國國王查理五世意識到英軍的弱點，轉而利用砲兵技術圍攻英軍堡壘，這個策略削弱了英國在法國的控制力。火藥的應用不僅促進了法國的解放，也使封建勢力逐漸消亡。儘管如此，封建主義在法國並未迅速終結，法國未能在查理五世的領導下完成統一。

　　在英格蘭，百年戰爭激發了強烈的民族自豪感和愛國主義情懷。英國人逐漸形成了一種以仇視法國為核心的愛國觀念，這種情感在戰後仍然持續。隨著時間的推移，英國人對法國的敵意轉化為一種民族認同，這種轉變在英國社會的各個層面都留下了深刻的印記。

　　自百年戰爭以來，英國民族性逐漸形成，這個進程在工業革命前的英國思想、文學和政治中展現出強大的生命力。英格蘭的民族思想和仇外觀念的演變，反映了英國人從地方性仇恨向國家認同的轉變。在中古初期，英國人對不同市鎮或村莊的居民常懷敵意。然而，隨著島國愛國心的發展，法國人和西班牙人被視為真正的外敵，鄰里間的敵視逐漸減少。雖然對德國的仇恨不及對法國持久，但百年戰爭的漫長歷史使英國人習慣於將仇視法國作為愛國的一部分。

　　這種仇法觀念在百年戰爭後並未消散，反而成為反抗法蘭西文化侵凌

的重要力量。外國人常譏諷英國平民的自大,描述他們認為除了英格蘭之外,世界上無其他地方。這些觀察顯示出英國民族性的形成過程。

百年戰爭雖給英國帶來了創傷,但也鞏固了英國人的民族性格,使他們在歷史的谷底中找到前進的勇氣。失去歐洲大陸的據點後,英國轉向海洋和新大陸,進入了海上霸權和殖民擴張時代。這個系列變革不僅塑造了英國的民族性格,也為其日後成為海洋強國奠定了基礎。

英國民族性的形成與語言的蛻變

百年戰爭不僅塑造了英國人的愛國情懷，也強化了他們的優越感，為英格蘭的國家建構奠定了文化基礎。語言的變革是這個過程的另一個重要側面。隨著英法戰爭的種族性質日益顯著，法語逐漸被視為敵人的語言，英語因此在官方和教育領域的地位日益提高。西元 1362 年英格蘭國會通過法律，宣布法語為「本國所不習知的語言」，並要求法院使用英語。這個轉變反映了英格蘭民族意識的覺醒和與法國的對抗加劇。

在語言方面，英格蘭歷史上曾以法語為上流社會和教育界的主要語言，這可追溯至諾曼征服之後。然而，隨著民族主義的興起和英法敵對關係的加劇，英語逐漸取代法語。西元 1362 年，英格蘭國會宣布法語為「本國所不習知的語言」，要求法院使用英語。教育領域也隨之變革，文法學家約翰・康瓦爾推行英語教學，迅速普及。雖然上流社會一度保留法語，但隨著民族意識的增強，英語成為主要語言。莎士比亞在作品中嘲笑講法語者，反映出社會對法語的態度轉變。

英語的轉變過程漫長且複雜，從諾曼征服後的分化到巧塞和威克李維的創新，再到印刷術的普及和《聖經》的權威確立，英語在莎士比亞筆下達到巔峰。英語展現出強大的生命力和包容力，成為一種既能表達科學理性，又富於詩意情感的語言。這個轉變不僅影響了官方語言和教育體系，更深刻地影響了英格蘭的文化和社會結構，是英格蘭民族文化獨立發展的歷史見證。

◆ 黑死病後的英格蘭：社會變革的序曲

黑死病後的英格蘭：社會變革的序曲

　　在中世紀的歐洲，封建制度無疑是社會結構的基石。無論在英格蘭還是法國，封建主與農奴之間的關係都在相當程度上決定了社會的執行方式。然而，隨著中世紀的結束，這種制度開始顯現出裂痕。自由農民和中產階級的崛起，讓舊有的社會秩序面臨挑戰。特別是在英格蘭，這個變革被一場突如其來的浩劫加速了西元1348～1349年的黑死病。

　　黑死病在短短16個月內奪走了近一半英格蘭人口，使得社會結構發生了深刻的變化。勞動力的巨大短缺，讓倖存的農民意識到自身勞動價值的提升。他們開始要求更高的薪資和更多的自由，對封建主的控制產生了前所未有的牴觸。在這個背景下，許多地主開始轉向牧羊業，以減少對勞動力的依賴。羊毛需求的增加，加上紡織業的發展，使得牧羊業成為一種經濟上的新選擇，進一步削弱了封建經濟體系。

　　然而，黑死病的影響遠不止於此。它激化了社會矛盾，加速了農奴制度的瓦解。為了應對勞動力短缺和社會動盪，英格蘭國會試圖透過法律來控制薪資和物價，但這些努力在時代的洪流中顯得蒼白無力。法律無法創造勞動力，亦無法消除疾病帶來的災難。它們只是在維護舊制度的同時，激發了更為激烈的社會爭鬥。

　　14世紀末的英格蘭，農民們不再甘於受壓迫的命運。他們開始運用罷工和其他方式來爭取自身權益，甚至不惜與地主對簿公堂。儘管面臨來自統治階級的壓制，農民們從原始基督教的平等精神中汲取力量，逐步凝聚成一股不可忽視的力量。這場運動反映了底層民眾對現存秩序的不滿，象徵著英國社會底層的覺醒。

西元 1381 年的農民起義：
英格蘭社會變革的序章

在西元 1381 年那個炎熱的夏天，英格蘭爆發了一場驚天動地的農民起義。這場動亂看似由政治因素引發，但其根源卻深植於社會問題的激化。當時的英法戰爭處於不利局勢，政府為籌措軍費向人民徵收人頭稅，連窮苦百姓也未能倖免。這引發了民怨四起，最終導致叛亂的爆發。然而，起義的真正原因並不僅限於人頭稅或其他政策，而是東盎格利亞及鄰近地區農民長期承受的艱辛生活。

在約翰‧波爾及其同謀的策劃下，農民起義的矛頭直指紳士、法學家及富有的教士。他們提出了一系列訴求：廢除農奴制，實行固定田租；充公教會財產，供大眾使用；開放林地，供百姓狩獵；廢除獵法及法外之地制度。這些訴求如同「羅賓漢式」的政綱，反映了叛軍領袖們的生活背景和理想。

叛軍進入倫敦後，獲得了一些市政要員和學徒的支持，形勢一度對統治階級極為不利。國王理查二世被迫躲入倫敦塔避難，大臣們則謀劃出一個狡猾的計謀：假意與叛軍談判，承諾赦免並解放農奴，企圖以此讓叛軍退兵。這個計畫成功欺騙了叛軍中較為溫和的一部分，他們天真地相信國王會兌現承諾。

然而，叛軍中的激進派並未被矇蔽，趁機攻入倫敦塔，處決了國王的首席大法官、坎特伯里大主教蘇德伯里。這個行動贏得了群眾的喝采，顯示出教會與民眾之間的裂痕已無法彌合。

◆ 西元1381年的農民起義：英格蘭社會變革的序章

雖然起義最終被鎮壓，但它在英格蘭社會引發的變革卻是不可逆轉的。統治階級在震驚中不得不面對農民的不滿，隨後的一個世紀裡，農奴制逐漸瓦解。農民開始以租賃方式耕種土地，自由工人和自耕農的數量逐漸增多。這個過程加速了英格蘭社會的轉型，成為未來幾個世紀英格蘭走向現代化的基礎。

西元1381年的農民起義，雖然最終被鎮壓，未能立即推翻舊秩序，但它如同一顆種子，象徵著英格蘭社會深刻變革的開端。隨著農奴制的消亡和新興市民階層的崛起，英格蘭逐步邁向更加開放的社會，最終成為一個具有全球影響力的強國。

英國宗教改革的前奏：
教會的頹勢與社會的覺醒

　　西元 14、15 世紀的英國，正處於一個社會巨變的時代。農奴制的瓦解和英語及民族意識的崛起，象徵著一個新時代的開端。在這段時期，隨著農奴獲得解放，勞動力逐漸市場化，薪資水準經歷了一段上升期，隨後又有所下降。雖然生活條件有所改善，但失業問題卻隨之而來。然而，農奴的解放仍然是英國在貿易、製造業、殖民事業等方面取得進步的必要前提。

　　與此同時，中世紀的教會面臨著重大的挑戰。教士的腐敗和無能固然是一個問題，但更深層次的原因在於世俗社會的進步。過去，僧侶雖然愚昧粗野，但相較之下，世俗人更加落後野蠻。然而，隨著時代的發展，文明生活水準普遍提高，知識教育日益增進，世俗社會對教會弊端的不滿，更多反映出社會整體的進步。

　　從威克李維、高厄、蘭格蘭到巧塞，無論是異端人士還是正派文人，都對腐敗的教會提出了尖銳的批評。這個變化象徵著英國社會思想的覺醒和文明的躍進，世俗力量的崛起勢不可擋。農奴的解放為英國發展開啟了新的篇章，而教會權威的式微則反映出社會結構的深刻變革。

　　教會在這個時期的頹勢主要源於其對改革的頑固抵制。英格蘭教會缺乏自我改革的能力，因為它是羅馬天主教這個全球性組織的一部分，受制於遠在國外的權威。這種僵化的體制不僅無法順應社會的開放和解放潮流，甚至動用暴力鎮壓異端。

◆ **英國宗教改革的前奏：教會的頹勢與社會的覺醒**

如果當時教會能夠採取不同的政策，願意進行必要的改革，那麼都鐸時代的暴力推翻也許可以避免。然而，教會的故步自封和拒絕與時俱進，最終引來了歷史的反撲，並促成了一場大規模的宗教革命。英國君主為了擺脫羅馬教廷的控制，不得不對教會採取強硬措施，推動了英國的宗教改革進程。

這個歷史教訓值得深思：當社會進步的潮流無法被阻擋，任何拒絕變革的力量終將被歷史洪流所淹沒。英國的宗教改革，既是時代發展的必然結果，也是英國社會發展到一定階段的必經之路。

威克李維的遺產：從思想火花到宗教改革

約翰・威克李維，這位來自約克郡的神學家，以其大膽的思想和理論，為英國的宗教和政治格局奠定了重要的基礎。他的觀點在當時是革命性的，特別是他對教宗權力的質疑。他認為教宗的權力不是來自神聖的基督或彼得，而是世俗的羅馬凱撒。這種見解雖然在當時被視為異端，但卻準確地預示了英國未來數世紀的發展方向。

威克李維的教義影響了英國的宗教改革，並在盎格魯－撒克遜文化中留下了深刻的印記。他的思想強調個人與上帝直接建立連繫的重要性，挑戰了教會作為仲介的傳統地位。這個理念在當時引起了廣泛的共鳴，尤其是在倫敦等城市地區，獲得了大量支持者。

然而，威克李維的激進思想也為他帶來了敵人。當他公開否認聖餐中的酒和餅是基督的血和肉時，曾經支持他的行腳僧和其他盟友開始對他產生敵意。這個爭議使他失去了許多政治支持者，但他仍然堅持自己的信仰，繼續在牧區的長公館中撰寫和傳播他的思想。

威克李維的影響超越了宗教領域。他的英譯《聖經》不僅在宗教史上具有里程碑意義，也為英國語言和文學的發展奠定了基礎。儘管官方多次試圖壓制他和他的追隨者，但威克李維主義在民間廣泛流傳，並最終促成了英國的宗教改革運動。

　　在牛津和劍橋等學府，威克李維的思想也引發了激烈的辯論。為了抑制異端思想的傳播，書院制度逐漸形成，以控制學生接觸的思想。然而，這種隔離措施反而提供了新思想傳播的溫床，促進了知識分子的集聚和交流。

　　威克李維的遺產在英國歷史上留下了不可磨滅的印記。他的思想不僅影響了宗教改革，也促成了英國社會的深刻變革。威克李維以其勇氣和智慧，成為英格蘭歷史上最重要的宗教改革先驅之一。他的追隨者繼續傳播他的教義，最終在歐洲大陸引發了更大範圍的宗教改革運動。

◆ 英國中世紀的管業法與國會制度：變遷與影響

英國中世紀的管業法與國會制度：變遷與影響

在英國的歷史長河中，土地所有權的變化對社會結構和經濟發展產生了深遠影響。自業、典產和副契業是中世紀英國主要的三種管業形式，它們不僅反映了不同時期的土地管理制度，也影響了農業生產的效率和社會階層的變遷。自業是最完整的土地所有權形式，業主擁有永久的使用權和處置權，這使得農民有動力進行長期的土地改良。然而，這也可能導致土地集中，形成富裕地主與貧窮佃農的分化。典產則是租來的土地，雖然期限較長，但業主的權利有限，這在一定程度上保障了田主的利益，但可能削弱了農民的長期投入意願。副契業的出現則折射出法律與實際操作之間的矛盾，這種模糊的產權狀態可能引發糾紛，影響農業的穩定性。

與此同時，英國的政治制度也在中世紀經歷了重大變革。從愛德華三世到亨利六世的百年間，國會逐漸形成了兩院制的雛形。下議院的權力在這個時期有了顯著成長，尤其是在立法和財政方面。然而，這種權力並非完全獨立，而是受到貴族和僧侶階層的制約。下議院常被貴族用作政治工具，以換取對王位的支持。這個時期的國會制度呈現出國王、貴族和下議院三方權力的角力與制衡。

進入都鐸王朝後，國會的角色進一步演變。王權的增強成為國會從國王手中奪取部分政權的過程，這個變革不僅鞏固了國家的實力，也削弱了貴族和僧侶的影響力，使其地位趨於平等。國會在財政上的影響力日益增強，尤其是在百年戰爭後，國王需要新的稅收來源來支持戰爭開支，這使

得國會成為財政決策的核心。羊毛貿易稅的推行，提升了市民代表的地位，儘管他們對政治並無野心，但財政權力的增加也使得武士們在政治上獲得更多影響力。

　　整體而言，英國中世紀的土地管理和政治制度的演變，為後來的社會結構和議會民主奠定了基礎。這些變化雖然在形式上逐漸演進，但其影響至今仍值得深入探討和反思。

◆ 英國中世紀的權力角力與憲政演進

英國中世紀的權力角力與憲政演進

　　在中世紀的英國，國會不僅僅是立法和賦稅的決策機構，它還肩負著重要的司法職能，被視作「國會的高等法院」。這個角色的確立與法律界的支持密不可分。法學家和國會議員的聯盟始於金雀花時期，塑造了下議院尊重先例和程序的特點，使其不僅僅是辯論的集會，更是一個具有法院特權和嚴謹儀式的機構。在法學家的協助下，國會的各邑武士學會了如何起草法律草案，這些草案經表決後成為法律，效力超越了單純的請願狀。

　　英國的法律界深信國王應該服從法律，這個觀念在理查二世被廢黜及詹姆士二世被推翻的事件中得到了驗證。兩位君主的遭遇雖然相隔數百年，但都反映了英國憲政發展中的關鍵問題：君主的權力應受到法律的約束。西元1688年的光榮革命尤其顯示了這一點，因為它涉及重大宗教和國際問題，對歐洲歷史產生了深遠影響。

　　西元1399年的英格蘭革命，理查二世因失政被廢黜，亨利四世被選為新王，這象徵著議會權力的崛起。此後的蘭卡斯特和漢諾威王朝，其統治正當性都建立在議會授權的基礎上，不得不尊重議會的特權。福蒂斯庫在其著作中讚揚英格蘭的憲政體制，指出國王的權力不僅源自王位繼承，更來自人民的政治授權。英國的習慣法與歐陸的羅馬法不同，後者認可「君主意志即法律」，而英格蘭則否認這一點。

　　15世紀的英格蘭，貴族與國王之間的權力爭鬥尤為激烈。貴族試圖透過操縱國王的樞密院來實現自身利益，而國王則試圖透過控制樞密院來維護自己的權力。亨利六世在位期間，無法有效控制局勢，導致貴族勢力坐大，最終引發玫瑰戰爭。這場內戰反映了當時英格蘭的政治現實，貴族勢

力雖然龐大，但他們已意識到英格蘭作為一個民族國家的統一性，試圖透過操縱朝政來實現自身利益。

百年戰爭結束後，英國並未迎來穩定，反而陷入動盪。貴族專權、私人武裝橫行，國王無力控制局勢，國會亦淪為貴族的附庸，這一切都為玫瑰戰爭的爆發埋下了禍根。英國的憲政發展，正是在這些權力角力中逐步形成，最終確立了議會制民主的基礎，為現代民主政治提供了寶貴的經驗和啟示。

◆ 矛盾時代的文明曙光

矛盾時代的文明曙光

　　15世紀的英格蘭，正處在文明與混亂交織的關鍵轉捩點。儘管社會表面上似乎已經擺脫了中世紀的粗野，走向文明，但實際上，無政府狀態和法律的腐敗依然如影隨形。亨利六世的統治下，貴族與鄉紳不僅需要在戰場上展示武力，還需在法庭上運籌帷幄。他們不僅豢養弓箭手，也將法學家和陪審員作為爭奪權力的工具。

　　這個時代的法律，成為貴族之間爭鬥的武器，訴訟氛圍瀰漫，司法的不公正如影隨形。陪審團常受到權貴的威脅，難以作出公正的判決，這導致了許多冤屈和不公。歷史學家邁德蘭指出，當時司法的寬鬆比嚴苛更容易引發不公。都鐸時期雖然試圖改革，要求陪審員對樞密院負責，但這種措施卻被視為必要之惡。

　　在這樣的背景下，老百姓的生活困苦不堪，政局動盪帶來的災難，從詩歌中可見一斑。鄰里之間因政治不善而交戰不休，弱者被迫流離失所，強者卻依然沉迷於爭鬥。法律成為權貴手中的玩物，普通人如履薄冰，稍有不慎便會遭遇殺身之禍。

　　儘管如此，15世紀的英格蘭也並非全然黑暗。在這個矛盾的時代，教育和知識逐漸普及，牛津等地的學術活動日漸興盛。貴族和商人開始注重書信往來，法律事務和政治消息成為交流的重要內容。這種知識的傳播，為社會的進步提供了新的契機。

　　中世紀末期，英格蘭人對自然的熱愛與日俱增。喬叟的作品以細膩的筆觸描繪自然美景，正是對當時人們心靈的回應。儘管戰爭與權力爭鬥不

斷，英格蘭人民依然在艱難中尋找生活的樂趣。他們在園林中漫步，享受大自然的寧靜，對未來充滿希望。

15 世紀的英格蘭，是一個充滿矛盾的時代：一方面，文明的曙光正在升起，另一方面，無政府狀態的陰影仍未消散。這種矛盾的存在，既是對過去的反思，也是對未來的啟示。只有認清歷史的真相，才能讓文明之花在這片土地上持久綻放。

◆ 玫瑰戰爭的終章：愛德華四世的遺產

玫瑰戰爭的終章：愛德華四世的遺產

　　愛德華四世在英格蘭玫瑰戰爭中脫穎而出，成為約克家族的英雄和英格蘭的國王。他在陶吞之戰中取得決定性勝利，奠定了自己的王位。作為第一位具有文藝復興風格的英格蘭君主，他的統治與法國的路易十一世和都鐸王朝的亨利們相媲美。儘管如此，愛德華的懶散性情和缺乏長遠目光的治理方式，最終讓他付出了沉重的代價。

　　內維爾家族的沃里克伯爵曾是愛德華的重要支持者，幫助他推翻了亨利六世。然而，由於愛德華未能如預期般報答他的恩情，沃里克終於心生怨恨，背叛了愛德華，並將亨利六世重新擁立為王。儘管沃里克的背叛震驚朝野，愛德華在巴涅特和特克斯伯里的戰役中再次展示了他的軍事才能，最終穩固了約克家族的地位。

　　愛德華的政治手腕雖然部分類似於後來的亨利七世，但在細緻與完善方面仍有不足。他對臣子的嚴厲打壓，甚至不惜犧牲自己的弟弟克拉倫斯公爵，導致內部矛盾加劇。愛德華是以武力而非議會支持登上王位，因此他對議會的尊重遠不及蘭卡斯特王朝。這種態度引發了議會制度的危機，為英格蘭君主立憲制的未來埋下隱患。

　　在愛德華四世統治下，私人戰爭、訴訟糾紛和財產侵占的現象屢見不鮮，他無法依靠僧侶、法律人士和市民來穩定國家，只能提拔內戚如武德維爾和葛壘家族，致使政治局勢更加混亂。愛德華去世後，舊貴族對新貴的厭惡為他的弟弟理查三世篡位掃除了障礙。理查的惡行，尤其是謀殺兩位姪子，徹底擊碎了民眾對君主的忠誠。

經過 25 年的內戰，約克家和蘭卡斯特家幾乎被消滅殆盡。此時，亨利‧都鐸以蘭卡斯特家族繼承人的身分，從威爾斯海岸登陸，並在柏絲沃原野戰役中擊敗了理查三世。這場戰役的勝利不僅結束了玫瑰戰爭，還開啟了都鐸王朝的統治，將英格蘭引向更光明的未來。愛德華四世的遺產，儘管充滿矛盾，仍然深刻地影響了英格蘭的歷史發展，為後世奠定了重要的基礎。

◆ 英格蘭的現代化曙光：推動民族國家崛起的力量

英格蘭的現代化曙光：推動民族國家崛起的力量

　　英格蘭從中世紀走向現代社會的過程，並不是一蹴而就的，而是經歷了一系列深刻的社會變革。在西元 14 和 15 世紀，這些變革開始在經濟、政治和文化各個領域展開，為英格蘭的現代化奠定了基礎。在經濟方面，農奴制度的瓦解和倫敦城市的擴張使貿易興盛，這促進了中產階級的崛起。這些中產階級接受了良好的教育，思想活躍，成為推動社會進步的重要力量。羊毛織布業和其他手工業的發展，為資本主義的萌芽創造了條件。

　　在政治上，英格蘭逐步建立起統一的法律體系和中央集權的王權。百年戰爭激發了民族意識，平民百姓因戰爭中的英勇表現而獲得自信。國會制度得以保留，君主立憲的理念深入人心，這一切都為英格蘭的民主政治奠定了基礎。

　　文化領域同樣經歷了翻天覆地的變化。英語的廣泛使用打破了貴族的壟斷，印刷術的發明更是知識傳播的革命。文藝復興運動引入古希臘羅馬的人文精神，新航路的開闢擴展了人們的視野。宗教改革則動搖了天主教會的權威，人們開始追求信仰的自由。英格蘭獨特的歷史發展道路，使其政治、經濟、文化特質有別於歐洲大陸，與法國的差異日益明顯，英法兩國漸行漸遠。

　　都鐸王朝的興起，代表英國進入了民族國家時代。這場偉大的革命在形式和精神上保留了許多中世紀的文物和傳統，但在制度上掀起了巨大的

變革。中世紀的各種組織和制度大多繼續存在，但必須接受國家至高無上的主權。少數無法與新制度相容的組織，如僧侶會團，被國家徹底取締。在新的制度下，法律面前人人平等，貴族和僧侶的特權逐漸被削弱，宗教法院的權力也大大減少。

　　都鐸王朝時期，國家對經濟生活的監管進一步加強。濟貧事務被視為整個社會的責任，國家強制執行這個責任。治安法官成為主要的司法和行政官員，協調中央政府意志和地方行政實際情況。這個時期，英國人民的外向精力找到了新的發展途徑，目光投向海外，為日後成為海上霸主奠定了基礎。這種外向精神成為推動英國發展的重要動力，使英格蘭人步入現代化的康莊大道。

◆ 英格蘭的蛻變：從動盪到繁榮

英格蘭的蛻變：從動盪到繁榮

　　亨利七世的即位，象徵著英格蘭歷史的一個重要轉捩點。當時，英格蘭正處於內憂外患的狀態，社會秩序混亂不堪。盜匪橫行，百姓生活在恐懼之中。亨利七世深知，唯有恢復法治和秩序，才能讓國家重返正軌。他以務實的治國方針，開始了英格蘭的重建之路。

　　亨利七世的治國理念可以用三個詞來概括：節儉、穩健和重治安。他嚴格控制國家財政，避免不必要的浪費，並親自過問各項開支，以確保資源的有效利用。他的個人生活也頗為節儉，這種作風不僅僅是出於經濟考量，更是為了樹立榜樣。亨利七世的謹慎和穩健，使他能在複雜的政治環境中遊刃有餘，為國家的長治久安奠定了堅實的基礎。

　　在亨利七世的孫女伊莉莎白一世即位時，英格蘭面臨的挑戰雖然有所不同，但她同樣展現了祖父的明智與果斷。宗教分裂是當時的主要問題，新教與天主教的對立威脅著國家的穩定。伊莉莎白一世採取了較為寬容的宗教政策，努力緩解教派間的矛盾，這個舉措有效地維護了社會的和諧與穩定。

　　亨利七世與伊莉莎白一世雖然面臨的挑戰各異，但他們都以卓越的領導才能，推動了英格蘭的繁榮。他們的治國方略不僅維護了國內的穩定，還為英格蘭的國際地位提升奠定了基礎。亨利七世年輕時在波斯沃斯戰場上贏得民心，而伊莉莎白一世則以其智慧和魅力贏得了「光榮女王」的美譽。兩位君主的成功，正是英格蘭從動盪走向繁榮的關鍵。

　　在這個過渡時期，英格蘭的社會結構也在悄然改變。舊的封建秩序逐

漸瓦解，新的君主集權開始形成。這個時期的動盪，雖然給社會帶來了諸多挑戰，但也激發了英格蘭人民的韌性與創造力，為日後的輝煌時代奠定了基礎。英格蘭的蛻變，正是這些君主們明智領導和人民不懈努力的結晶。

◆ 都鐸王朝的革新與穩固

都鐸王朝的革新與穩固

　　都鐸王朝的誕生承載著英格蘭歷史上的重大變革與挑戰。亨利七世在與約克家族後裔結婚後，雖然成功合併了兩大王室的血脈，卻仍需面對北方諸侯和愛爾蘭強大勢力的反抗。這些勢力堅信他們能夠重奪王位，持續多年發動叛亂，這反映出都鐸王朝初期國力的薄弱和人民忠誠度的不足。亨利七世在軍事上依賴的是紳士、鄉農和市民的支持，而非一支常備軍，這使得他的統治更具挑戰性。

　　都鐸王朝的統治風格獨具一格，與當時歐洲的專制君主不同。亨利七世及其繼任者沒有建立常備軍或維持一群受薪的中央官員，而是保留了中古制度，如英國樞密院和國會等，這些制度被賦予了新的活力和精神，成為行使王權的有力工具。這種制度的運用，使得英格蘭人民逐漸養成守法的習慣，並在不失去自由的情況下，維持了民族的生活方式。

　　在亨利八世和其後的君主統治下，中產階級的崛起成為不可忽視的力量。亨利八世的遺詔中提名的攝政大臣多為中產階級出身，這反映了都鐸王朝對貴族的不信任。這個變化部分歸因於貴族自身的無知與缺乏教育，迫使君主引進賢能的新人。隨著宗教改革的推進，中產階級的法律專業人士及商賈之家出身的人才嶄露頭角，成為推動英格蘭政治進步的重要力量。

　　都鐸王朝的政治變革不僅限於人事上的革新，還包括制度上的創新。樞密院作為國王的重要幕僚機構，在立法和司法領域發揮了關鍵作用。樞密院透過頒布命令、諭令以及在國會中提出法案，推動了大量立法活動，並在國會中扮演著指導和教育的角色。星室法庭的設立進一步鞏固了樞密

院的權力,儘管其權力巨大,但因其有效地維持了社會秩序,仍受到人民的歡迎。

都鐸王朝的治國之道,透過因地制宜的制度運用和中產階級的崛起,成功地在不激起民眾反彈的情況下鞏固了王權,並為英格蘭邁向穩定與繁榮奠定了基礎。這種與民共濟的治理方式,成為英國社會階層流動和現代化進程的重要推動力。

◆ 法律的角力：特種法院與普通法院的對抗

法律的角力：
特種法院與普通法院的對抗

　　在英格蘭法律發展的歷史長河中，特種法院與普通法院的爭鬥一直是關鍵的課題。特種法院的設立，起初是為了應對地方惡勢力，保護普通民眾的權益。然而，隨著時間的推移，特種法院的權力逐漸膨脹，開始威脅到普通法院的獨立性和權威性。亨利七世時期，兩者的管轄權仍能並行不悖，但至都鐸王朝末期，矛盾愈加尖銳。特種法院試圖藉助法學家對羅馬法的研究，擴大自身的影響力，這使得普通法院的地位岌岌可危。

　　特種法院如星室法庭、請求法院等，數量眾多且活動頻繁，對普通法院構成了挑戰。陪審團往往因畏懼特種法院的懲罰而不敢做出有罪判決，尤其在封建勢力根深蒂固的威爾斯和北方地區，普通法院更難以有效運作。為此，樞密院設立了威爾斯事務院和北方事務院，以維護司法公正，對抗地方勢力。

　　特種法院的權力不僅展現在司法層面，還影響到政治治理。在都鐸王朝，特種法院經常袒護王室，壓制百姓，採用大陸法系的行政法原則，有時甚至使用刑訊逼供來獲取證詞，這與英格蘭普通法相悖。這種法律體系的對抗在斯圖亞特王朝達到高潮，普通法最終在西元 1641 年取得勝利，並在西元 1688 年得到進一步保障，確立了獨立發展的法律框架。

　　然而，特種法院在都鐸時期也發揮了維護政權穩定的重要作用。當時，都鐸君主依賴治安法官而非中央官僚來治理國家。治安法官多由鄉紳出任，無俸祿，這種治理模式避免了激起民憤。面對重稅的反抗，都鐸君

主選擇與鄉紳階層妥協，以實現有效的政治統治。

特種法院與普通法院的角力，不僅反映了法律體系的發展曲折，也揭示了中央集權與地方勢力、普通法與羅馬法之間的較量。這個歷史課題提醒我們在維護司法獨立與公正的重要性，也讓我們反思英格蘭法律體系的演變對現代法律的影響。

在都鐸王朝的英格蘭，社會和經濟結構經歷了深刻的變革，治安法官制度的興起成為推動這個變革的關鍵力量。隨著時間的推移，治安法官的職責逐漸擴展，涵蓋了從審理簡易案件到管理經濟事務等多方面職能。這個制度的成熟，尤其在伊莉莎白一世時期，為英格蘭的自治習慣奠定了基礎，並促使中產階級在社會事務中扮演更重要的角色。

與此同時，貴族的勢力逐漸衰退。玫瑰戰爭的影響導致貴族人數減少，經濟困境加劇，而國王則因沒收貴族財產而更加富裕。亨利七世利用這個優勢，實行了一套價廉物美的政治策略，進一步削弱貴族的影響力。

在經濟領域，英格蘭的紡織業經歷了一場革命。過去，村民大多自給自足，依賴進口高品質布料。然而，隨著法蘭德斯織工的技藝傳入，英格蘭人逐漸掌握了生產高品質布料的技術，並開始出口，從而改變了國家的經濟格局。這個變革不僅提升了人民的生活水準，也促進了思想的轉變。

新教的興起進一步激發了民族主義和個人主義的思潮，尤其影響了新興的中產階級。他們成為宗教改革的支持者，並利用這個機會擴大自己的社會和經濟影響力。這個階層開始購買土地，與貧困的鄉紳通婚，形成了新的社會力量，並成為伊莉莎白一世和後來議會派的重要支持者。

然而，紡織業的發展也帶來了不容忽視的社會問題。為了追求利潤，許多地主圈占村中的公地用於放牧，導致農民失去土地，成為流離失所的遊民。儘管政府有時會介入，但效果有限，貧富分化的問題仍然存在。

◆ 法律的角力：特種法院與普通法院的對抗

都鐸時期的社會變遷，尤其是中產階級的崛起，為英格蘭的未來發展奠定了基礎。儘管面臨諸多挑戰，這個時期的變革為後來的社會進步提供了重要的動力。隨著《窮民救濟法》的實施，社會責任感逐漸增強，英國社會開始走向更為成熟的組織形式，為後世的繁榮奠定了基礎。

都鐸時期的農業革命與社會轉型

　　在西元十五、十六世紀的英國，一場深刻的農業革命悄然展開，這場變革不僅改變了農村的面貌，也為後來的工業革命奠定了堅實的基礎。圈地運動作為這場革命的核心，改變了土地所有權的分配，並為農業生產力的提升創造了新的契機。

　　圈地運動的興起，使得土地所有權發生了重大變化。部分自由農民失去了土地，成為無地的農業工人；而另一部分則獲得了更多的土地，成為新興的自由農民階級。這些新興自由農民，如休·拉替麥的父親，擁有數百英畝的可耕地，飼養大量牲畜，僱傭多名僕人，甚至有能力資助子女接受高等教育。他們的崛起象徵著英國農村經濟的轉型，自由農民開始在社會和政治生活中扮演重要角色。

　　圈地運動不僅改變了土地所有制，也促進了農業生產力的提高。長期耕種的土地需要休耕，而圈地恰好提供了這種機會，使土地得以恢復肥力。隨著人口的成長，圈地還為增加糧食產量提供了必要條件。大農莊的出現，使得土地進一步集中到少數地主手中，但在都鐸時期，大小農莊仍能共同繁榮發展。

　　英國農業的另一個重大變化是，農民開始關注全國市場的需求，而不再滿足於自給自足。他們意識到，隨著國民對各種農產品需求的增加，投資土地可以獲得豐厚回報。新的農作物和技術也陸續傳入英國，如酵母花、冬季飼養牲畜、人工植草等，為英國農業注入了新的活力。詩人塔塞曾描述，「酵母花及啤酒，盤布及宗教改革都在一個年頭來到英國」，這句話雖然帶有誇張的成分，但卻反映了當時英國社會的巨大變遷。

◆ 都鐸時期的農業革命與社會轉型

　　總之，圈地運動和市場化進程深刻影響了英國農業的發展軌跡，推動了新的農業時代的到來。這個變革不僅改變了英國的鄉村景觀，也為日後英國工商業和帝國的發展奠定了基礎。隨著農業技術的進步和新作物的引進，英國農業的面貌也發生了變化，為工業革命提供了重要的支撐。同時，農業變革也伴隨著社會和文化的轉型，改變了人們的生活方式和觀念。

英倫新生：文藝復興與宗教改革的交織

　　15 世紀末的英國，正處於一個思想與文化的轉捩點。在這個時期，文藝復興的浪潮從義大利蔓延至英倫三島，對英國的學術和宗教界產生了深遠的影響。儘管牛津大學的思想自由仍受到壓制，威克李維主義也遭到打壓，但這並未阻止新的思潮在暗中萌芽。印刷術的引入和中等教育的普及為知識的復興創造了條件，儘管教育品質仍然低下，卻使得更多民眾有機會接受教育。

　　在這股變革之風中，約翰・科利特的影響尤為顯著。這位倫敦商人的兒子曾在義大利接受教育，回到牛津後，他以革新性的方式教授聖保羅書信，從希臘原文出發，摒棄中世紀的注釋，專注於文字的原意。科利特的講解如同一聲驚雷，震撼了牛津的學術界，挑戰了傳統的學術權威，並引領了一場思想的革命。

　　隨著文藝復興的推進，英國社會開始經歷深刻的變革。希臘文學、拉丁文法和科學醫術等新興學問逐漸滲透到各個層面，從宮廷到普通文法學校，無不受到影響。這股新潮流不僅僅是文化上的復興，更是對過去思想枷鎖的反抗。科利特等牛津改革家們，不僅重視古代經典的學習，更致力於道德和宗教的改革。他們批判僧侶的愚昧和宗教法院的腐敗，甚至比後來的新教改革者更為激進。

　　在這樣的背景下，羅拉特主義再次湧現，成為英國本土宗教思想的象徵。即便在嚴厲鎮壓下，這個思想仍在農村和工廠中存活，並在窮苦大眾中獲得支持。西元 1490 年至 1521 年間，許多羅拉特教徒因信仰而殉道，這個時期的宗教迫害達到新高，卻未能根除異端思想。這顯示出英國人民

◆ 英倫新生：文藝復興與宗教改革的交織

對教會腐敗及社會不公的反抗，預示著宗教改革的到來。

英國的文藝復興與其他歐洲國家不同，它並非單純追隨義大利的藝術和科學，而是將人文主義與宗教改革結合，開闢了一條獨特的道路。這場運動不僅改良了教育，還對社會的道德和宗教產生了深遠影響，為英國即將到來的宗教改革奠定了基礎。文藝復興的精神在英國逐漸成長，為一個嶄新的時代揭開帷幕。

文藝復興與權臣的遊戲：
亨利八世與托馬斯・沃爾西的故事

在英格蘭都鐸王朝的歷史中，亨利八世以其多才多藝和政治敏銳而著稱，是一位在文藝復興時期留下醒目突出的成果的君主。他的統治不僅推動了英格蘭的文化藝術發展，也因其與權臣間的微妙關係而充滿波折。亨利八世年輕時對新學問持開明態度，推崇人文主義，這使得他的宮廷成為詩歌與音樂的殿堂。然而，這位王者的統治並非一帆風順，與大教臣托馬斯・沃爾西的關係正是其中一段耐人尋味的篇章。

沃爾西出身卑微，卻憑藉著非凡的才能成為亨利八世的得力助手，掌控內政外交。他的崛起源於亨利八世對藝術與文化的熱愛，這位君主在享受狩獵與舞會的同時，將政務委託給這位驕傲的僧官。然而，沃爾西的驕橫與奢華最終為他帶來了厄運。他在外交場合上的衝動和奢侈的生活方式，不僅引發國內的不滿，也在亨利八世心中埋下了疑慮的種子。在權力的遊戲中，即便是最有權勢的臣子，也難以避免在君主疑慮下的失寵。

亨利八世的統治時期，正值歐洲政治格局的劇變。沃爾西推行的均勢政策初期使英國聲勢大振，但隨著法國國力衰退，西班牙實力增強，沃爾西的策略開始顯露出問題。英國本應支持法國以制衡西班牙，然而沃爾西反其道而行之，支持查理五世，導致英法兩國一蹶不振，歐洲的均勢被打破。這個錯誤的決策，使英國面臨被西班牙征服的危險，幸而民眾力量與新教勢力挺身而出，挽救了英國。

亨利八世與沃爾西的故事，揭示了君臣間微妙且不可忽視的權力動態。

◆ 文藝復興與權臣的遊戲：亨利八世與托馬斯・沃爾西的故事

亨利八世雖是文藝復興的推動者，卻也在權力的遊戲中學會了務實與妥協。他對新學問的開放態度和對文化藝術的支持，為英格蘭的文藝黃金時代奠定了基礎。但在這場文藝與權力的交織中，亨利八世的君主生涯也充滿了矛盾與爭議。這位複雜而矛盾的君主，最終在英格蘭的歷史長河中，留下了不可磨滅的印記。

從邊緣到主角：英國海軍的崛起之路

在 15 世紀末，歐洲大陸因新航線的開拓而掀起了一場激烈的海洋競逐。西班牙和葡萄牙率先在大航海時代中嶄露頭角，憑藉其強大的海上實力和教宗的支持，迅速在全球擴張。然而，在這場浩浩蕩蕩的探索浪潮中，英國卻顯得稍遲，似乎錯失了先機。然而，隨著時間推移，英國逐漸在這場競爭中找到了屬於自己的位置。

亨利七世時期，英國的約翰·卡波特與他的兒子塞巴斯蒂安，以及一批勇敢的布里斯托航海家，曾試圖開闢通往東方的航路，最終卻在北美的海岸擱淺。這次航行雖未能達成最初的目標，但為英國在日後主張北美的權利奠定了基礎。即便如此，英國當時仍不敢公開挑戰西班牙的海上霸權，亨利七世的顧問們也對海洋冒險持謹慎態度。

亨利八世即位後，英國開始逐步改變其海洋策略。英國成功地在西元 1545 年擊退法國艦隊，這不僅是英格蘭免於侵略的關鍵戰役，也象徵著英國海軍力量的初步展現。亨利八世採取了一系列務實的政策，成為英國日後海上霸主地位的奠基石。亨利八世明白，要想在未來的全球競爭中立於不敗之地，英國必須擁有一支強大的海軍。因此，他著手建立一支常備的皇家海軍，配備當時最先進的火炮，並設立專門的後勤系統，增強海軍的戰鬥力和持續作戰能力。這個時期誕生的法蘭西斯·德瑞克，日後成為英國最傑出的海軍將領之一，正是這個歷史發展的產物。

亨利八世的海軍改革不僅僅是增加戰艦數量，更在於技術上的突破。他的戰艦採用了全新的設計，長寬比更大，使其在大洋中更加靈活。這些艦艇裝備了大口徑火炮，並在艦身開設炮眼，讓火炮可以直接射擊，這個

◆ 從邊緣到主角：英國海軍的崛起之路

　　創新使得英國海軍在海戰中占據了優勢。這些新式艦艇不再依賴於傳統的撞擊和登船作戰，而是能夠在遠距離發揮強大的火力。

　　然而，亨利八世的首席大臣湯瑪斯・沃爾西樞機主教，雖然在政治上擁有卓越的才能，卻未能充分意識到海權的重要性。沃爾西的目光更多局限於傳統的外交和宗教事務，忽視了海軍對國家安全和擴張的重要性。相較之下，亨利八世的遠見使得英國在面對大陸天主教國家時，能夠以海軍為後盾，推行島國政策，維護民族利益。

　　亨利八世的改革為英國日後的海上霸權奠定了堅實的基礎。隨著時間的推移，英國逐漸從大航海時代的邊緣角色轉變為海洋強國，最終在全球的海洋競爭中脫穎而出。這個過程中的每一步，都反映了英國在面對變革時的靈活應對和長遠眼光。英國的崛起，不僅重新定義了歐洲的海上力量格局，也為未來的帝國擴張打下基礎。

英格蘭宗教改革：
亨利八世的決裂與獨立

　　與此同時，英國的宗教改革運動也在醞釀並逐步推進。在馬丁路德抗議主義的影響下，反僧侶主義成為推動改革的重要力量。這股情緒在英國社會中廣泛存在，有些人出於對教會財富的覬覦而支持改革，另一些人則基於理性和正義，反對僧侶的不合理特權。中世紀的宗教權威逐漸被削弱，世俗人的地位和權利開始上升，這個轉變是英國社會邁向現代化的重要一步。

　　亨利八世的宗教政策在當時看似矛盾，既打擊抗議教徒，又壓制反對改革的天主教勢力。然而，這種政策正是順應了當時英國社會的主流民意：反對僧侶的權威同時維護國家利益。這種反僧侶主義在亨利八世時期成為一股獨立的力量，甚至超越了新教和天主教的影響。

　　亨利八世的婚姻危機，成為英格蘭宗教改革的催化劑，這場危機不僅改變了英格蘭的宗教版圖，也深刻影響了歐洲的政治格局。亨利八世在三十六歲時，已經展現出一位成熟君主的魄力，他不再只是以狩獵自娛，而是將精力投注於國家政務。他的統治逐漸顯露出與羅馬教廷的齟齬，而這一切早已醞釀多年。

　　亨利的婚姻問題看似只是個人私生活的糾葛，實則是英格蘭與羅馬教廷長期矛盾的集中爆發。亨利八世與亞拉岡的凱薩琳的婚姻，因凱薩琳曾是亨利兄長亞瑟的妻子而受到教會法律的質疑。儘管先前的教宗曾批准這樁婚姻，但亨利為了迎娶安妮·博林，迫切地要求現任教宗克萊孟七世宣

◆ 英格蘭宗教改革：亨利八世的決裂與獨立

布婚姻無效。然而，教宗的拒絕並非出於宗教信仰的堅持，而是因為政治上的掣肘。教宗受到神聖羅馬帝國皇帝查理五世的控制，而查理五世正是凱薩琳的叔叔，這使得教宗在亨利的要求面前進退兩難。

亨利八世面對教宗的拒絕，並未選擇妥協。他決心打破羅馬教廷的束縛，這個決定深具歷史意義。英格蘭人長期以來對外國控制的教會權威心存不滿，亨利的行動正迎合了民族主義的情緒。這股力量自西元十四世紀初便在英格蘭萌芽，隨著時代的推進，愈加強烈。

亨利的婚姻危機，成為點燃英格蘭宗教改革的導火線。英格蘭人在民族獨立的驅動下，決心建立自己的教會體系，擺脫羅馬教廷的控制。這個過程中，亨利得到了許多改革者的支持，其中以劍橋學者為代表的改革派，成為推動英國宗教改革的重要力量。

在亨利八世的推動下，英格蘭逐漸脫離了羅馬天主教會的影響，開創了屬於自己的宗教道路。這場改革不僅鞏固了亨利的統治，也為英格蘭的未來奠定了基礎。英格蘭的宗教改革，不僅是對教會權威的挑戰，更是對民族自主的堅定追求，這個歷史發展深刻影響了英格蘭的社會和文化，成為塑造現代英國的重要一環。

伊莉莎白一世時期，英國的宗教政策逐漸穩定，反僧侶主義者和民族主義者最終與新教聯合，抵抗天主教的反動勢力。這個過程顯示了英國宗教改革的獨特性，反僧侶主義在其中扮演了關鍵角色，既推動了宗教改革的進程，又為英國社會的現代化奠定了基礎。英國在海權和宗教改革的雙重轉型中，成功地塑造出一個強大的現代國家形象。

英格蘭的宗教革命：從離婚到新教

亨利八世的宗教改革，起因於他未能從羅馬教廷獲得解除婚姻的許可，這個事件不僅導致紅衣主教沃爾西的失勢，也成為英格蘭宗教改革的催化劑。湯瑪斯·克蘭默以論證英格蘭自主權和離婚的正當性，成為亨利的得力助手，並被任命為坎特伯里大主教，這是英格蘭歷史上首位不受教宗控制的大主教。亨利需要一位更加果敢且不受良心約束的助手來推動改革，湯瑪斯·克倫威爾因此崛起，成為亨利的左右手，推動了反教宗、反僧侶的宗教革命。

這場革命的進程中，殘酷和失衡不可避免，但它深植於英格蘭人民對教宗干預國內事務的厭惡情緒。這種民族主義情感，促使英格蘭民眾普遍支持亨利果斷地解決與羅馬的連繫。儘管如此，民眾對亨利的新情婦安妮·博林的態度卻並不友善，他們同情被遺棄的凱薩琳王后及其女兒瑪麗。安妮的輕佻行為和道德瑕疵，使她難以贏得民心。

亨利八世的改革不僅是宗教上的，也是政治上的。反對教宗的政策深得民心，尤其是在倫敦和南方地區。儘管離婚政策不完全符合民意，但與羅馬決裂的舉措卻廣受歡迎，這也促成了國內反僧侶的革命，贏得了英格蘭最有勢力階層的支持。亨利和人民當時尚未意識到，這個變革將最終導致新教的興起。

在此期間，亨利的專制行為雖然引發爭議，但也獲得了不少支持，因為他能夠果斷地剷除異己，維護教會和國家的安寧。都鐸王朝時期，尊王主義達到頂峰，國王的意志被視為國家利益的化身。這種盲目崇拜對亨利的性格產生了不利影響，使他變得更加自私無情，但在治理上卻保持了理智。

英格蘭宗教改革：亨利八世的決裂與獨立

亨利的改革策略是利用國會而非教士大會來推行政策，因為後者由僧侶主導，缺乏平信徒的代表性。許多教士雖然不滿改革，但對教宗的苛政和僧侶特權亦無好感，因此在國會的壓力下，不得不接受改革。這場宗教革命在英格蘭的歷史上開啟了新的篇章，儘管過程中不乏犧牲和流血，但其影響深遠，為英格蘭的宗教和政治格局奠定了新的基礎。

英國宗教改革：土地、權力與社會變革

英國的宗教改革不僅是宗教信仰的轉變，更是社會結構和權力分配的深刻變革。亨利八世在推行宗教改革時，利用寺僧的封閉性及其財產的世俗化，將沒收的寺田大量出售給貴族、朝臣、公吏及商人，這些人又轉售予小市民。這種大規模的土地交易使得在瑪麗女王執政初期，教宗派的反動勢力受到鄉紳階級的警惕和對抗，因為他們不願意看到自己新獲得的土地重新回到修道院手中。

在當時，土地是權力的象徵，擁有土地的人對租戶有直接的控制權。宗教改革不可能在仍屬於修道院的土地上發展，因為修道院不會允許其租戶信奉新教。然而，當這些土地從忠於天主教的修道院轉移到思想維新的世俗地主手中後，形勢完全逆轉。倫敦的大量原屬教會的貴重房產也落入世俗人之手，新教勢力、反僧侶主義和商業主義因此去除了物質上的最後障礙。

牛津和劍橋兩大學原本是抵制新學的中心，僧侶被肅清後，學生構成發生變化，更多紳士家庭子弟進入大學，視其為仕途的通道。這些學生接受新的教育和思想，成為日後治國的中堅力量。然而，修道院財產的分配方式卻是對教育事業的一大損失。亨利八世將寺產出售牟利，而非用於擴

建新校和改善舊校。若能高瞻遠矚地將寺產用於教育，英國本可在工業革命前成為教育普及的民主國家，避免日後的社會問題。

在中世紀晚期的英格蘭，修道院作為重要地主，其管業效率低落，與佃戶的關係不佳。

修道院的管業政策保守，效率不彰，有些修道院甚至圈地，導致戶口減少。隨著修道院解散的臨近，地產投機盛行，沒收的土地頻繁易主，租金攀升，佃戶處境艱難。修道院逐漸失去作為平民和智識階層精神支柱的地位，收入不再用於慈善，學術活動停滯。

在文藝復興時期思想家眼中，寺僧愚昧迷信，行腳僧利用民眾信仰中卑劣的部分斂財。儘管如此，解散前的僧尼過著幽閒舒適的生活，雖然難稱對社會有益，但也算無大過。虔誠信徒的捐贈已不再流向修道院，僧尼總人數減少到約 7,000 人。修道院的衰落已成定局，其解散為時代大勢所趨。宗教改革不僅改變了宗教信仰，更深刻影響了社會結構和權力分配，成為英國歷史上一個重要的轉捩點。

亨利八世的宗教改革與社會震盪

亨利八世解散修道院的舉措在英國引發了巨大的社會震盪。雖然將修道院的財產轉用於公共事業似乎有其合理性，但亨利在缺乏充分證據的情況下，對寺僧進行指控和處決，並將修道院財產出售以充實國庫的行為卻難以辯護。在英格蘭北部地區，寺僧和舊教依然受到人民的愛戴，這導致了「奉神遊行」的抗議活動。亨利面臨著嚴重的政治挑戰，尤其是在缺乏強大軍隊的情況下。如果其他地區也掀起反抗浪潮，亨利可能不得不改變其政策。然而，倫敦、南方和米德蘭地區對國王的支持使得風波得以平息。

◆ 英格蘭宗教改革：亨利八世的決裂與獨立

其實，在國王與貴族聯手攻擊修道院之前，早在西元 1381 年，農民和市民就曾在多地發起反抗。而教會內部也充斥著分歧，世俗僧侶與寺僧、行腳僧之間的敵對情緒由來已久，這為宗教改革的進一步發展埋下了伏筆。隨著英格蘭民族主義的興起，建立獨立教會的呼聲越來越高，修道院的命運幾乎早已注定。這個變革反映了英國社會內在的深刻矛盾，預示著一個全新時代的到來。

在宗教改革的過程中，主教和僧正的地位發生了顯著變化。主教們逐漸適應國王的權威，透過在國會和樞密院中的活動，調解國王與教會之間的矛盾，從而保持了一定的地位。而僧正們則因與國民生活脫節而地位下降。亨利八世以英國教會的最高領袖身分，進一步推動宗教改革，切斷了與羅馬教廷的連繫，並打擊了寺僧、行腳僧和教宗派對民眾的影響力。這個過程中，遺物崇拜、偶像崇拜以及赦罪券販賣等迷信行為受到嚴厲打擊，全國各地的聖物被銷毀，顯聖的偶像被拆除。

改革家們歡呼著：「龍已倒下，巴比倫之神已灰飛煙滅！」這象徵著英國宗教改革的深入發展，教會權力格局發生了重大變化。主教們逐漸適應新的環境，而僧侶們日漸式微。這些變革不僅清除了民間迷信和愚民手段，也為英國社會的進步掃清了障礙。

英格蘭宗教改革的進程與挑戰

亨利八世的宗教改革政策，反映了他在維持社會穩定與推動變革之間的微妙平衡。他在推行《六信條法》等措施限制宗教改革的同時，又未嚴格執行，允許人民在一定程度上自由地閱讀《聖經》並思考宗教問題。這個策略迎合了當時大多數人民的意願，使亨利在晚年依然得到臣民的忠心

支持。然而，亨利的改革主要集中在倫敦等大城市，對英格蘭北部和西部地區的影響相對有限，這削弱了改革的深度和廣度。此外，亨利對修道院的解散和寺田的出售，雖然增加了王室財政收入，但也導致許多窮人失去救濟來源，加劇了社會矛盾。

亨利八世的宗教改革為英格蘭的宗教和社會發展奠定了基礎，但也留下了許多問題待解決。他的繼任者愛德華六世和瑪麗一世，分別推行了更加激進的新教改革和天主教反改革，導致社會分裂和動盪。直到伊莉莎白一世統治時期，英格蘭才最終確立國教為主的宗教格局，實現相對穩定的發展。

在亨利八世之後，宗教法院的獨立性和對日常事務的管轄權大幅縮減。原本屬於宗教法院的案件逐漸被轉移到世俗法院審理。隨著亨利七世和亨利八世的治下，政府權力得到鞏固，中央政府的影響力延伸到英格蘭各地，甚至威爾斯地區也納入管轄。雖然亨利八世死後的十多年裡，英格蘭面臨著政權不穩和宗教紛爭，但都鐸王朝前兩任君主為英格蘭奠定的治理基礎並未動搖，反而為伊莉莎白一世的全面復興提供了有利條件。

愛德華六世在位期間，宗教改革運動達到新的高度。雖然他年輕且健康欠佳，但展現出非凡的智慧和毅力。他繼承並深化了父親的改革事業，並在克蘭默和拉替麥休等宗教領袖的協助下，推出了《禱告書》，將禮拜儀式翻譯成英語，促進了宗教團結。這個時期的改革進一步奠定了英格蘭宗教發展的基礎，避免了陷入混亂和分裂的危機。即便面臨挑戰，英格蘭的宗教改革在愛德華六世和瑪麗一世的時代，逐漸走向成熟，為伊莉莎白一世解決宗教問題奠定了堅實的基礎。

◆ 英格蘭宗教改革：亨利八世的決裂與獨立

宗教改革中的權力角逐與社會動盪

在英國宗教改革的劇變中，政治權力的角逐成為不可或缺的一部分。索美塞特公爵，作為護政大臣，以相對寬容的政策著稱，試圖在宗教改革的浪潮中保有一份理性和同情。他對於不同信仰的包容態度，在一個宗教分裂嚴重的時代，似乎是一種必要的緩衝。然而，這種寬容政策卻未能達到預期的效果。當政府的高壓統治一旦解除，各宗教派別便紛紛崛起，互相爭鬥。新教徒與天主教勢力在街道和教堂中展開激烈的交鋒，宗教紛爭一度威脅到社會的穩定。

索美塞特的寬容政策不僅未能調和各派矛盾，反而在某種程度上激化了衝突。在牛津，嚴重的宗教騷亂導致領頭的幾位教士被處以絞刑，這是宗教改革帶來的極端後果之一。在英格蘭西南部，康瓦爾地區的民眾因語言障礙和對傳統信仰的依戀，掀起了反抗新教改革的浪潮。他們攻陷華特·雷利爵士的封地，圍攻埃克塞特城達六週之久。雖然最終在伊莉莎白一世時期得以平息，但這些事件無不顯示出宗教改革所引發的深刻社會動盪。

同時，索美塞特對農民訴求的同情也未能改變社會經濟的不公。亨利八世的劣幣政策和圈地運動引發了農民的不滿，最終導致諾福克的農民起義。索美塞特雖試圖透過立法限制圈地，但因議會多為地主利益代表，改革無法推進。農民起義的失敗進一步削弱了索美塞特的政治地位，為他的下臺埋下伏筆。

索美塞特的倒臺開啟了都德里的強硬時代。新任護政大臣都德里選擇與激進的新教勢力結盟，推動更為徹底的宗教改革。公教徒領袖遭到監禁，財產被沒收。都德里雖然缺乏真正的宗教信仰，但他看到了與新教結

盟的政治利益。然而，他的腐敗和專制最終引發了廣泛的不滿，導致其政權的孤立無援。

在這場宗教改革的風暴中，英國政治版圖不斷變幻。權力的更迭伴隨著激烈的教派爭鬥和平民的犧牲。宗教改革的歷史，既是信仰的革新，也是權力爭鬥的舞臺，平民百姓的福祉往往淪為權貴們角逐的籌碼。英國宗教改革的進程，不僅重塑了宗教信仰的版圖，也深刻影響了國家的政治走向。

◆ 權力的陰謀與信仰的悲劇：愛德華六世、諾森伯蘭與瑪麗女王

權力的陰謀與信仰的悲劇：
愛德華六世、諾森伯蘭與瑪麗女王

　　愛德華六世臨終之際，英格蘭的權力爭鬥正悄然醞釀。諾森伯蘭公爵心生壯志，欲將自己的子媳珍‧葛雷推上王位，取代亨利八世的兩位女兒瑪麗和伊莉莎白。然而，珍‧葛雷與王室的血緣關係過於疏遠，無法名正言順地成為繼承人。諾森伯蘭不顧一切地慫恿虔誠的新教徒愛德華六世，在遺囑中指定珍‧葛雷為王位繼承人，因為瑪麗的天主教信仰令他不安。然而，這個計畫未能得到樞密院的支持，英格蘭各地更是拒絕承認這個安排的合法性。最終，諾森伯蘭不得不臣服於瑪麗女王，卻無法逃過斷頭臺的命運。他的陰謀詭計如同竹籃打水，臨終前的懺悔顯得虛情假意。

　　相較之下，珍‧葛雷在面對死亡時的從容不迫令人肅然起敬。這位謙和的少婦，因公公的野心而身陷囹圄，最終也走上了斷頭臺。珍‧葛雷學識淵博，品德高尚，但若她真的有機會統治英格蘭，是否能像伊莉莎白女王那樣稱職，仍是未知數。諾森伯蘭的野心，不僅毀掉了自己，也連累了無辜的兒媳，成為權力爭鬥的犧牲品，令人扼腕。

　　瑪麗女王即位之初，民心所向，然而她對天主教的篤信卻使民意迅速轉向。與其弟詹姆士二世相似，瑪麗因宗教信仰過於激進而失去人心。瑪麗的教育背景狹隘，成長環境充滿仇恨，對母親的宗教和祖國西班牙有著濃厚情感，凡事以西班牙利益為先。她堅持與西班牙國王腓力二世結婚，使英格蘭淪為西班牙的附庸，激起民眾不滿。她恢復教宗在英格蘭的權力，進一步加深了人民對舊教的反感。在她的短暫統治中，約 300 名新教

徒被處以火刑，令天主教被視為殘暴的外來宗教。

　　瑪麗女王的宗教熱忱最終演變為偏執，未能理解作為君主的責任，錯失了贏得民心的機會。她的悲劇在於未能在信仰與國家利益間取得平衡，最終失去了民眾的支持，成為歷史上以悲劇收尾的君主之一。

　　瑪麗女王的統治在英格蘭歷史上留下了深刻的印記，她的宗教政策和與西班牙的聯姻引發了國內外的諸多矛盾。她試圖恢復天主教的壓制政策，卻在英格蘭激起了廣泛的反抗情緒。崴阿特的叛亂雖然最終失敗，但它揭示了民眾對瑪麗女王政策的不滿與憤怒。她的統治時期充斥著宗教迫害，數百名新教徒被處以火刑，這種殘酷的手段並未如她所願地鞏固天主教，反而激發了更強烈的反對力量。

　　在瑪麗女王的壓迫下，英格蘭的宗教改革運動逐漸積聚力量。許多新教徒在殉道中展現的堅韌不拔，成為英格蘭反抗天主教專制的一面旗幟。英國人民開始意識到，他們的生命和信仰不應該被宗教法庭任意剝奪，人道主義精神在此時逐漸覺醒，促進了宗教寬容的發展。這種對宗教自由的追求，成為英格蘭社會變革的重要驅動力。

　　瑪麗女王去世後，英格蘭迎來了她的妹妹伊莉莎白一世。人們對這位年輕的君主寄予厚望，希望她能夠帶領國家走出困境。伊莉莎白一世果然不負眾望，她以非凡的智慧和果斷的決策，迅速穩定了政局。她恢復了英格蘭的獨立，並在宗教上採取較為寬容的政策，逐漸化解了國內的宗教對立。

　　伊莉莎白一世的統治象徵著英格蘭的新生。她不僅重振了國家的經濟與政治，還在文化上推動了文藝復興的發展。她的治國理念不僅注重國家的利益，也尊重個人的自由與權利。這種開明的統治方式，使英格蘭逐步走向現代化，成為一個強大而繁榮的國家。

◆ 權力的陰謀與信仰的悲劇：愛德華六世、諾森伯蘭與瑪麗女王

在伊莉莎白一世的領導下，英格蘭不僅擺脫了過去的陰影，也進入了新的篇章。她的成功不僅在於恢復了英格蘭的國力，更在於塑造了一個以民族主義和個人主義為基礎的現代國家。伊莉莎白一世的崛起和英格蘭的重生，成為歷史上光輝的一頁。

伊莉莎白時代：民族與個人主義的交織

伊莉莎白女王的統治象徵著英格蘭歷史上一個嶄新的時代，她的治國理念不僅獲得了議會的支持，還將國教會作為國家支柱，維護著民族國家的主權。在她執政初期，面臨著巨大的挑戰，失敗的陰影似乎比成功的希望更為突出。然而，隨著新一代受《聖經》和《祈禱書》薰陶的英格蘭人崛起，這些挑戰逐漸被克服。最終，新舊勢力的較量演變為英格蘭與西班牙的海上衝突，這場爭鬥不僅是兩國軍事實力的對抗，也是文化的碰撞。

西班牙作為天主教的領軍國家，壟斷著通往新世界的航線，成為英格蘭無法迴避的敵對力量。在這場白熱化的對峙中，英格蘭的現代文化得以形成，這種文化融合了島國的特性與海洋的開放性，與過去受大陸影響的文化大相逕庭。這不僅奠定了現代英格蘭的基礎，也勾勒出未來大不列顛的輪廓。

在與歐洲大陸天主教強國的爭鬥中，英格蘭和蘇格蘭的人民必須放下成見，攜手抵禦外來威脅。同時，對於天主教徒占多數的愛爾蘭，英格蘭則採取了嚴厲的征服政策，儘管這個策略充滿挑戰。伊莉莎白女王的英明決策，使英格蘭在與舊勢力的對抗中建立了獨立自主的基礎，從而凝聚起一個團結的民族，為未來大英帝國的崛起鋪路。

伊莉莎白時代的英國人，無論在陸上還是海上，均展現出民族主義和

個人主義的雙重特質。這種雙重特質的形成，部分源於當時英國有限的財力，無法維持龐大的常備軍和官僚體系，這與日後的法國和普魯士形成鮮明對比。國家財政的匱乏既是英國面臨失敗的根源，也是其輝煌成就的推動力。伊莉莎白女王在有限的財政資源下，依靠人民的自發忠誠和對女王的愛戴，維持了國家的穩定和繁榮。英國人民在金錢上或許吝嗇，但在忠誠和愛國方面卻是慷慨的。

儘管伊莉莎白在宗教問題上的處置引起一些不滿，她的政策最終被默默接受，因為這是維持國家穩定的唯一途徑。在宗教狂熱可能顛覆一切的時代，英國的穩定本身就是一個奇蹟。伊莉莎白女王的治國策略，使英國在艱難的環境中穩步前進，最終迎來了輝煌的伊莉莎白時代。

伊莉莎白女王的統治時期，正值英格蘭宗教改革的關鍵時刻。面對新教和天主教的激烈對立，她以其獨特的智慧和靈活性，成功地在宗教問題上找到了微妙的平衡。伊莉莎白的宗教政策不僅展現了她個人的見解，也反映了她對英格蘭未來的深遠考量。

在伊莉莎白繼位後，西元1559年國會通過了《最高權威法令》和《1558年教會統一法令》，這兩項法律不僅取消了教宗的權力，還確立了《祈禱書》為唯一合法的禮拜儀式。這些法案象徵著英格蘭宗教改革的正式確立，並鞏固了伊莉莎白在宗教事務中的主導地位。

伊莉莎白的宗教政策以調和為核心。在新教與天主教的對立中，她選擇了一種相容並蓄的方式。她明智地利用《祈禱書》作為一種變色龍式的工具，讓不同信仰的臣民都能在其中找到共鳴。這本書雖然改用了英語，但其祈禱詞仍保留了許多舊有的內容，既滿足了新教徒的需求，也不至於讓天主教徒過於反感。這種策略讓她在宗教改革的浪潮中保持了國內的相對穩定。

伊莉莎白在宗教事務上的靈活性，還展現在她對宗教領袖的態度上。儘管主教們普遍反對她的改革措施，但她並未因此而動搖。她的堅定與從容，讓她能夠在宗教改革的過程中保持主導權，並確保國會的決策得以順利推行。

然而，伊莉莎白的宗教政策並非僅僅是對教會權力的重新分配。她的目標更在於確保英格蘭的宗教和政治穩定。她清楚地知道，無論是新教還是天主教的極端都可能危及國家的和平與繁榮。因此，她選擇了一條中間道路，讓英格蘭能夠在宗教改革的風暴中穩步前行。

總之，伊莉莎白女王的宗教政策不僅是她個人智慧的展現，也是英格蘭宗教改革成功的關鍵。她以其特有的靈活性和決斷力，為英格蘭鋪就了一條平衡而穩定的發展道路。在她的領導下，英格蘭不僅避免了宗教內戰的危機，還迎來了文藝復興的繁榮時期。伊莉莎白一世的宗教改革策略，無疑是英格蘭歷史上一座不朽的豐碑。

宗教與權力的交織：
蘇格蘭改革的風雲人物

　　西元 1559 年，英格蘭和蘇格蘭的宗教改革迎來了關鍵時刻，這個變革不僅改變了兩國的宗教面貌，也為未來的合作奠定了基礎。儘管同為新教國家的形成，英格蘭和蘇格蘭的改革路徑卻大相逕庭。英格蘭的變革由王室主導，貴族對改革的冷漠甚至敵視，使得國內新教運動的推進相對緩慢。而在蘇格蘭，腐敗的天主教會激起了民眾的憤怒，貴族成為改革的主要推動力量，形成了強大的社會變革動力。

　　在蘇格蘭，這股改革力量結晶為「主的會眾」，由信奉新教的僧侶、貴族、地主和市民組成，他們不僅是宗教力量，也是政治和軍事的中堅。這個組織象徵著蘇格蘭從封建貴族主導的社會向平民教權社會的過渡，成為新教運動的核心。約翰・諾克斯作為這場運動的靈魂人物，以其非凡的領導才能和堅韌的毅力，帶領「主的會眾」在蘇格蘭掀起了宗教改革的浪潮。

　　諾克斯的經歷磨練了他堅韌不拔的品格。他曾被法國囚禁多年，這段艱苦的經歷反而造就了他的勇敢與智慧。西元 1559 年，他在伯斯發起的平民宗教革命迅速蔓延至全蘇格蘭，這場運動甚至引發了毀壞聖像的激烈行動。與其他國家的宗教運動不同，蘇格蘭的改革者得到「主的會眾」的武力支持，能夠有效對抗法國駐軍和瑪麗女王的勢力。

　　在這場持續一年多的戰鬥中，當新教徒面臨失敗危機時，英格蘭女王伊莉莎白一世意外地伸出援手，派遣艦隊和陸軍支援蘇格蘭新教徒，這個

◆ 宗教與權力的交織：蘇格蘭改革的風雲人物

舉動成為改革成功的轉捩點。隨著瑪麗女王的去世和法國駐軍的撤離，蘇格蘭的宗教改革終於取得了決定性的勝利。

約翰·諾克斯以其卓越的領導力和堅定的信念，成為蘇格蘭宗教改革的先驅。他不僅改變了蘇格蘭的宗教和社會結構，也為後世樹立了不畏艱難、勇於革新的典範。在他的領導下，蘇格蘭的新教運動徹底改變了國家的歷史發展，為英蘇兩國的未來合作開啟了新的篇章。

瑪麗女王：蘇格蘭與英格蘭間的權力棋局

蘇格蘭的宗教改革以其相對較少的流血事件而著稱，這在當時的歐洲大陸和英格蘭是罕見的。改革的核心是新興的民主勢力與舊有的封建勢力之間的角力，年輕的瑪麗女王則試圖在這兩者之間取得平衡。儘管她擁有歐洲天主教勢力的支持，但在蘇格蘭，她不得不面對來自約翰·諾克斯和「主的會眾」的強烈挑戰。這些反對勢力不僅包括傳統的封建貴族，還有新興的中產階級和宗教民主勢力。他們透過教區的民主選舉制度擴張影響力，並在教會大會上討論教會和國家大事。這種宗教與世俗勢力的結合，與過去幾個世紀由大僧官和大貴族主導的蘇格蘭社會截然不同，形成了一股強大的民主力量，成為對抗瑪麗女王的核心。

然而，這場宗教改革帶來的並非全然的解放。新教教社的崛起雖然打破了僧侶的專政，卻也帶來了另一種形式的專政。教社以嚴格的紀律要求全國人民服從，無論是政府官員、農民，還是地主，都必須屈從於教社的權威。這種不容妥協的精神，在許多人看來是難以忍受的，也成為蘇格蘭此後一個世紀中派系紛爭和動亂頻發的原因之一。儘管最終教社不得不臣服於國家權力之下，但蘇格蘭人的精神已經發生了巨大的變化。經過宗教

改革的洗禮，蘇格蘭低地的農民成為全歐洲最具教育水準的群體，具備獨立思考和辯論能力，這在當時的英格蘭是難以企及的。

　　瑪麗女王的一生中，與波司衛爾的婚姻無疑是她最大的錯誤。無論她是否參與了謀殺前夫的陰謀，這樁婚事都給她的名聲和統治蒙上了汙點。在經歷了一連串的動盪與失敗後，瑪麗逃往英格蘭，尋求伊莉莎白一世的庇護。然而，她未能察覺伊莉莎白將她視作威脅。瑪麗的被俘，使得英格蘭乃至整個歐洲的政治局勢圍繞著她的命運而轉移。西班牙國王腓力二世試圖利用瑪麗擴張自己的勢力，而一些極端的英格蘭天主教徒則密謀推翻伊莉莎白，擁立瑪麗為女王。

　　伊莉莎白一世憑藉其卓越的政治手腕，成功地維持了英格蘭的穩定。即便面對諸如諾福克公爵叛亂等內部威脅，她依然堅持和平與穩定的方針，最終迎來了英格蘭的黃金時代。瑪麗女王的悲劇，不僅是個人命運的沉浮，更是蘇格蘭與英格蘭之間權力棋局的縮影，反映了舊勢力與新興力量之間的矛盾與爭鬥。

◆ 海洋的曙光：英國的崛起

海洋的曙光：英國的崛起

　　伊莉莎白一世的統治時期，英國從一個偏居歐洲一隅的島國，迅速崛起為海上強國。這位睿智的君主以其卓越的政治手腕和遠見卓識，引領著英國走向國際舞臺的中心。在她的治理下，英國海軍不斷壯大，商人的足跡遍布全球，開創了英國的海權時代。

　　伊莉莎白一世的性格與政策對英國的發展產生了深遠的影響。她深諳如何利用男性的弱點，同時又能將自己的弱點隱藏得很好。這種特質使她能夠在維護王權的同時，給予議會一定的自由空間，從而在政治上取得了巨大的成功。她的智慧和處世手腕，使她成為英國歷史上最受愛戴的君主之一。

　　在伊莉莎白的領導下，英國不再局限於歐洲的一隅，而是開始探索更為廣闊的世界。英國海軍旗幟首次飄揚在裏海上，英國使臣出現在君士坦丁堡的宮殿中，與鄂圖曼帝國進行外交談判。英國船隻遠航印度，停泊在果阿港口，穿越險惡的麥哲倫海峽，探索南美洲的海岸線。這些壯舉不僅擴展了英國的影響力，也為其帶來了豐厚的經濟利益。

　　伊莉莎白一世深知，要使英國成為真正強大的國家，必須在海上建立霸權。在她的努力下，英國逐漸掌握了現代航線、貿易線和殖民線的樞紐，成為全球貿易的重要參與者。這一切都顛覆了過去的世界觀和商業習慣，英國人不再局限於歐洲，而是站在了通往世界的十字路口。

　　隨著大航海時代的到來，英國的影響力日益擴大。這場海上貿易的革命，不僅推動了英國經濟的繁榮，也為日後其作為世界強國的地位奠定了

基礎。在這個新時代的曙光中，英國以其智慧和勇氣，崛起為世界的中心。海洋不再是阻隔，而是聯通；遠方不再是威脅，而是機遇。英國的崛起，見證了一個島國如何憑藉智慧和勇氣，成為世界的主角，為人類文明揭開了新的篇章。

海上霸權的奠基：英國與西班牙的海洋較量

在16世紀的歐洲，西班牙和英國在海洋上的競爭成為繪製世界版圖的關鍵。西班牙憑藉其龐大的帝國和豐富的殖民地資源，曾一度是海上的霸主。然而，英國的興起改變了這一切。英國的成功並不僅僅依賴於其勇敢的海員，而是得益於其先進的海軍戰術和社會制度的靈活性。

英國的海軍傳統與西班牙截然不同。西班牙的艦隊主要由奴隸搖槳的扁船組成，這種艦船在地中海戰事中或許得心應手，但在北海的狂風巨浪中卻顯得笨拙不堪。而英國則依靠現代化的深水帆船，這些船隻不僅在設計上更為適合大西洋的航行，還具備了創新的側面火炮戰術。這種戰術使得英國的艦隊能夠靈活機動，以遠距離砲火摧毀敵艦，避免了不必要的登船肉搏戰。

英國的崛起還源於其社會結構的變革。文藝復興和宗教改革的影響，使英國擺脫了封建制度的束縛，形成了一個鼓勵個人主動性和階級合作的社會。這種氛圍促進了商業和航海事業的蓬勃發展。在這樣的社會中，德雷克等人發揮了重要作用。他們不僅是出色的航海家，更是將英國的私人武裝船隻與皇家海軍緊密合作的推動者。這種合作為英國的海上霸權奠定了基礎。

相比之下，西班牙的社會仍然深受封建和宗教狂熱的影響。雖然政治

◆ 海洋的曙光：英國的崛起

上已經形成專制君主制，但社會習俗依然停留在過去的時代。這種保守的社會結構阻礙了創新和商業的發展。西班牙過於依賴從殖民地輸入的金銀，卻忽視了國內經濟的多元化建設，最終導致國力的衰退。

英國與西班牙在海洋上的對決，並不僅僅是船隻和戰術的較量，更是兩種社會制度和價值觀的碰撞。在這場競爭中，英國憑藉其開放和靈活的社會結構，最終成為「海上日不落國」，而西班牙則因其僵化的制度和過度的宗教狂熱而逐漸走向沒落。這場歷史的變遷不僅改變了歐洲的格局，還深刻影響了全球的歷史發展。

商業冒險家的海洋夢想：英國崛起的背後

在伊莉莎白一世的治下，英國以其商業和海洋的雙重繁榮，逐漸崛起為一股不可忽視的國際勢力。與此同時，西班牙在腓力二世的統治下雖然擁有龐大的帝國版圖和強盛的軍事力量，但因商業不振，無法支撐其海外擴張的野心。英國人和荷蘭人因善於交易而在與西班牙的競爭中勝出，這一切都要歸功於他們對於商業和海洋事業的深刻理解。

早在 15 世紀初，英國的商人冒險家們就開始在歐洲尋找新的商業機會。他們不畏艱險，勇於開拓，甚至不惜依靠武力來獲取經商特權。這些冒險家們的足跡遍及非洲、亞洲和美洲，為英國開拓出一條條新興的貿易路線。理察・哈克盧伊特的書中記載了這些航海者的故事，提醒著英國人國家命運繫於海洋而非陸地。

英國商人們以務實的態度開拓市場，特別是在幾內亞，他們以友好的方式對待當地人，避免了白人與黑人的衝突，這個策略使得英國的貿易更為成功，並為日後的海上霸主地位奠定了基礎。他們不僅將經商視為致富

之道，更視其為挑戰與刺激的探險活動。在他們眼中，追求利潤與榮譽並無二致。

在這樣的背景下，許多文學家如克里斯多福・馬羅和威廉・莎士比亞等人也與這些商人有過交往，他們看待經商活動如同看待詩歌幻想，充滿了浪漫色彩。這種實用的理想主義驅動著英國人在伊莉莎白時代達到了頂峰。

英國人渴望找到通往印度的新航線，躲避葡萄牙和土耳其的勢力範圍。理查・錢瑟勒的探險雖未能找到西北航線，但卻揭開了與俄羅斯貿易的潛力，隨之而來的莫斯科公司成為西方國家在俄羅斯內地開展貿易的先驅。

在 16 世紀和 17 世紀初，這些商業冒險家的精神和開拓意識不僅為英國的商業繁榮奠定了基礎，更推動了其海外擴張的步伐，將英國的影響力擴展至世界各地。這段歷史見證了英國從一個小島國崛起為海上霸主的過程，展現了商業冒險家們的海洋夢想如何改變了世界。

伊莉莎白一世的統治時期，英國商業版圖的擴張成為歷史上的一大亮點。儘管西班牙和英格蘭之間的戰爭持續不斷，英國商人仍然勇於進入地中海貿易。黎凡特公司在這個時期與威尼斯、希臘諸島及更遠的伊斯蘭教國家開展了商務活動。土耳其人視威尼斯和西班牙為海上敵人，因此對英國商人表示歡迎。然而，英國商船要抵達君士坦丁堡，必須準備在直布羅陀海峽一帶與西班牙艦隊和阿爾及利亞沿岸的巴巴利海盜交戰。這象徵著英國海權開始進一步延伸至地中海。

在這個背景下，西元 1600 年東印度公司的成立成為一個重要的轉捩點。公司從伊莉莎白女王那裡獲得特許狀，開始經營印度貿易。英國船隻高大堅固，足以抵禦葡萄牙人的攻擊，無懼繞過好望角。最初，英國人前

海洋的曙光：英國的崛起

往印度的目的是銷售商品，而非征服。隨著貿易的發展，英國羊毛織品成為暢銷出口商品，其市場進一步拓展至中國北方和日本列島。然而，隨著商業版圖的擴張，伊莉莎白女王的財政狀況卻日益困難。儘管她曾改良貨幣以緩解財政壓力，但隨著西班牙美洲殖民地金銀產量的增加，歐洲物價上漲，英國國庫收入卻無法同步成長。

面對如此緊張的財政狀況，伊莉莎白女王展現了非凡的政治智慧。她沒有貿然求戰，而是審時度勢，耐心等待時機。女王默許英格蘭私掠者襲擊西班牙船隻和殖民地，悄然培養海上力量。同時，她利用西班牙國內的矛盾，支持荷蘭人的獨立運動，進一步削弱西班牙的實力。女王的財政收入雖有限，但她謹慎運用資源，竭盡全力保障臣民的安全和福祉。

伊莉莎白女王在內政和外交上的英明決策，為英格蘭的崛起奠定了堅實的基礎。她以智慧和魄力，帶領英格蘭走向繁榮富強。正是在她的治理下，英格蘭發展成為一個真正的海上強國，為日後大英帝國的崛起做好了準備。

在 16 世紀的英國，伊莉莎白一世面臨來自西班牙強大勢力的挑戰。這位英國女王在政治舞臺上展現出無比的智慧和果斷，尤其是在面對西班牙這個強敵時。她採納了沃辛漢爵士的建議，支持法蘭西斯·德瑞克等人的海上冒險。這些冒險不僅為國庫帶來豐厚的財富，也削弱了西班牙在海上的霸權。

德瑞克的環球航行是英西兩國對抗的重要一環。當德瑞克在智利海岸出現時，西班牙人驚慌失措。儘管德瑞克的艦隊只剩下金鹿號一艘，但他們在南美西岸的劫掠迅速累積了大量財寶。這些消息傳回歐洲，震驚了整個大陸，西班牙大使要求英國政府作出解釋。然而，英國的政策相當程度上取決於德瑞克遠征的成敗。他的成功不僅提升了英國的信心，也促使英國對西班牙採取更強硬的態度。

德瑞克的成功不僅歸功於他的幸運，更在於他的勇氣和毅力。當金鹿號在摩鹿加海域擱淺時，英國橡木和風力的幫助使它重返海面。這次冒險不僅為英國贏得了與西班牙抗衡的底氣，也為日後英國成為海洋霸主奠定了基礎。

　　伊莉莎白一世是英國歷史上最傑出的君主之一，她的一生充滿挑戰與考驗。當德瑞克於西元1580年凱旋歸來時，女王親自將其封為爵士，這不僅是對西班牙的挑釁，也是鼓勵英國人民開拓海外事業的表現。授予德瑞克爵位後不久，英國與西班牙的關係急轉直下，戰事一觸即發。

　　西元1588年的阿馬達之戰，是英西兩國海上力量的決定性較量。儘管西班牙在艦隊數量上與英國相當，但英國在航海技術和火力上占據絕對優勢。英國艦隊靈活運用遠端炮擊戰術，重創西班牙艦隊，使其損失慘重。阿馬達艦隊的慘敗不僅挫敗了西班牙的野心，也極大振奮了英國的民族士氣，徹底改寫了歐洲的權力格局。

　　伊莉莎白一世的果斷和智慧，為英國贏得了海洋霸權，也確保了國家的繁榮與尊重。她的領導使英國在面對強敵時，能夠團結一致，共同抵禦外來的威脅。阿馬達之戰後，英國的海上實力不斷增強，成為歐洲歷史的重要轉捩點。

海權轉捩：英國崛起的序章

　　阿馬達艦隊的慘敗不僅在瞬間改變了歐洲的權力格局，也為英國和北歐新教國家的未來奠定了基礎。這場海戰的結果，直接挽救了荷蘭共和國的命運，讓法國的亨利四世擺脫了西班牙的控制，更間接地保障了信奉新教的德意志諸邦。當時，反宗教改革勢力正蓄勢待發，勢如破竹地向德意

海洋的曙光：英國的崛起

志進攻。然而，路德派諸侯卻因內部矛盾而未能齊心協力抵禦外敵。若非阿馬達艦隊覆沒，反改革勢力或許就會取得勝利，新教的命運將岌岌可危。

阿馬達的失利不僅改變了海上霸權的歸屬，還象徵著地中海強國的衰落。在這場海戰後，北方民族開始崛起，掌控海洋，預示著宗教改革在北歐站穩了腳跟。雖然英西之戰持續到西元 1603 年伊莉莎白女王去世，但英國始終堅持扶植荷蘭和法國的獨立，不惜耗費大量資源來遏制菲利普二世的野心。荷法兩國之所以能保持獨立，一方面歸功於英國的軍事援助和海上優勢，另一方面則有賴於境內的新教徒和反西班牙的政治勢力的合作。在這種形勢下，荷蘭和法國培育出一種在當時歐洲鮮見的自由精神和寬容主義，這與伊莉莎白女王的折衷協調作風不謀而合。

然而，英國自身的挑戰依然嚴峻。海上稱雄的英國，在陸地上卻難以與西班牙匹敵，主要是因為當時英國國庫並不充裕，無法維持一支強大的陸軍。英國將大量兵力消耗在愛爾蘭戰事中，未取得顯著成就。儘管如此，英國士兵在荷蘭軍中表現突出，尤其是在圖恩毫特及紐波特兩役中，協助荷蘭軍建立戰功。在拿索親王毛里茨的帶領下，荷蘭陸軍成為歐洲科學戰術訓練的中心，英國士兵的參與對英國近代陸軍的發展產生了重要影響。

英國的海上戰爭，雖然看似取得勝利，卻暗藏危機。英國要維持新建海軍，需要強大的財政和軍事制度作支撐，但在伊莉莎白女王統治末期，英國的人口和財富都不足以與西班牙爭奪殖民地。英國的殖民事業在斯圖亞特王朝時期才真正起步，清教徒和其他移民選擇了北美這片未受西班牙影響的土地，為日後的殖民事業奠定了基礎。伊莉莎白的「小英國主義」在這個關鍵時刻，反而成為一種福氣，避免過早的擴張限制未來的發展。這個歷史時刻雖然讓主戰派感到遺憾，但在後世英國人的眼中，卻為英國成為海上霸主埋下了伏筆。

英格蘭的動盪與機遇

在伊莉莎白一世漫長的統治下，英格蘭經歷了一個極為動盪卻也充滿機遇的時代。面對內憂外患，英格蘭人民憑著非凡的勇氣和智慧，不僅成功抵禦了來自西班牙等強國的威脅，還奠定了未來大英帝國崛起的堅實基石。伊莉莎白女王本人作為一位傑出的政治家和外交家，深知英格蘭當時的實力尚不及強敵，因此採取靈活多變的外交策略，透過結盟與談判，巧妙維護國家利益。

在海上事業上，伊莉莎白大力支持商人和探險家開拓新貿易路線，這不僅為國家帶來了豐厚的財富，也為日後的海洋霸權奠定了基礎。儘管戰爭帶來了巨大的財政壓力，但英格蘭人民以堅韌不拔的精神，迎接挑戰。從當時的民謠和戰地紀實中，我們可以感受到英格蘭士兵的理想和民族自豪感。珀西的《遺稿》中的歌謠如〈勇敢的威洛比勳爵〉就生動地展現了這種愛國熱情。

在宗教問題上，伊莉莎白女王試圖在天主教和新教之間尋求平衡。儘管她本人是新教徒，但並未大規模迫害天主教徒，這種寬容的政策在一定程度上維持了國內的宗教穩定。政治上，主張宗教寬容的「政治派」開始抬頭，這些溫和的新教徒努力推動國內和平，將政治引向穩定的方向。

在伊莉莎白一世統治的最後五年，英格蘭的平均年收入達到了 360,519 英鎊，儘管戰事頻繁，但財政狀況保持了相對穩健。這個時期，國會的角色愈發重要，批准的補助金及特別稅收為龐大的戰時開支提供了必要的支持。國會不再僅是君主的附庸，而是在國家財政和重大決策中扮演著越來越重要的角色。

◆ 英格蘭的動盪與機遇

　　伊莉莎白時期，英國享有海洋霸權帶來的穩定和安全，使英國在政治、經濟、文化等方面取得長足發展。這種繁榮景象正是未來「日不落帝國」的奠基石。英國人民充分享受到了島國的種種優勢，推動英國成為世界強國。這一切，都要歸功於伊莉莎白女王治下英國海上力量的壯大和她卓越的領導力。這段時期的英格蘭精神，無疑是後世敬仰和學習的典範。

威爾斯與愛爾蘭：
凱爾特民族的不同命運

　　亨利八世在處理威爾斯問題上展現了卓越的政治智慧。他採用恩威並施的策略，平定動亂的同時也公平對待凱爾特人民，這個舉措在當時的背景下顯得尤為重要。負責邊疆事務的利奇菲爾德主教李羅蘭，以其嚴厲的法律執行方式，對於盜賊和殺人犯毫不留情，這種手段雖然在現代可能引起爭議，但在當時無疑是有效的。亨利八世進一步將威爾斯納入英格蘭的版圖，廢除威爾斯的君主領地和邊境采邑，將全境劃分為十二個郡，設定治安法官管理，並賦予威爾斯各城鎮派遣代表至英格蘭下議院的權利。這個策略不僅促進了威爾斯的穩定，也為其與英格蘭的融合打下基礎。

　　與此同時，16世紀的威爾斯經歷了宗教改革的洗禮，從天主教轉變為新教。然而，這個過程並不順利，威爾斯人民面臨著認同與文化的挑戰。都鐸王朝統治下的新教傳入威爾斯，卻因語言障礙和外國教士的傳教方式而未能深入人心。儘管如此，威爾斯人民對都鐸王朝的深厚情感，使他們在宗教變革的動盪中仍能保持對英格蘭王室的忠誠，這種情感在莎士比亞的作品中也有所展現。

　　相比之下，愛爾蘭在同一時期卻走上了截然不同的道路。都鐸王朝對愛爾蘭的政策充滿偏見和暴力，導致愛爾蘭人的強烈反抗。亨利八世的宗教改革在愛爾蘭引發了更深遠的影響，修道院的封閉切斷了愛爾蘭重要的文化和教育資源，而英格蘭未能提供相應的替代機制，導致愛爾蘭的文化教育遭受重創。這個政策不僅未能推動愛爾蘭的改革，反而加劇了愛爾蘭

◆ 威爾斯與愛爾蘭：凱爾特民族的不同命運

與英格蘭之間的矛盾。

　　威爾斯和愛爾蘭雖同屬凱爾特民族，但在英國統治下卻呈現出不同的命運。威爾斯在亨利八世的政策下逐漸融入英格蘭，並在文化上實現了復興。而愛爾蘭則因為英格蘭的誤判和失策，走上了更加坎坷的民族覺醒道路。這兩個民族的不同命運，不僅反映了英國政策的影響，也揭示了歷史中文化認同和政治策略的複雜性。

愛爾蘭的靈魂：
宗教改革與民族意識的覺醒

在歐洲文藝復興的浪潮中，愛爾蘭的凱爾特人似乎被遺忘在歷史的角落。他們無法閱讀亨利的《聖經》或愛德華的《祈禱書》，對新教改革的吸引力亦全然不感興趣。真正促使他們反抗宗教改革的，是對舊教腐敗的厭惡。隨著耶穌會傳教士的到來，愛爾蘭的反抗力量迅速增強，行腳僧的勢力也如雨後春筍般崛起。英國政府在宗教及世俗統治上的疏忽，為耶穌會的活動提供了可乘之機。這些傳教士意識到愛爾蘭豐富的木材和港口資源，若落入西班牙人手中，將顛覆英國的海上霸權。教宗甚至派遣軍隊侵入愛爾蘭，試圖挑戰英國的統治，然而這些士兵在斯麥立克被英軍俘虜並屠殺。愛爾蘭遂成為伊莉莎白女王領土中一個危險的火藥桶，她的敵人視其為攻擊的要害目標。

面對如此險峻的局勢，伊莉莎白不得不違背本意，企圖征服愛爾蘭。然而，軍力和財力的匱乏使得這個任務變得異常艱難。她的將領們採取了殘酷的手段，無論是透過屠殺還是飢餓，來削弱當地人的抵抗。如果無法占領某地，他們便將當地居民斬草除根。這種暴力統治加劇了愛爾蘭的動盪，使其成為英國利益和統治的潛在威脅。

在伊莉莎白統治的最後三十年，英國政府認為唯有鼓勵英國人移民愛爾蘭，才能永久制服這片土地上的敵對勢力。這個舉措吸引了大量「紳士冒險家」和城市次子移民愛爾蘭，將其視為拓展私人財富和推廣新教信仰的新天地。儘管這些人中不乏如史賓賽這樣的傑出人物，他們仍未能深刻

◆ 愛爾蘭的靈魂：宗教改革與民族意識的覺醒

理解愛爾蘭複雜的種族和宗教問題。在此過程中，愛爾蘭的歷史走向逐漸固化，形成了一種在之後數百年中愈發根深蒂固的模式。愛爾蘭原住民將天主教信仰與對英格蘭的仇恨緊密結合，而新來的英格蘭移民則將新教與種族優越感混為一談。這種宗教與種族矛盾的交織，為日後愛爾蘭與英格蘭的衝突埋下了禍根，影響深遠。愛爾蘭的靈魂在這場宗教改革中覺醒，凝聚成一股強大的民族意識，對抗來自外部的壓迫與改變。

伊莉莎白時代的文化復興：
詩歌與音樂的黃金時期

　　在伊莉莎白女王統治的晚期，英格蘭不僅在政治和宗教領域經歷了巨大的變革，在文化和藝術方面也迎來了繁榮。這是文藝復興的精神在英格蘭扎根發芽的時期，古希臘羅馬思想的自由在這片土地上生機勃勃，並在詩歌和音樂中達到了前所未有的高度。

　　莎士比亞和他的同時代人處於一個充滿想像自由的時代，他們的作品不僅反映了當時的文化氛圍，也塑造了英格蘭的文化遺產。莎士比亞的戲劇和詩歌展現了他們那個時代的精神，而這種創作自由正是由於他們置身於宗教和政治爭論之外，得以充分發揮個性和才華。

　　然而，當時最具影響力的並非莎士比亞的作品，而是《聖經》。雖然今天我們熟知的《欽定本聖經》是在女王去世後由詹姆士一世時期編纂，但《聖經》在伊莉莎白時代已成為英格蘭人的精神支柱。它的影響力超越了任何文學運動，深深植根於英格蘭人的生活中，塑造了民族性格和語言。

　　在這個時代，音樂也與詩歌一同達到了新的高峰。英格蘭的音樂以其優雅和創新聞名於世，無論是在宗教還是世俗音樂方面，都有著卓越的成就。文藝復興的影響激發了作曲家們的創作熱情，情歌和其他音樂形式的傳播使音樂成為全民的財富。甚至連女王本人也精通音樂，這樣的文化氛圍促使音樂成為英格蘭社會生活的重要部分。

　　這個時期的文化繁榮不僅限於藝術和文學，還涵蓋了音樂的普及和創

◆ 伊莉莎白時代的文化復興：詩歌與音樂的黃金時期

新。中產階級在家中學習音樂，成為一種高雅的休閒方式，印刷技術的進步進一步推動了樂譜的流通。音樂不再是少數人的專利，而是全民共同創造和享受的財富。

莎士比亞和彌爾頓的出現，正是這個文化土壤的結晶。他們的作品反映了伊莉莎白時代的文化精髓，融合了音樂、古典文學和《聖經》的影響，成就了英格蘭文化的黃金時期。這個時代賦予他們的創作自由和靈感，至今仍然影響著英語文學和文化的發展。

英格蘭的紳士與鄉村生活

在伊莉莎白時代,英格蘭的社會結構和文化風貌發生了顯著變化。英國的城鎮和鄉村不僅以農業為基礎,手工業也蓬勃發展。大部分居民是經過多年學徒訓練的匠人,他們在師父家中工作和生活,形成了一種猶如家庭般的緊密關係。這種工徒制度對於當時的社會生活至關重要,就如同農奴制度曾經是過去的支柱。工匠們在工作中發揮藝術才華,創造出獨具特色的產品,如船隻和家具,這些作品的精美程度遠超後來機械生產的標準化產品。然而,手工業的另一面也值得關注,許多工種需要大量體力勞動,且存在安全隱患。窮苦學徒常遭受虐待,工作時間極長,直到 18 世紀人們才開始質疑這種不公。

與此同時,英國的紳士階級逐漸成為社會的中流砥柱。這個階層內部按財富和地位的不同分為多個等級。頂端的大貴族擁有奢華的生活方式,他們的府第成為年輕紳士學習禮儀和技能的場所。貴族的生活雖然奢華,但每日的粗碎肉食也會分給窮人,顯現出一種社會的責任感。在紳士階級的底層,小鄉紳們則過著樸素的生活,他們勤勉耕作,與自由農民往來,並不覺得這有失身分。

都鐸時期是英國家宅建築的輝煌時代,鄉紳們的地位也隨之發生變化。他們在社會上獲得了新的地位,成為政府的中流砥柱和鄉村地區的統治者。教育在這個時期受到重視,許多紳士將子女送往外國遊學或法學院學習,為未來的社會角色做好準備。這種教育熱潮與中世紀的貴族教育形成鮮明對比,推動了紳士文化的進步。

儘管伊莉莎白時期的生活在舒適和秩序上不如現代,但在美感和文化

方面卻有其獨特之處。那時的英格蘭,從大貴族到小鄉紳,無論是奢華的府第還是簡陋的農舍,都在不斷變化的社會中扮演著重要角色,影響著英國的歷史發展。

英格蘭紳士階級的興起與變遷

英格蘭的紳士階級自中世紀以來,逐漸形成了一個獨特的上層社會結構,按財富和地位細分為不同等級。最上層的大貴族生活奢華,常在金雀花的石築堡寨或都鐸的磚砌府第中舉行宴會,這些場所也成為年輕紳士學習禮儀和技能的學堂。貴族夫婦與賓客高坐於大堂,底層則是飢餓的食客和隨從武士,僕役們則在廚房中忙碌。

在紳士階級的最底層,小鄉紳們勤勉地耕種祖傳的土地,與自由農民共同生活。他們的生活雖然簡樸,但自得其樂,常用方言交談,毫不覺得有失身分。簡陋農舍中的「大堂」經常被改作穀倉,妻子親自操持家務,孩子們則在果園中嬉戲,由母親和村教師撫養教育。

都鐸時期是英國家宅建築的鼎盛時代,府邸和居宅建築日趨完善,與中世紀的城堡大相逕庭。這個時期的建築反映了社會的變遷,古老莊園不再是中世紀的遺產,而是近代紡織業、圈地運動和農業改良的產物。鄉紳地位的提升,部分源於低價購得修道院土地,以及貴族和高級教士的衰落,他們逐漸成為地方的統治者,甚至在下議院中占據主導地位。

鄉紳階層重視教育,準備迎接新的社會角色。許多紳士將子女送往外國或法學院學習,為議會或法院任職做準備。他們對文藝復興的新學問充滿熱情,與中世紀時期的貴族大不相同。伊莉莎白時代,上層階級在學校和大學中占據重要比例,昔日為修道士準備的宿舍如今多為紳士子弟所用。

在這個時期，英國政治權力格局微妙變化。國會，尤其是下議院，展現出更多自主性和影響力。議員多來自壯大的紳士地主階級，他們與城市商人結盟，成為不可忽視的政治力量。伊莉莎白一世女王面對的是一個更加自覺和積極的國會，她精通駕馭男性的藝術，巧妙應對議會的挑戰，恢復民心，維持權力平衡。

　　伊莉莎白一世時期，英國的乞丐問題得到有效控制，濟貧法實施卓有成效，這充分證明了她的治國智慧。她尊重議會、關愛百姓，贏得臣民愛戴，締造了輝煌的一代，為後世君主提供了寶貴的治國範例。

都鐸與斯圖亞特時代的英格蘭：宗教與政治的交織

在都鐸王朝的統治下，英格蘭經歷了一場深刻的宗教改革，這個變革的發端是亨利八世與羅馬教廷的決裂，並建立了英格蘭教會。這個舉措使英格蘭走上了獨特的宗教發展之路，但也帶來了巨大的政治與社會動盪。亨利的女兒瑪麗女王試圖恢復天主教，這個舉動引發了新教徒的強烈不滿。隨後的伊莉莎白女王雖然奉行宗教寬容政策，但仍面臨天主教勢力的挑戰，尤其是在愛爾蘭推行宗教改革的艱難，顯示了英格蘭在宗教問題上的複雜局面。

伊莉莎白女王的宗教政策相對溫和，但仍無法平息清教徒的批評，他們認為英格蘭教會的改革不夠徹底，甚至有激進者發動了反抗王權的武裝爭鬥。詩人史賓賽在作品中將反抗的愛爾蘭人比作貪婪的禿鷹，而英格蘭統治者則如高貴的雄鷹，這種對比反映出當時英格蘭社會的優越感。為了鞏固英格蘭教會的地位，伊莉莎白設立了高等委託法院，專門懲治宗教異端，這個措施引發了人們對可能出現西班牙式宗教裁判所的擔憂。

隨著斯圖亞特王朝的興起，英格蘭的政治格局也發生了顯著變化。當時歐洲大陸的許多國家正處於專制君主統治的高峰期，個人自由受到壓制，而英格蘭卻在積極推行國會政府和地方自治，並努力爭取言論和人身自由。英國的下議院在鄉紳的領導下，得到商人和普通法學家的支持，努力增強自身力量，透過發展委員會制度和與國王爭權來削弱君權，這個過程雖然始於宗教問題，但最終導致了重大的政治變革。

英格蘭在這個時期的獨特政治發展歷程，完全靠自身探索，沒有外國的參與和先例可循。這種發展不僅展現了英格蘭人的政治智慧和勇氣，也為日後英國成為君主立憲制的典範奠定了基礎。斯圖亞特時期英格蘭人民爭取到的政治權利和自由，是其他歐洲國家在當時難以企及的，這個時期的政治進步，成為英格蘭歷史上的一個里程碑。

◆ 英國自由的演變與挑戰

英國自由的演變與挑戰

　　英國的自由發展與其獨特的地理位置息息相關，這個島國的隔離性在歷史上扮演了至關重要的角色。伊莉莎白女王和克倫威爾的治理下，英國得以在這段隔離期內避免受到歐洲勢力的干擾，專注於解決內部問題。這段時期，歐洲大陸正因長達三十年的宗教戰爭而動盪不安，這也促使英國更加珍視和追求自由。英國藉由強大的海軍力量，成功地抵禦了外來入侵，讓國家能夠專心致志地解決內部問題，最終在西元 1688 至 1689 年間，憲政體制達到了一個理想的狀態。

　　這個憲政體制的成功，使英國在威廉三世和馬爾博羅公爵的領導下，成為以宗教自由和政治自由為基礎的國家，並挑戰路易十四治下的法蘭西專制帝國。這場英法之戰不僅改變了歐洲的政治格局，使法蘭西的霸權受到威脅，更首次確立了英國艦隊在全球海洋上的霸主地位。英國的勝利顯示了自由制度的優越性，奠定了其成為世界強權的基礎。

　　光榮革命後，英國建立了國王與國會均勢的制度，這個制度的成功震驚了整個歐洲。過去，人們普遍認為專制政權是國家強盛的關鍵，而自由只是小國的奢侈品。然而，英國在拉霍格海戰和布倫亨戰役中對法國的勝利，徹底顛覆了這個觀念。英國的制度成為啟蒙運動的重要基礎，洛克等哲學家的思想在歐洲廣泛傳播，反對教會專制的思潮因此蓬勃發展。

　　然而，在英國的政治發展過程中，國會與國王之間的權力博弈常常導致國力的削弱。英國在斯圖亞特王朝時期的權力爭鬥，使其在歐洲的地位下降。直到光榮革命後，國會重新掌握主導權，並在輝格黨和托利黨的合作下，英國才在自由與效率之間取得了平衡，重回歐洲強權之列。

英國的經驗啟示我們，成功的政體必須在民主與集中、制衡與效能之間尋求動態平衡。過度的均勢會導致決策遲緩，而一黨專政則難以持久。只有在博弈中達成共識，才能實現國泰民安，而這正是英國數百年政治發展給予世人的深刻啟迪。

自由的萌芽：斯圖亞特時期的殖民與政治轉型

　　17 世紀的斯圖亞特時期，英格蘭在北美建立了繁榮的自治殖民地，這些殖民地在英格蘭旗幟下執行，反映了英國對自由制度的追求。儘管距離遙遠，這些移民仍然保留著對英國的忠誠，並且在新的土地上改進了自由制度，允許荷蘭人和其他外國人在英國的旗幟下安居樂業。這個時期，我們可以看到一個多元種族和宗教共和國的雛形正在形成，最終導致美利堅合眾國和大英帝國各自沿著自由理想的道路發展。

　　相比之下，其他歐洲國家的殖民地卻沒有這樣的自由。法國的加拿大和西班牙的美洲殖民地缺乏政治和宗教自由，荷蘭在非洲和美洲的殖民地同樣不具備這些自由。英格蘭是最早在海外推行自由政策的國家，這種政策的推動力之一是國內對宗教的寬容。儘管直到西元 1689 年這種寬容才在國內顯現，但在海外卻早已成為殖民政策的核心。這種寬容政策使得不滿現狀的宗教群體能夠移民到美洲，進一步推動了英格蘭殖民事業的成功。

　　在斯圖亞特時期，英國政府鼓勵殖民活動，不論是由政敵主導的計畫還是其他。在這背後，國內政策逐漸重視工商業發展，殖民地成為英國製造品的重要市場。西元 1688 年的光榮革命雖然賦予下議院更大權力，但仍受制於「朽腐城市」制度，未能及時改革。克倫威爾曾主張根據人口變

◆ 英國自由的演變與挑戰

化重新分配國會議席,然而這個主張隨著他的去世被擱置。結果,國會越來越不能代表全國民意,與地方的貴族化國會逐漸脫節。

在查理、清教共和國及詹姆士二世相繼覆滅後,英國的政治權力格局發生了重大變化。這一系列事件顯示中央政府無法再完全控制鄉紳階級和特許城市,國家的權力相對於地方政府和鄉村地區更加有限。國會的勝利雖然使英格蘭在對外事務上更加團結,但在內政方面,中央政府的權力不得不更加服從地方的意願。由於清教革命的失敗,自西元1660年以後,鄉紳的意志實際上成為地方的意志,最終推翻斯圖亞特王朝的政治勝利屬於能夠與倫敦和商人結盟的鄉紳。

在這種背景下,英國議會與王權的矛盾日益加劇。都鐸王朝的尊王理念在斯圖亞特時期被轉化為君權神授的政治教條,這與英國的法律傳統不符。議會開始提出前所未有的憲法要求,與國王的主張針鋒相對。這個過程中,議會領袖的出現奠定了英國邁向君主立憲的基礎,儘管內戰不可避免,但議會政治的崛起已成不可逆轉的歷史趨勢。

英國政治轉型的序曲：
從中央集權到地方自治

在英國歷史的長河中，查理、清教共和國及詹姆士二世的相繼覆滅象徵著政治權力格局的劇變。這些事件揭示了中央政府對地方的控制力日益減弱，特別是對鄉紳階級和特許城市的影響力已不如從前。曾經，塞西爾與沃辛漢能夠有效監督治安法官的行為，但到了斯圖亞特王朝，這種監督逐漸消失，直至早期漢諾威王朝完全瓦解。國會對國王的挑戰，實質上是地方自由與中央集權之爭，是鄉紳階級對朝廷權威的反抗。在這場權力博弈中，農民和市民往往支持鄉紳，尤其是那些最激烈反對王權的鄉紳。儘管國會的勝利使英格蘭在國際事務上更加團結，但在國內，中央權力不得不更加尊重地方意志。清教革命的失敗後，鄉紳的意志實際上成為地方的意志。

推翻斯圖亞特王朝的政治勝利最終落在輝格黨人手中，這些能夠與倫敦和商界結盟的鄉紳成為新時代的主導力量。然而，社會權力依然掌握在治安法官和廣大鄉紳階級手中，而大多數鄉紳支持托利黨。君主的政治和宗教專制權力受到有效限制，國教不再能要求全民族的服從。國會戰勝了國王，普通法學家戰勝了特權法院，個人言論和人身自由得到保護。從政府的角度看，人民的言論自由程度在當時的歐洲無出其右，這在英國歷史上也是前所未有的。然而，社會專制的廢除比政治上的專制更加艱難。工業革命前，人們並未充分意識到解放社會和削弱鄉紳勢力的必要性。

在喬治一世和二世時期，英國人自認已掌握人類自由的精髓。雖然這

英國政治轉型的序曲：從中央集權到地方自治

種看法從客觀上看是錯誤的，歐洲大陸仍在君主、僧侶和貴族的統治下，但英國的政治變革卻不容小覷。從馬拉松和薩拉米斯戰役的勝利者以來，英國的圓顱黨、騎士黨、斯圖亞特國會中的輝格黨和托利黨在實現人類自由方面的貢獻值得深入探討。

隨著詹姆士一世和查理一世時期議會與王權矛盾的加劇，尊王而非專制的都鐸王朝統治基調逐漸被君權神授的政治教條所取代。詹姆士一世試圖憑藉高於英國習慣法的權威擴張王權，但在內外政策上卻難以獲得支持。議會在捍衛自身權力的過程中，提出了前所未有的憲法要求。在這個宗教色彩濃厚的時代，抗議教紳士們的誠摯品格與文雅思想相結合，形成了對立的圓顱黨和立憲保皇黨。英國政治生態的重大變化和議會政治的勃興，奠定了英國邁向君主立憲的基礎，儘管內戰不可避免，但這個趨勢已不可逆轉。

詹姆士一世的宗教困局與
宗教紛爭的激化

　　詹姆士一世登上英格蘭王位時，面臨著宗教改革運動的巨大壓力，英國國教與清教運動之間的緊張關係持續加劇。尤其是清教徒渴望在英國國教內進行改革，他們並不尋求推翻主教制度或大幅度修改《祈禱書》，而是希望在儀式和牧區工作上獲得些許法律上的變更，從而在國教內獲得合法地位。然而，詹姆士一世在漢普敦宮的會議上，對清教徒的訴求不僅沒有表示理解，反而以強硬的態度拒絕，並威脅要迫使他們完全遵從國教，否則將面臨摧毀和放逐的命運。這樣不妥的言行將這個潛在的和解機會化為泡影。

　　這個決策為英格蘭的宗教紛爭埋下了禍根，導致了此後的宗教衝突和社會動盪。詹姆士一世自詡為和平締造者，但他的政策卻無異於煽風點火，使得原本就存在的宗教矛盾愈演愈烈。他對清教徒的強硬立場，激化了與國會的緊張關係，並為後來的內戰奠定了基礎。

　　詹姆士一世對於英國國教之外的宗派採取了一定程度的容忍，這並非出於對高教派的偏好，而是源於他對宗教引發政治動盪的畏懼。他在蘇格蘭目睹了宗教派別的政治影響，深感不安，因而在英國採取了更為保守的立場。然而，這種策略卻未能緩解矛盾，反而加劇了各宗派間的對立。300名清教徒僧侶被革職，大規模的「違教」運動也因此展開，進一步激化了宗教衝突。

　　雖然詹姆士一世對天主教徒表現出一定的寬容，但這並未能緩解宗教上

◆ 詹姆士一世的宗教困局與宗教紛爭的激化

的緊張局勢。由於耶穌會士的激進策略和天主教徒的潛在影響力，社會對天主教徒充滿了戒心。在這種背景下，任何對天主教徒的寬容政策都被視為對新教信仰的威脅，導致了更深層次的社會分裂。火藥陰謀事件的發生，更是讓新教徒與天主教徒的矛盾公開化。這個事件的策劃者試圖在國會開幕時以火藥摧毀國王和議會，所幸計畫被及時揭露，避免了一場災難。然而，此事件對英國社會造成了深遠影響，反天主教的情緒從此深入人心

　　詹姆士一世的治下，英國的宗教和政治格局發生了重大轉變。其對宗教問題的處理，尤其是對清教徒的壓制，最終成為英國內戰的導火線。君主、國教、清教徒和天主教徒之間的權力博弈，使得和解變得遙不可及。詹姆士一世未能在宗教政策上找到平衡，反而使得各派別之間的衝突更加激烈，為英國歷史的悲劇性篇章拉開了序幕。這個時期的宗教紛爭，不僅反映了當時社會的深刻矛盾，也揭示了統治者在面對多元化信仰時的無奈與困境。

　　除了宗教問題，詹姆士一世在軍事和外交上也有諸多爭議。他厭惡戰爭，忽視海軍建設，導致英國海上力量式微，影響了海外利益。儘管與西班牙達成和約，但英國商人在美洲的貿易權益未能得到保障，顯示出詹姆士一世在外交上的無力。

　　在全球，英國與葡萄牙、西班牙等國在貿易上的競爭也日趨激烈。東印度公司為了保護自身利益，不得不武裝船隻以應對葡萄牙的挑戰。這個時期，英國在亞洲的貿易活動逐漸繁榮，但在美洲和非洲的貿易仍受到限制。

　　整體而言，詹姆士一世的統治充滿了矛盾和挑戰。他未能有效解決國內的宗教紛爭，也未能在國際上為英國爭取到足夠的利益。隨著議會權力的上升和王權的挑戰，英國需要在宗教、政治和軍事上經歷一系列爭鬥，才能走向真正的強盛。

英荷商戰與斯圖亞特王朝的衰落

在西元 16 至 17 世紀的歐洲，英國和荷蘭的商人雖然在抵禦東方的葡萄牙人時一度聯手，但彼此間的仇視卻自始至終未曾消弭。隨著葡萄牙在東方海洋中勢力的減退，英荷商人之間的敵意愈發深刻。在詹姆士一世和查理一世的統治下，荷蘭東印度公司的實力遠超英國東印度公司。當時，荷蘭正處於一個相對安全的時期，西班牙的威脅已成過去，而法國的壓力尚未顯現。儘管荷蘭的國土面積不大，但其富強程度卻令人驚嘆，科學和藝術領域均處於世界領先地位，並且掌控著海上貿易的命脈。荷蘭人以運輸者的身分主宰著全球貿易，使得英國商人倍感窘迫。連伊莉莎白一世時期開創的俄羅斯貿易也被荷蘭奪去。荷蘭商人甚至在英國的捕魚區肆無忌憚地捕撈，並驅逐了錫蘭島和麻六甲海峽丁香群島上的葡萄牙人。西元1623 年，荷蘭人在安波衣拿進一步屠殺了島上的英國人。面對這一切，詹姆士一世無計可施，直到克倫威爾執政，英國才迫使荷蘭人賠償過去的恥辱和損失。

面對荷蘭的強勢，英國東印度公司將目光轉向印度大陸。詹姆士一世時期，他們在蘇拉特設立了貿易站點，而在查理一世時期，英國在馬德拉斯建立了聖喬治要塞，並在孟買設立了其他商業據點。這些微小的商業據點成為大不列顛對印度統治的開端。東印度公司的商人不僅依靠外交手段在當地君主宮廷中打破葡萄牙的壟斷，還能在海上用炮火摧毀葡萄牙人的船隻，為英國在印度的擴張奠定了基礎。

然而，詹姆士一世執政期間，英國海軍的實力逐漸削弱，海上霸主的地位受到挑戰。國王對外國船艦在英國海峽的挑釁視而不見，北非海盜在

◆ 英荷商戰與斯圖亞特王朝的衰落

海上劫掠無人制止，西班牙和荷蘭對英國的挑釁也未被有效遏制。為安撫西班牙大使，詹姆斯甚至處決了英國航海家華特·雷利，導致英國喪失海上霸主地位長達30年。商人和航海者對斯圖亞特王朝的怨恨日益加深，認為新君主背棄了伊莉莎白女王對抗西班牙的政策。查理一世試圖透過徵收非法船稅重建海軍，但為時已晚，無法挽回人民對王室的不滿。內戰爆發時，查理建造的艦隊反而倒戈加入反對派，英國的海港響應議會的號召。「三十年戰爭」進一步暴露出詹姆士和平政策的無力。忽視海軍建設讓英國無法阻止西班牙軍隊通過海峽，也無法迫使列強接受調停。詹姆士一世的政策失誤導致英國海上霸權的衰落，國內政治和宗教矛盾加劇，為內戰埋下禍根。英國需要一位如伊莉莎白女王般睿智的君主，重振海上地位，維護新教和議會的利益，方能避免更大的動盪和災難。

在查理一世繼位後的英國，政治局勢依然動盪不安，國王與議會之間的矛盾日益激化。查理一世的統治以一系列不當的決策開始，特別是他多次未經充分準備便發動海外軍事冒險，結果皆以慘敗收場，進一步削弱了王室的威信。這些失敗的遠征主要是為了支持法國的新教徒胡格諾派對抗法王路易十三的首相黎希留，然而查理一世低估了黎希留的實力，反而激怒了這位權勢滔天的樞機主教，導致英國在國際舞臺上蒙羞。

在國內，查理一世的專橫統治引發了議會的強烈不滿。他未經國會同意擅自徵稅，並允許軍隊在各地駐紮、任意逮捕平民並施以軍法審判。這些行為遭到國會的譴責，並在《權利請願書》中被明確指責為非法。儘管查理一世最終不得不讓步以獲得國會批准新稅，但《權利請願書》成為英國議會爭取權利的重要里程碑。

然而，查理一世並未放棄對議會的控制，他解散了國會，並囚禁了反對他的議員。面對國王的專橫，許多英國自由的捍衛者挺身而出，其中包

括鄉紳厄里奧特和法學家科克。厄里奧特因拒絕向專制低頭而被囚禁，最終殉身獄中，成為捍衛英國法律與自由的烈士。科克則以其對普通法的堅持，成為反對王權專制的重要力量。他主導起草的《權利請願書》，成為英國憲政史上的重要文件，強調法律必須獨立於王權，只有國會才能修改法律。

在這場權力的角力中，英國普通法與特權法之間的爭鬥反映了十七世紀英國社會的深刻變革。約翰·漢普登拒繳船稅案成為這場法律爭端的代表，儘管國王在法庭上獲勝，但失去了民心。這場爭鬥不僅關乎法律和政治，更涉及宗教、思想和社會秩序的重塑。

大主教勞德的宗教改革進一步激化了矛盾，他試圖強化主教的權力，壓制清教徒，導致清教徒的大規模移民和不滿。勞德的宗教政策成為內戰爆發的導火線，而他的高壓統治也為查理一世的專制統治埋下了危險的伏筆。清教徒逐漸成為圓顱黨的中堅力量，等待著迫使查理召集國會的契機。

英國自由的捍衛者們，儘管出身背景迥異，卻因共同的使命而結合在一起，為英國的憲政發展奠定了基礎。這場爭鬥最終引發的內戰，成為英國從專制走向民主的重要轉捩點。

◆ 政治野心與宗教衝突：溫特渥斯的兩難

政治野心與宗教衝突：溫特渥斯的兩難

在查理一世的英國，政治與宗教的交織成為時代的核心主題。國王與國會分別投向不同的宗教派系，形成一幅錯綜複雜的政教圖景。國王支持的英國國教強調權威，這與君主專制的思想相符；而國會則與清教徒結盟，支持教眾自治的理念，兩者理念相通。在這兩大陣營之間，溫和的中間派也不容忽視，他們的影響力足以左右局勢。溫特渥斯·托馬斯便是這類人物的代表，他曾是國會中反對國王專權的急先鋒，對國王的獨斷專行感到痛心。然而，他並不信任由平民選出的議會能夠有效治理國家。出於政治野心，他認為自己的治國能力超過國會和國王。

溫特渥斯早期支持《權利請願書》，但隨著時間推移，他卻努力削弱它，試圖模仿黎希留和俾斯麥的專制統治。然而，英國的歷史背景與社會結構使他的努力注定無法成功。作為愛爾蘭的大代表，他展現了行政才能，但同時也顯露出專制的一面。他對下屬的意見置若罔聞，嚴厲打壓不同聲音，這種作風被他稱為「徹底」，卻被他人視為暴虐。

在愛爾蘭，他的土地政策得罪了天主教徒和新教徒，將愛爾蘭人的土地交給英國地主，激化了愛爾蘭與英格蘭的矛盾。西元1641年天主教徒的叛亂便是這種政策失敗的直接後果。溫特渥斯與坎特伯里大主教勞德試圖提高王權和英格蘭教會的權威，但這樣的舉措反而加劇了英國內部的矛盾，為後來的內戰埋下了禍根。

溫特渥斯的政策在愛爾蘭的失敗，不僅暴露了他的治理局限性，也預示著英格蘭將面臨更大的動盪。他的野心和政策最終未能如願，不僅無法鞏固英國的統治，反而激化了內部矛盾，導致了更大的政治危機。儘管在

這場爭鬥中，英國的自由傳統得以保存，但代價卻是慘痛的。溫特渥斯的經歷提醒後人，政治野心和宗教衝突的交織，往往比預期更為複雜與危險。

17 世紀的英國，宗教與政治的糾葛成為引發內戰的重要原因。英格蘭和蘇格蘭在宗教改革時走上了不同的道路，這種分歧加劇了兩國之間的政治緊張局勢。在英格蘭，宗教改革後的教會仍保留了中世紀的形態，教會的組織結構依然牢牢掌握在僧侶手中，世俗勢力只能透過君主和議會對教會施加影響。然而，蘇格蘭的宗教改革卻走上了另一條路。蘇格蘭的長老派主張教會應該主導國家事務，世俗勢力能夠直接參與教會的組織和管理。在瑪麗・斯圖亞特女王的統治下，蘇格蘭的政教關係變得更加複雜，貴族在推翻舊教中扮演了重要角色，但宗教權力的分配卻多由教會內部決定。

斯圖亞特王朝未能深刻理解英格蘭和蘇格蘭之間的差異，導致政治決策上頻頻失誤。詹姆士一世錯以為英格蘭國會會如蘇格蘭國會般聽命於君王，而查理一世則誤認為蘇格蘭教會會如同英格蘭教會般順從國王的意志。查理一世不僅在英格蘭廢除國會，還試圖在蘇格蘭教會內推行勞德大主教所編纂的《祈禱書》，這些舉動觸動了兩國人民的敏感神經，最終導致其統治岌岌可危。

宗教分歧在英格蘭和蘇格蘭都成為政治矛盾的核心。蘇格蘭的教社會議在反抗查理一世的運動中發揮了主導作用，但其專橫的作風也引發了貴族的不滿。相較之下，英格蘭的宗教爭端則演變成國王與國會之間的權力角逐。部分英格蘭人要求完全改革教會儀式，並容納世俗人士參與教會事務，而國王則堅持維護《祈禱書》的地位，導致矛盾加劇。

西元 1638 至 1640 年間，蘇格蘭爆發的叛亂成為不列顛革命的關鍵事

◆ 政治野心與宗教衝突：溫特渥斯的兩難

件。蘇格蘭人以武力挑戰查理一世，喚醒了英格蘭人對抗專制統治的意識，為日後的革命奠定了基礎。蘇格蘭的奮鬥精神，成為點燃不列顛革命導火線的關鍵因素。這場宗教與政治的糾葛不僅影響了當時的英國，也成為其邁向現代國家過程中不可忽視的重要課題。

蘇格蘭的抗爭與英格蘭的變革

在 17 世紀的蘇格蘭，高地的風氣尤為激烈，貴族和平民都深受封建制度的影響，隨時準備為了榮譽而戰。西元 1638 年，蘇格蘭的封建首領們開始反抗國王查理一世的統治。他們對國王的政策感到不滿，尤其是對強加主教制感到憤怒。蘇格蘭的每個教區都擁有現成的組織，這為反抗運動提供了堅實的基礎。西元 1638 年，蘇格蘭人再度締結與上帝的盟約，這個舉動掀起了全國的熱情，猶如羅伯特・布魯斯時代的再現。

格拉斯哥教會會議的召開，象徵著蘇格蘭人民勇敢反抗國王的決心。儘管國王下令解散，會議依然宣布廢除主教制，恢復長老制的教會自治。阿蓋爾伯爵的支持，尤其是他所領導的坎貝爾家族的參與，讓低地的長老派和平民派聯盟更加堅固。而與坎貝爾家族敵對的氏族則選擇支持斯圖亞特王朝，這些分歧對蘇格蘭的未來產生了深遠影響。

當時的蘇格蘭經濟困窘，許多青年為尋找生計遠赴歐洲。他們在新教軍隊中服役，並在祖國需要時返回，組成了一支由亞歷山大・萊斯利領導的紀律嚴明的軍隊，準備抵抗國王查理一世的軍隊。

與此同時，英格蘭的長期議會在政治格局中扮演了關鍵角色。長期議會的召開是英國人民面對國家問題並尋求改革的重要一步。議會組建了一支強大的軍隊，並在與王室的爭鬥中顯示了非凡的組織能力和執行力。雖然長期議會未能完全實現所有改革目標，但它為後來的政治變革奠定了基礎，並改變了英國的政治生態，使君主再也無法獨攬大權。

在這個過程中，眾議院的地位日益突出。得益於委員會制度的發展和

◆ 蘇格蘭的抗爭與英格蘭的變革

倫敦的支持,眾議院逐步確立了其在英國政治中的領導地位。倫敦,作為當時世界最大的城市,成為政治運動的核心。這種從君主和貴族向平民議會的轉變,對英國政治制度的現代化進程具有深遠影響。

西元 1640 年的議會集結了許多優秀的議員,他們共同推動了對斯屈拉福德的彈劾,並廢除了多個壓迫性的特權制度。這一系列改革行動象徵著英國憲政的重大進步,儘管在宗教改革上尚未達成一致,但安全國家的建立已經成為優先任務。這些變革為英國從專制走向民主奠定了重要基礎,並為後來的政治發展提供了寶貴的經驗。

理想與現實的衝突：
英國內戰的深層解讀

　　英國內戰是一場不僅關乎政治權力的對抗，更是理想與現實的激烈碰撞。這場戰爭的根源在於國王與國會之間的深刻分歧，尤其在宗教與政治控制權的問題上。當時，清教徒與盎格力幹兩派在如何改良教會的問題上意見相左，無法形成統一戰線。更為致命的是，國王查理一世因試圖擁有對武裝力量的控制權，進一步激化了與國會的矛盾。他魯莽地闖入下議院，試圖逮捕五名議員，這個舉動使得雙方的對立達到頂點。

　　在這樣的背景下，英國內戰無可避免地爆發。國會一方，圓顱黨在下議院占據壓倒性優勢，但在上議院則被騎士黨壓制。儘管兩軍中均有追求私利的投機者，但騎士黨和圓顱黨各自的忠誠與熱忱無可置疑。騎士們以勇敢著稱，而圓顱黨人則展現了自制與理想的熱情。

　　值得注意的是，這場內戰並非階級之爭，也不是腐朽社會的瓦解，而是不同政治和宗教理想的較量。當時的英國經濟繁榮，社會結構穩定，但各階層中存在著顯著的政治和宗教分歧。大多數貴族支持國王，而新興的社會階層則傾向於支持國會。這些新階層主要集中在以倫敦為中心的地區，而舊社會則在西北部地區占據優勢。

　　在戰爭初期，地主通常是各地的領袖，貴族多數支持國王，但也有例外。一些貴族如厄塞克斯伯等人則領導了早期的圓顱軍隊。在城市中，尤其是與商業和紡織業相關的地區，圓顱黨更具影響力，而大教堂市及貿易市則偏向騎士黨。農民和佃農大多跟隨地主的立場，除非受到強迫或收買

◆ 理想與現實的衝突：英國內戰的深層解讀

加入戰爭。

整體而言，英國內戰並非單純的軍事衝突，而是一場對未來國家發展方向的理想之爭。儘管戰爭帶來了巨大損失，但它最終促成了英國政治格局的轉變，加速了君主立憲制的建立，為後世的政治發展奠定了基礎。在這場戰爭中，兩派為各自的理想奮鬥不息，展現了英國民主政治形成過程中的艱難與曲折。

策略失誤與英國內戰的命運轉折

在英國內戰中，策略規劃的失誤常常成為決定勝負的關鍵因素。西元1643年，正值內戰如火如荼之際，騎士黨雖然在騎兵和步兵的數量上占據優勢，並在英格蘭西南部取得了一些初步的勝利，但其整體策略卻充滿致命的缺陷。騎士黨領袖們制定了一個以速戰速決為核心的計畫，企圖由約克、泰晤士河流域及西南三路同時進逼倫敦，試圖速戰速決。然而，這個計畫過於依賴地方勢力，忽略了英國地理和政治局勢的複雜性。

在西南戰線上，普吞率領的軍隊本打算在進攻倫敦的途中，支援肯特的騎士黨起義，然而，這支部隊主要由康瓦爾和德文郡的臨時義勇軍組成，這些士兵不願長期離家，士氣低落。此外，雖然布里斯托被攻陷，但圓顱黨的重要據點如格洛斯特和陶頓仍然屹立不倒。這些城市的堅守削弱了騎士黨的進攻力，阻礙了其進軍倫敦的計畫。

當騎士黨的部隊圍攻格洛斯特時，倫敦的工匠們在工頭的號召下，放下手頭的工作，組成援軍，趕往格洛斯特解圍。這個舉動有效地挽救了圓顱黨在西部的勢力，並顯示出圓顱黨在動員和組織能力上的優勢。騎士黨的策略錯誤在於忽視了攻下這些關鍵城市的重要性，並過於依賴地方的臨

時軍隊，而缺乏一個統一的全域性計畫。

與此同時，圓顱軍在財力和組織上的優勢逐漸顯現。他們不僅能夠依靠倫敦等富庶地區的支持，還在稅收和後勤上進行了有效的改革，這使得其軍事行動更具永續性和靈活性。反觀騎士黨，過於依賴地方勢力和臨時招募的軍隊，導致了策略上的分散和疲軟。

這一系列的策略失誤，最終決定了騎士黨在內戰中的命運。英國內戰的歷史告訴我們，制定正確的策略和協調各方力量的能力，是戰爭勝利的關鍵。騎士黨的失敗不僅在於軍事力量的差距，更在於策略規劃的不足和對全域性局勢的誤判。這些教訓深刻影響了後來英國的軍事和政治發展，成為歷史的警示。

克倫威爾與新模範軍：英國內戰的轉折

在英國內戰的烽火中，奧立佛・克倫威爾意識到議會軍隊的騎兵素養遠不及保皇黨的精銳。這些議會騎兵多為年老僕役和沉迷於酒的庸人，缺乏紀律與鬥志，與保皇黨的騎士形成鮮明對比。作為一名受人尊敬的清教徒鄉紳，克倫威爾決心改變這個現狀。

他回到束盎格利亞，從自由農民和小資產階級中招募新兵，組建一支披胸甲的騎兵隊伍。這些新兵並非為了金錢而參軍，而是為了捍衛公共利益。克倫威爾對他們進行嚴格的軍事訓練，激發他們的宗教熱忱，使這支軍隊自始便具有濃厚的民主氣息和不拘泥於清教形式的宗教信仰。

這些舉措為日後新模範軍的建立奠定了基礎。新模範軍的崛起，不僅象徵著軍事力量對比的轉折，更預示著社會力量的重大變革。代表資產階級和新興市民階層利益的國會派，終於擁有了一支足以抗衡保皇派的軍

理想與現實的衝突：英國內戰的深層解讀

隊。這支軍隊的民主作風和宗教熱忱，反映出清教革命的理想和追求，使英國社會進入一個深刻的變革時期。

克倫威爾的「老鐵騎軍」，以其堅定的信仰和無畏的勇氣而聞名於世。他們不僅是一支精銳軍隊，更代表了一種嶄新的精神風貌。與其信奉世俗所謂的「紳士」，不如相信那些披著黃褐色大衣的隊長們。他們為信仰而戰，愛他們所信仰的一切。

「老鐵騎軍」的雅號最初是贈與克倫威爾個人的，但不久便為全軍所公用。他們的出現開啟了英國戰事和政治史上的新篇章。在根茲巴羅和溫斯卑的戰役中，他們擊敗了北方騎士黨的軍隊，阻止了敵人繼續向林肯郡推進。這個勝利鞏固了國會在北方的勢力，為議會軍贏得了寶貴的時間和空間。

然而，僅僅阻止騎士黨向倫敦進軍還遠遠不夠。戰事的延續已使國人心生厭倦，人們渴望早日結束這場內戰。面對這樣的困境，國會與蘇格蘭達成協定，獲得了蘇格蘭軍隊的支援。這是庇姆去世前的最後一項成就。

馬斯頓荒地一戰中，克倫威爾的東英格蘭軍、費爾法克斯的約克郡清教軍以及蘇格蘭將領亞歷山大和大衛·萊斯利率領的軍隊聯合起來，組成了 22,000 人的大軍，幾乎殲滅了 18,000 人的北方騎士和魯珀特聯軍。這是整個戰事中規模最大的一場戰役，魯珀特和他曾經無敵的騎兵都敗於「老鐵騎軍」之手，北英格蘭也一舉落入圓顱黨的版圖。

克倫威爾和他的新模範軍，成為這場變革的先鋒力量。他們的故事啟示我們，真正的紳士並非取決於出身或外表，而在於內心的高貴品格和堅定信念。這種精神，讓「老鐵騎軍」成為英國歷史上一支傳奇式的軍隊，並為後世留下了寶貴的精神財富。

紀律與混亂：英國內戰的雙重面貌

西元 1645 年，英國內戰進入白熱化階段，國會與騎士黨之間的對抗愈加尖銳。隨著國王查理一世的財政狀況日漸惡化，騎士黨軍隊的紀律也開始瓦解，劫掠之風盛行。這支軍隊雖然擁有勇猛的騎士，但他們習於逞勇鬥狠，卻不知紀律為何物。內部爭執頻繁，或因宗教政見不合，或為位次高下爭鬥，更多的則是源於個人恩怨。這些舊日武士雖英勇善戰，但各自為政，不尚統一號令，使得騎士黨軍隊從始至終飽受其害。

騎士黨的騎士們對叛軍中整齊嚴明、虔誠唱詩的士兵不屑一顧，甚至慶幸自己不至如此寒酸。然而，正是他們散漫不羈的劣習，成了致命的弱點。由於缺乏軍餉，領袖們只能坐視部下飢寒交迫，放任他們到處劫掠、斂財自給。戰事後期，甚至連向來忠於國王的西南地區，也迫切盼望著騎士黨軍隊盡快撤離，以便迎接議會軍隊的到來。

克拉倫敦曾指出，騎士黨將領麾下的士兵，原本嘲笑叛黨放蕩乖張，卻最終犯下同樣的過錯，毫無顧忌。反觀議會軍隊，紀律嚴明，將士勤奮清醒，日新月異。因此，他們的勇氣、決斷力與作戰敏捷，都隨之增強。這形成了強烈的對比：一方用混亂來保衛王室，另一方卻用紀律來顛覆國王。

同年夏季，長期議會證明了集議式政府相較於個人統治的優越性。納斯比及西部的費爾法克斯，與克倫威爾的騎兵合作，制定了集中殲滅國王軍隊的策略。在納斯比地區，他們成功擊潰了敵軍，保騎士黨的士氣因此急遽下降。議會軍隊中裝備精良的砲兵部隊和出色的步兵戰術，使得敵軍難以憑藉險要地形防守。納斯比戰役後，牛津於 12 月議定投降，內戰幾近結束。

◆ 理想與現實的衝突：英國內戰的深層解讀

從康沃爾到柏立克，英格蘭全境都歸順於國會的號令。儘管蒙特羅斯在蘇格蘭的冒險一度打破了柯克的世俗權力，但除了成為傳頌的佳話外，未對主要戰局產生實質影響。這場內戰的結局，彰顯了紀律嚴明與混亂無序的鮮明對比，為英國政治格局的重塑奠定了基礎。

圓顱黨的勝利與失落

英國內戰的勝利者——圓顱黨，初時不僅在物質和軍事上占據優勢，還在精神層面上贏得了輝煌的勝利。這場戰爭的結果令許多中立者和敵對勢力對新模範軍的崛起心悅誠服，甚至對於失敗的騎士黨，圓顱黨並未遭遇強烈的仇視。然而，這種看似穩固的勝利，卻在短短數年內轉為失落的機會。

在第一次內戰結束後，圓顱黨面對著一個解決英國問題的絕佳機會。然而，這個機會在三年內迅速消逝，最終導致英國依賴專制的武力來重建秩序。西元 1660 至 1662 年的王政復辟雖然不如西元 1647 年本可達成的方案理想，但卻成了當時保全國家的唯一選擇。查理一世的處決則象徵著政府運作的無奈終結，並試圖建立一個名義上的共和政權以防止無政府狀態的蔓延。

在第一次內戰結束到懷特霍爾前的悲劇之間，勝利的國會與被俘的國王之間的複雜關係，以及圓顱黨內部的分歧，導致了一連串的政治陰謀和軍事行動。這些事件的交織，最終使得共和理想變成了一個失敗的機會，讓英國不得不走上充滿艱辛的道路。

長期議會在戰時表現出色，但在和平時期卻無法有效利用勝利的地位。這樣的矛盾在歷史上並不罕見。戰時的義勇在和平中因權力而智昏，

失去判斷力。長期議會自以為得到了最高權力，驕傲自滿，完全不顧英格蘭的真實情況，類似於查理一世在全盛時期的錯誤。

長期議會未能在內戰後維持永久和平，主要原因在於宗教分歧和對待戰敗方的態度。宗教分歧使得長期議會中各派系無法達成共識，而對戰敗方的剝削政策則加劇了社會的對立與仇恨。此外，長期議會對宗教的打壓和軍隊的忽視，使得軍隊成為一個重要的政治派別，逐漸被激進派思想所左右。這種種舉動最終導致長期議會的衰落，無法鞏固內戰後的和平局面。

圓顱黨的勝利與失落，展示了在權力面前的脆弱與人性中的矛盾，為後世留下了深刻的教訓。

◆ 克倫威爾的矛盾與抉擇

克倫威爾的矛盾與抉擇

奧立佛・克倫威爾在英國內戰時期的角色極具影響力，他的政治手腕和個性在國王、議會及陸軍的權力角力中發揮了決定性的作用。儘管他在西元1647年時僅為議會中一個不起眼的後排議員，名義上也未成為陸軍的最高統帥，但他的個人魅力與影響力早已讓他成為各方勢力的領袖。

克倫威爾面對國王、議會及陸軍各自堅持己見、始終無法達成共識的僵局，展現了他獨特的政治智慧。他是一個善於把握時機、隨機應變的機會主義者。他總能針對不同情勢提出多達二十種可能的解決方案，只要各方願意虛心接納。他與愛耳吞聯名向查理國王提出的《提議諸大綱》，無疑是當時所有方案中最出色的。他們提議宗教容忍、禱告書的自由採用、去除主教的強制權力、停止沒收騎士田產等進步措施。然而，國王僅將磋商視為一種戲耍的伎倆，並不認真看待。

克倫威爾在這場政治博弈中，只能代表他自己及少數理性之聲，無法獲得任何一方勢力的全力支持。他們意識到，除非能與陸軍保持一致，否則便無足輕重。克倫威爾因此經歷了情感上的巨大轉變。他的政敵總愛將他的禱告與懺悔視為虛偽的表演，然而，這恰恰是他能在動盪不安的年代中脫穎而出，並最終掌握大局的關鍵。他不拘泥於教條，而是立足現實，審時度勢，化解危機。

克倫威爾的性格是理解他行為的關鍵。他的緩和與疾惡武力，常被他追求問題解決方案的天性所折損。在革命時期，協定往往難以達成，克倫威爾雖樂見協定成立，但若不可得，他也只得以快刀斬亂麻的方式求出路。政府的運作不能停滯，即使有悖他的意願，他也會果斷行動。常識是

克倫威爾智力的主要特質，但常被他氣質上的興奮所掩蓋。這種興奮使他變得非常堅定，無所疑懼。

克倫威爾的靈活性格讓他能夠適應不同局面，但他的堅定信念又使他在關鍵時刻毫不動搖。這種性格特質造就了他跌宕起伏的人生，也讓他成為英國歷史上最獨特的領袖之一。即便面對無數次的政治風暴，克倫威爾始終保持著一種與時俱進的智慧，這正是他能在英國內戰的激流中屹立不倒的原因。

克倫威爾的征服與改革：共和國的艱難奠基

在那動盪的年代，共和國的領袖們崛起於內戰與革命之中，以非凡的勇氣和智慧帶領國家度過了最黑暗的歲月，奠定了共和國的基礎。克倫威爾並非唯一的傑出人物，其他如汾、布萊克、艾爾頓、門克及米爾頓等人也都是名臣，他們共同在危機四伏的環境中，塑造了共和國的命運。

西元 1649 年初，弒王政府面臨著內外交困的局面。海軍叛變，海權落入敵對勢力手中，海外殖民地如維吉尼亞和巴佩道斯拒絕承認篡位者的權力，歐洲各國視其為人類公敵，英國一時成為孤家寡人。然而，憑藉克倫威爾的軍隊和布萊克的艦隊，領袖們成功化解了這些危機，維持了國家的完整。

在征服愛爾蘭後，克倫威爾實施了一系列土地重分配政策，將大量土地分配給英格蘭士兵和資本家，以鞏固征服者的統治地位。他的政策意圖削弱愛爾蘭的反抗勢力，並試圖從宗教上改變當地格局，將天主教徒的土地轉移給新教徒。這些政策雖然殘酷，但在克倫威爾去世後依然對愛爾蘭產生了深遠影響，成為歷史上的一個重要轉捩點。

◆ 克倫威爾的矛盾與抉擇

　　克倫威爾對蘇格蘭的征服同樣具有深遠影響。儘管蘇格蘭內部存在長老派和騎士派之間的仇恨，克倫威爾的軍事威懾最終使蘇格蘭臣服。他將不列顛全島合併成一個共和國，允許蘇格蘭議員加入不列顛國會並享有同等地位。這帶來了顯著的經濟利益，蘇格蘭能夠自由貿易，並獲得進入英格蘭海外市場的便利。克倫威爾的治理下，蘇格蘭的治安和經濟都取得了進步，但人民也需承擔沉重賦稅。

　　克倫威爾的征服與改革，不僅鞏固了共和國的基礎，也為日後不列顛的進一步融合打下了基石。在那個充滿挑戰的時代，領袖們以堅韌不拔的意志和卓越的領導才能，帶領國家走向新的曙光。

羅伯特‧布萊克與英國海上霸權的崛起

　　在17世紀中葉，英國內戰的硝煙瀰漫全國，這場衝突不僅在陸地上演，也在海上掀起波瀾。羅伯特‧布萊克在這個關鍵時期崛起，成為克倫威爾的得力助手，以其卓越的海軍指揮能力，為英國的海上霸權奠定了堅實的基礎。

　　布萊克的軍事生涯始於內戰期間，他迅速嶄露頭角，尤其是在海上戰役中，他的才能得到了充分的展現。他領導英國海軍在愛爾蘭和葡萄牙海域追擊並殲滅保皇派的魯珀特親王艦隊，這一系列勝利不僅彰顯了英國的海上實力，也為日後英國在地中海的利益提供了保障。

　　布萊克的策略眼光不僅限於軍事勝利，他更識時務地推動了英國與荷蘭在海上貿易上的競爭。荷蘭長期壟斷北歐、美洲、非洲和印度的海上貿易，甚至侵占英國及其殖民地的漁業。為了打破這個壟斷，英國於西元1651年頒布了《航海法案》，這部法案旨在限制外國船隻進入英國港口，

以維護英國的海上貿易利益。

《航海法案》的推行加劇了英荷之間的緊張關係，導致了西元 1652 至 1654 年間的第一次英荷戰爭。這場戰爭雖然短暫，但其影響深遠，象徵著英國開始挑戰荷蘭的海上霸主地位。布萊克在這場戰爭中展現了卓越的指揮才能，英國海軍在他的帶領下，逐漸展現出與荷蘭艦隊抗衡的實力。

儘管英國要到 18 世紀初才最終戰勝荷蘭，成為海上貿易的霸主，但這場競爭的起點卻可以追溯到共和國時期。布萊克的功績不僅僅在於他的軍事才能，更在於他為英國海上力量的發展奠定了堅實的基礎。他的海軍改革和策略眼光，使得英國能夠在全世界與其他海上強國展開競爭，最終成為 18 世紀的海上霸主。

布萊克的影響力不僅限於軍事，他的成就也反映在英國內部政治與經濟結構的變遷中。隨著國內商人集團的崛起，英國開始在全球航運市場上占據主導地位，布萊克的海軍傳統與政策措施成為英國長期海上霸權的基石。

克倫威爾的遺產：理想與現實的交錯

奧立佛・克倫威爾的時代，是一個充滿矛盾與激烈變革的時代。他在英國的政治舞臺上扮演著複雜的角色，既是護國者，也是改革者。他的政策，尤其是在宗教和外交上的立場，深刻地影響了英國的歷史發展。

克倫威爾希望透過與荷蘭的議和來維持和平，但他不得不面對與西班牙不可避免的對抗。英國商人和殖民者的利益要求他們在西班牙的殖民地自由貿易，而西班牙則無法接受這樣的挑戰。克倫威爾延續了伊莉莎白女王時期的政策，堅定地支持英國在全球的商業利益，這使他與西班牙的關

係緊張。儘管在伊斯帕尼奧拉島的遠征中遭遇失利,克倫威爾成功地占領了牙買加,這象徵著英國在西印度群島的重要立足點,為其日後成為全球性帝國奠定了基礎。

然而,克倫威爾的外交成就並不如表面上那麼輝煌。他在歐洲政治舞臺上的影響有限,對於保護新教徒的努力固然令人欽佩,但對歐陸政治格局的改變微乎其微。他對西班牙的戰爭,主要是為了爭奪殖民地利益,對英國本土的直接影響不大。克倫威爾的軍事行動雖然勇敢,但在當時的國際局勢下,並未帶來長久的改變。

在內政方面,克倫威爾面臨著巨大的財政壓力。他的軍國主義和帝國主義政策耗費了大量資源,使得國家財政陷入困境。他透過重稅和變賣土地等手段試圖緩解財政壓力,但效果有限。克倫威爾在臨終前努力尋求解決方案,試圖在不依賴軍隊的情況下維持政府運轉,但始終未能達成。

克倫威爾的執政生涯是一段理想與現實交錯的歷史。他試圖維護國會制度和立憲君主制,但卻因無法調和各方利益而陷入困境。他的努力和掙扎,反映了英國社會在君主制、共和制和軍人政府之間的徘徊。儘管克倫威爾未能完全實現其理想,但他的改革和堅持為英國未來的民主政治奠定了基礎,在歷史的長河中留下了不可磨滅的印記。克倫威爾的一生,既是對理想的追求,也是對現實的妥協,為後世提供了深刻的歷史教訓。

克倫威爾的宗教遺產與清教運動的影響

奧立佛・克倫威爾的去世在英國歷史上留下了深刻的印記。他生前的政治和宗教改革為英國的未來奠定了基礎,即便他的逝世引發了一段動盪時期,但在門克將軍的領導下,英國逐漸恢復了穩定。克倫威爾的宗教政

策以其相容並蓄的特點尤為引人注目。在他的統治下，英國國教會內的宗教多樣性得以保留，各派清教徒可以平等地享有職位，而新興教派也能自由發展。這種宗教寬容政策促進了清教各派在英國的和平共存，雖然在政治上未能達到同樣的成效。

然而，克倫威爾的宗教政策並非沒有缺陷。未能讓英國國教徒充分參與國教會的生活是一個致命的不足。儘管他在天主教徒的待遇上有所改善，廢除了針對他們的懲戒法律，但彌撒仍未獲得法律許可。貴格教派在克倫威爾的支持下興起，成為英國宗教史上富有創造力的貢獻之一。貴格教強調每個信徒都能直接從上帝獲得啟示，這在平民中激起了信仰的復興。然而，隨著時間的推移，貴格教逐漸轉向消極的靜默主義。

清教運動對英國的教育事業也產生了深遠影響。雖然教育事業因政府和社會的支持而蓬勃發展，但宗教紛爭卻對校園造成了負面影響。宗教和政治的爭鬥不斷，干擾了正常的教學秩序，導致 18 世紀的學術沉寂。清教徒在掌權時期的排他性政策引起了普遍不滿，導致復辟後社會對他們的反感。然而，清教運動推動了英國的議會制度和宗教包容，對社會進步的貢獻不可忽視。

克倫威爾及其追隨者在政治變革中獲得的財富和社會地位，在王政復辟後引發了爭議。許多克倫威爾派系的人失去了新獲得的田產，尤其是在英格蘭，這顯示出復辟後的社會對清教徒的敵意。儘管克倫威爾的政策在某些方面未能持續，但他的宗教和政治遺產在英國歷史上占有重要地位，影響深遠。他所推動的宗教多樣性和思想自由，成為英國宗教變革的重要基礎。克倫威爾的影響不僅限於他的時代，而是持續影響著英國的宗教和政治發展。

◆ 英格蘭的轉變：從農村到現代社會

英格蘭的轉變：從農村到現代社會

　　17世紀的英國農村生活充滿了艱辛與挑戰，但在這種嚴苛的環境中，人們卻能夠與自然和諧共處，展現出一種珍貴的純樸美。當時的手工匠人被視為真正的藝術家，他們能夠自由地發揮創意，製作出精美的手工藝品，這與現代工人被機械化生產限制的情況形成了鮮明對比。

　　在這個時代，英國的城市和農村之間界限模糊，都市生活與自然環境緊密相連。即使是倫敦這樣的大都市，居民也能輕易接觸到自然，例如透過泰晤士河享受河畔的風光，或在市郊的山岡草地上休閒。城市居民對鄉村生活的變化瞭如指掌，因為這些變化同樣影響著他們的生活。城市與鄉村相互交織，形成了一幅獨特的社會圖景。

　　隨著17世紀的進展，英格蘭開始經歷一系列社會和經濟的變革。農村地區的工藝和製造業逐漸興盛，許多商品不僅在國內市場銷售，甚至打入了國際市場。這個趨勢促使農村居民的視野逐漸擴大，他們與其他職業的從業者開始頻繁交流，促進了全國的連繫。

　　在這個時期，自由農民的數量和重要性逐漸增加，成為英格蘭社會中不可忽視的力量。他們不僅在經濟上取得了相對的獨立，也在政治上扮演了重要角色。自由農民的獨立精神和開明態度，使英格蘭的社會結構逐漸由封建主義向現代化轉型。

　　然而，農村中的無產階級仍然存在，數量甚至超過了自由農民和小康佃農。這些窮人要麼靠打零工為生，要麼依賴公共土地勉強維持生計，生活艱難。而在社會的邊緣，還有吉普賽人、流浪漢和各種行業的遊民，他

們的存在為英格蘭的農村增添了一抹色彩。

17世紀的英格蘭正處於轉型的關鍵時期，農村生活與城市生活的界限模糊，社會結構的變革正在悄然進行。這個時期的英格蘭，不僅在經濟和政治上發生了深刻變化，也在文化和社會層面上展現出一幅豐富多彩的畫卷。這些變化為後來的工業革命奠定了基礎，並塑造了現代英格蘭的雛形。

英格蘭村民的獨立之路：從農奴到自由農民

在伊莉莎白一世至喬治三世時期，英格蘭村民的生活經歷了巨大變革。這段時期，雖然市鎮人口有限，但鄉村地區的工藝和製造業卻迅速發展。農村居民透過生產各種商品，不僅能夠供應國內市場，還可以進軍國際市場。隨著中世紀孤立狀態的消解，農民與不同職業的人群開始互動，貿易促進了全國的交流，擴展了村民的視野，提升了他們的智慧。

在法國和德國，農民仍被封建制度束縛，而英格蘭的村民則開始為獨立發展做好準備，無論是在宗教、政治還是工業方面。他們中許多人成為「始遷祖」，建立了新英格蘭自由自治的鄉村社群，這是中世紀農奴無法想像的成就。相較之下，同時期的法屬加拿大殖民地仍然由貴族和僧侶統治，像是中世紀農村的延續。英格蘭的殖民者則具備自治能力，融入了半工業化特徵，並熟知經濟和知識變革，這種獨立精神來自於英格蘭村民在社會變革中的磨練。

新的農業革命和圈地運動改變了英格蘭農村的社會結構，增加了小康佃農和自由農民的數量，提升了他們的社會地位。自由農民被認為是英格蘭獨有的階層，他們在農村社會中扮演著重要角色。無論是在支持查理一

◆ 英格蘭的轉變：從農村到現代社會

世還是議會的陣營中，自由農民都展現了獨立精神。他們擺脫了過去農奴的束縛，成為社會變革的中堅力量。然而，農村的無產階級仍然存在，大量貧困人口缺乏土地，只能靠零工維持生計。

在斯圖亞特王朝時期，城鄉生活逐漸融合成一個經濟系統，儘管交通不便，各地仍保留獨特的語言和風俗。這個時期，個人獲得的自由和自主性比中世紀或現代社會更大，儘管女性仍然受到傳統束縛。新英格蘭社會的活力和自主性奠定了大英帝國和北美殖民地的基礎，早期移民運動的重要性可與諾曼征服相媲美。

這些移民大多來自英格蘭西南部，習慣於大村莊的生活，抵達美洲後自然地建立了鄉區制度，這種制度最終塑造了北美的命運。他們帶來的自力更生精神和地方自治傳統，對後來美國的發展產生了深遠影響。這些移民的經歷和特質，為新英格蘭殖民地的建立和發展奠定了堅實的基礎。

新英格蘭的開拓者：奠基美國精神的先驅

在斯圖亞特王朝時期，英格蘭的鄉村與城市生活並無明顯區隔，隨著封建制度的衰落，城鄉間逐漸融合成一個統一的經濟系統。儘管如此，各地因交通不便而保有獨特的語言和風俗，形成了多樣化的生活景象。在這樣的背景下，個人享有相對的自由，猶如橡樹般獨立伸展。然而，這樣的自由並未完全惠及所有人，尤其是婦女，她們在法律與習俗的框架下仍受制於男性。然而，莎士比亞筆下和 17 世紀的某些女性形象，顯示了她們不乏個性與品格。

在這樣的社會氛圍中，英格蘭的移民潮開始湧向新大陸，尤其是新英格蘭地區。這些移民多來自英格蘭西南部和中部，他們帶著在大村莊中生

活的經驗，建立起新英格蘭獨特的鄉區制度。這種制度強調自力更生和地方自治，成為北美殖民地命運的基石。這些移民在新大陸的開拓精神，對後來美國的發展產生了深遠影響。

　　新英格蘭的自然環境嚴峻，漫長的冬季和貧瘠的土壤，迫使移民們付出艱辛的勞動。同時，他們也面臨印第安人的威脅。這些挑戰鍛造了移民堅韌不拔的品格，並促成了他們對自由和民主的追求。清教徒移民是為了擺脫英國國教的迫害，尋求宗教自由。他們的社群理想是適中且可控的，這樣的社群不僅能確保生存，也能維持虔誠的宗教生活。

　　儘管土地的肥沃和經濟機會是吸引移民的因素，但宗教動機是他們在新英格蘭艱辛開拓的主要驅動力。這些移民中不乏才能出眾之士，他們的信任和合作，為共同目標而奮鬥，塑造了新英格蘭的社會面貌。清教徒移民的支持者，包括一些富有的貴族和商人，雖然沒有親自移民，但也慷慨資助這些活動，因為這不僅弘揚了他們的宗教信仰，也符合他們的經濟利益。

　　新英格蘭的社會制度以民主為基石，土地的均分和宗教的影響力，使得這裡的民主制度獨具特色。宗教信仰在政治上具有重要地位，但對於不同教派的包容性卻相對有限。這種狹隘的清教主義，迫使一些不合群的信徒遷往其他地區，形成了多樣的宗教社群。

　　海岸線的優勢和豐富的漁場，吸引了人們聚居於此，並促進了航海業和造船業的發展。這些沿海殖民地的繁榮，為新英格蘭的發展奠定了基礎，並在後來的美國歷史中發揮了重要作用。儘管地理環境限制了向內陸的擴展，但新英格蘭的開拓者們，以其堅韌不拔的精神，奠定了美國民主與自由的基石。

◆ 邊陲精神：美國獨立的推動力

邊陲精神：美國獨立的推動力

　　法國人與英國人在北美洲的殖民方式有著顯著的不同，這種差異不僅影響了北美殖民地的發展，也為日後的歷史走向奠定了基礎。法國人沿著聖羅倫士河向內地擴張，以皮毛貿易為經濟目的，與當地原住民保持良好關係。而英國人則在沿海地區建立農業殖民地，為了獲得更多土地，與原住民的關係較為緊張。宗教和政治體制的差異進一步加深了兩者的分歧。法國殖民地在封建制度和天主教影響下，移民受到嚴格管控，需服從國王和教會的權威。相對而言，英國殖民地以清教徒為主，較為民主，殖民者擁有更多自主權。

　　英國殖民地的自治精神在英國內戰期間得到強化，英國國會曾試圖直接管轄殖民地，但未能成功。隨著王政復辟，殖民地與議會的關係反而更加疏遠。這種自治精神在麻薩諸塞展現得尤為明顯。早在查理二世和詹姆士二世統治時期，麻薩諸塞就表現出相當程度的自主性，甚至在西元1683年被取消特許狀後，仍以獨立的態度抵抗英國政府的專制統治。西元1689年的英國革命為這個爭端帶來轉機，麻薩諸塞獲得了新的特許狀，自治權得以恢復，政權不再局限於「教社會員」，而是擴大到殖民地全體人民。

　　這個時期的英國殖民政策在克倫威爾的推動下更加積極，奠定了兩個影響深遠的原則：不同種族在英國國旗下享有平等權利和宗教寬容。這些原則在新併吞的中部殖民地中得到發展，來自不同國家和信仰的移民和諧共處，享有平等的地位和自治權利。北美殖民地的獨特精神正是在新英格蘭的民主傳統與中部殖民地的開明思想交融的結果，最終導致了18世紀的北美獨立運動，催生了今日的美利堅合眾國。

邊陲精神是美國獨特性格的重要元素之一。美國的邊陲不斷向西推進，邊民們勇敢、機警、不畏艱難，渴望成功，具有平等意識，反權威和自立自助的精神。這種性格與沿海地區較為富裕保守的居民形成鮮明對比。當英國與殖民地發生衝突時，沿海城市富裕居民常成為英國的支持者，而被上流社會遺忘的邊民，特別是新英格蘭的清教徒農民，則成為反抗英國統治的主力。這些邊民以其不屈不撓的精神推動了美國獨立的進程，並深深塑造了美國人的性格，使得民主意識、自力更生和開拓進取成為美國精神的重要組成，影響深遠。

英國海上霸權的崛起與美洲殖民地的發展

在 17 世紀後半葉，英國的政商界人士紛紛意識到美洲殖民地的潛在價值，然而他們當時未能預見這些殖民地未來的驚人發展。西元 1700 年，北美沿海殖民地的人口僅有 25 萬，沒有人能夠想像到它們會成長為擁有億萬人口的強大國家。阿帕拉契山脈成為地理與視野的雙重屏障，限制了盎格魯－美利堅人的視野。從英國的角度看，加勒比海的蔗糖種植殖民地與北美沿海地區具有同等重要的地位。英國重視這些海外領土，主要因為它們能夠容納在本土無法立足的人群，如政治異議人士、受壓迫者及負債者，並且能夠提供原料和成為英國工業品的市場。

英國的重商主義政策成為推動殖民地發展的驅動力。《航海法案》的頒布就是這個政策的展現，旨在控制對外貿易。然而，這些政策的結果並不一致：有時候北美殖民地從中獲利，有時則是英國本土和加勒比海的蔗糖種植殖民地受益。在這樣的背景下，新英格蘭的殖民者自然而然地轉向走私活動，這些行為在無意中促進了美洲殖民地的經濟繁榮。

◆ 邊陲精神：美國獨立的推動力

　　17世紀末，英國已經取代荷蘭，成為全球最大的貿易製造國和金融中心。這個貿易優勢建立在其發達的紡織業和遠洋船隊之上。儘管荷蘭在海上貿易中是英國的競爭對手，但英國支持荷蘭獨立，以防止法國的擴張威脅到英國的海上霸權。法國和荷蘭此時都在擴張軍備，雖然起因不同，但客觀上都符合英國的利益，使英國能從中漁利。最終，英國透過靈活的外交策略和雄厚的工商業基礎，擊敗了法荷兩國，奠定了其海上霸主的地位，並深刻影響了隨後的歐洲和世界的發展。

　　同時，在西元1640年，約25,000名英國移民已經定居於新英格蘭，他們大多來自英格蘭的東南和中部地區，被稱為「始遷祖」。這些移民在美國向西擴張的過程中扮演了重要角色，對美國的政治和社會風氣產生了深遠影響。除了自願移民，英國內戰期間的政治犯和戰俘也被強迫流放到西印度群島，成為「有約傭工」。這些自願與非自願的人口流動，共同構成了北美及西印度地區早期英裔移民社會的基礎。

英國復辟：權力的重塑與和解

奧立佛・克倫威爾的軍事獨裁雖然一度穩定了英國的動盪局勢，但他深知僅靠武力無法長久維繫政權。執政的最後幾年，他開始探索重返法治與議會政治的可能。然而，英國的法律與議會制度經過數百年的發展，早已與君主制密不可分，成為國民心中不可分割的整體。國民渴望恢復昔日的權利，但這同時也意味著君主制的復辟成為不可避免的選擇。若克倫威爾得以長壽，他或許會選擇以復辟君主制的方式建立新的憲政體系，然而他的早逝以及兒子理查的無能使得軍隊內部爭鬥不斷，最終導致將領倒戈。為了避免國家陷入無政府狀態，迎回斯圖亞特王朝的繼承人查理二世成為唯一的選擇。

復辟過程中，議會與昔日清教徒勢力若能及早促成君主復辟，或許能為人民爭取到更多的自由權利。這個時期的君主制復辟代表了秩序與自由之間的微妙平衡。雖然並不完美，但卻是英國社會在經歷內戰與專制後的一次自我修正，展現了英國人務實的政治智慧。他們在變革中尋求延續，在傳統中孕育新生，推動了英國憲政的發展。

國會的自由選舉得益於門克將軍的貢獻，他領導著一批愛國軍人，確保了國會的自由選舉，並最終將流亡荷蘭的查理二世召回英國。復辟後，國王查理二世的權力不再如往昔般絕對，許多特權被剝奪，稅收權也需經國會批准。克拉倫登伯爵愛德華・海德在復辟過程中發揮了關鍵作用，他忠心耿耿，隨王室流亡，並不斷提醒查理王子與國內保持連繫。其努力為復辟奠定了基礎。

克拉倫登致力於將政局恢復到西元 1640 年的基礎，儘管不可能完全

◆ 英國復辟：權力的重塑與和解

抹去過去二十年的動盪，但他在西元1660年確立的國王與議會間的均勢，與長期議會初期相仿。經歷革命洗禮的英國急需一個復甦的機會，重建的憲政平衡成為最佳方案。隨著國家實力增強，單靠表面平衡已不足以長久維持，唯有議會掌控財政與外交權力，並與國王的大臣保持密切連繫，英國才能穩步前行。克拉倫登的努力為英國歷史增添了重要的一頁，奠定了君主立憲制的基礎。

克拉倫登的兩難與宗教分裂的陰影

在英國復辟初期，克拉倫登伯爵與查理二世共同面臨著重重挑戰。清教徒與騎士黨的矛盾不斷，社會上層階級的道德觀混亂，使得重建秩序的任務艱難重重。克拉倫登試圖在兩派之間尋求平衡，然而他的古板作風卻無法贏得中間派的支持。查理二世雖然避免了大規模的報復行動，但卻因此引起了騎士黨的不滿。在這個動盪的時期，土地問題成為政治爭鬥的焦點。克拉倫登提出的折衷方案未能滿足各方利益，反而使得許多忠於王室的騎士失去了土地，加劇了騎士階級對新政權的不滿。

西元1661年，騎士國會的選舉結果反映了這種反動情緒的高漲。由托利黨主導的國會採取了一系列針對王權和宗教自由的措施，其激進程度甚至超出了查理二世和克拉倫登的預期。在這場複雜的政治博弈中，克拉倫登和查理二世都難辭其咎。克拉倫登雖然為人正直，但缺乏靈活的政治手腕；而查理二世雖然避免了大規模的流血，卻未能有效控制局面的發展。復辟運動未能實現社會的真正和解，反而加深了各派之間的裂痕，為日後英國政治的發展埋下伏筆。

所謂的「克拉倫敦法典」實質上並非克拉倫登或查理的作品，而是國

會及鄉紳們的產物。在新朝開始之際，國家急需宗教容忍勝過一切，然而國會卻堅持更嚴厲的宗教誅除政策，這正是本朝後期陰謀、黨爭及橫暴不斷的禍根。法典可視為騎士們對圓顱黨的一種報復，因為多年期盼的復仇被《赦免法》所阻擋，他們轉而在法典中尋求報復。這些法律不僅是一種報復，更是為了防止圓顱黨捲土重來而設定的警戒政策。

在查理二世復辟到光榮革命的 30 年間，英國因嚴厲打壓異教徒而遭受巨大損失。上層社會的鄉紳們能遵守英國國教的禮拜儀式，但中下階層的許多清教徒寧願喪家破產、被關入監獄，也不願放棄他們的宗教信仰。這種懲罰給英國的工商業帶來嚴重打擊，導致經濟發展受阻。政客們開始意識到，這種做法對國家的損害多麼嚴重。然而，對教育領域的損失，執政者們卻視而不見。清教徒寄希望於下一次大選能夠帶來轉機，但在長達 17 年的「騎士議會」統治下，他們的處境始終沒有得到改善。英國需要新的政治和宗教秩序，以修復清教運動衰落後留下的創傷。

寬容與變革：英國宗教與政治的轉型

在查理二世的統治下，英國的宗教和政治環境經歷了一場深刻的變革，這個時期的特徵是多元化的宗教信仰與緊張的社會氛圍。雖然查理二世本身是天主教徒，他卻試圖在天主教和清教徒之間取得平衡。他頒布了多次《赦免法》，試圖暫停對宗教異議者的懲罰。然而，議會堅決反對國王干涉法律的全面執行，並主張對所有宗教異議者一視同仁。這種宗教和政治上的角力，形成了國王、議會和英國國教、天主教以及清教徒之間的三角競爭。

隨著時間的推移，英國的政治版圖悄然發生變化。反對派的力量在議會中逐漸增強，這使得英國國教的異教徒看到了法律救濟的希望。輝格黨

◆ 英國復辟：權力的重塑與和解

作為一個新興的政治力量，逐漸崛起，其黨員多與清教有著密切的連繫。輝格黨倡導宗教寬容，並在國會中推動包容所有抗議教徒的計畫，這個舉措受到清教徒和浸禮會牧師的歡迎。科學和寬闊主義思潮的興起，也為宗教寬容創造了有利的氛圍，這在輝格黨哲學家約翰・洛克的思想中得到了充分展現。

與此同時，英國國教內部的派別爭鬥也日益激烈。低教社派以寬容開明著稱，主張對異端持包容態度，而高教社派則更加保守，強調教會和王權的神聖性。這種內部的分裂反映了英國社會在政治和宗教層面的多元性和複雜性。

儘管清教徒在國家和教會中的影響力有所減弱，但他們的思想和實踐仍然深刻地影響著英國的社會文化。家庭祈禱和閱讀《聖經》成為一種習慣，清教徒的安息日觀念也得以延續，這種嚴格的宗教自省日仍然受到廣泛的遵守。這種清教徒式的生活方式，儘管在某些時期不受歡迎，但在英國民眾中根深蒂固。

在這個時期，議會逐漸獲得了對國庫開支的監督權，這對行政權力構成了挑戰，但也象徵著英國憲政發展的一個重要階段。議會的監督權為現代國家的需求提供了保障，使得英國在政治和經濟上得以穩步發展。這一系列變革，不僅反映了英國在宗教和政治領域的多元化和複雜性，也預示著一個更為開放和理性的時代的到來。

▌風暴前的寧靜：英國復辟時期的軍事與政治變局

復辟時期的英國，陸軍的命運在政局的波動中成為最顯著的犧牲品，而海軍卻在這場政治風暴中保持了相對的穩定。克倫威爾的新模範軍在復

辟時遭到迅速遣散，這個舉動雖然導致了短期的財政壓力，但長期來看，卻顯著降低了經常性軍費的支出。新軍解散後，僅存的軍事力量主要是由國王的近衛軍組成，這支部隊主要負責國內的防護，抵禦狂徒和第五君主國黨的威脅，軍容壯盛，聲勢浩大。

當時的騎士國會深刻反映了英國鄉紳對常備軍的厭惡，他們對任何形式的軍事力量都心存警惕，無論這種力量是由合法的君主還是篡位者掌控。鄉紳們認為，唯有國王才有權委任將領和釋出軍令，國會若企圖爭奪這些權力，無異於叛逆。因此，他們力求將陸軍規模限制到最小，以免國王濫用權力，也避免臣民因不忠而遭受指責。

然而，這種對軍事力量的恐懼在某種程度上削弱了國家的防禦能力。當詹姆士二世擁有3萬大軍時，革命隨即爆發，這反映了國會在軍事問題上的失誤。革命後，國會終於建立起一套制度，確保軍隊不會被用來鎮壓國內自由。隨著時間推移，國人對常備軍的恐懼稍有緩解，尤其是輝格黨人士，他們渴望在陸戰中與路易十四抗衡。

在這段時期，海軍卻不曾遭遇同樣的恐懼。查理二世和詹姆士二世對海軍事務的關注，以及皮普斯等人的傑出領導，使得海軍保持著昔日的榮耀。英荷之間的商業競爭再次升溫，最終英國在布雷達條約中獲得紐約，成為這場爭鬥的贏家。

然而，英國內部的緊張局勢並未減少，尤其是在英荷戰爭中，荷蘭艦隊的突襲帶來了泰晤士河的屈辱，這個事件在倫敦大疫和大火後，深刻影響了英國的政治格局和人民的想像力。查理二世藉機將所有過錯推給克拉倫登，儘管他選擇的繼任者並未能為英國帶來更多的利益，反而加劇了與法國的勾結和對英國國教的威脅。英國正處於動盪之中，然而，也隱約出現了新的轉機。

◆ 英國復辟：權力的重塑與和解

克倫威爾去世後，法國的崛起成為歐洲的重大威脅。西班牙的衰落和德意志諸邦的分裂，為法國的擴張提供了契機。在黎希留和馬薩林的治理下，法國內部組織達到了前所未有的統一。路易十四繼位後，更是雄才大略，並擁有一批傑出的文臣武將。面對法國的威脅，歐洲各國雖感到恐慌，卻因內部鬆散和互相猜忌，難以形成統一陣線。奧地利忙於應對土耳其人對維也納的進攻，對西歐事務只能作出有限的干預。西班牙昔日的強盛不復存在，陷入衰敗，荷蘭的領地只能依靠宿敵荷蘭的保護。荷蘭作為小小的商人共和國，憑藉東方殖民地和全球貿易，累積了巨大的財富，成為抵抗法國的唯一希望。它以開放包容的態度，接納各種族和信仰，成為許多哲學家和藝術家的故鄉。荷蘭的強大不依賴於國王、貴族和教會，而是由中產階級和喀爾文教徒構成的共和國。其領導人約翰·德·維特是備受尊敬的政治家，生活簡樸。法國耶穌會士和路易十四視消滅荷蘭為與剷除法國國內胡格諾派同等重要的目標。這種極端民族主義立場影響了路易時代的政策。

西元 1668 年，英國透過騰普爾爵士的外交手腕，與荷蘭及瑞典締結三國同盟，阻止法國向萊茵河東進或侵入西班牙荷蘭。這個同盟迫使路易接受《愛斯拉沙伯和約》的條件。若英國堅持這個均勢政策，或可讓歐洲免於數十年戰火。然而，英國在西元 1688 年光榮革命前的屈從，導致路易權力的迅速擴張。儘管英國國會和人民起初支持騰普爾的均勢政策，但商業競爭和戰爭使反對聲浪趁機而起。查理二世因不滿國會掣肘，接受路易的資助，試圖效仿法國的天主教政體。西元 1670 年，《多元條約》簽訂，英法聯手攻打荷蘭，這個計畫最終被奧倫治的威廉所挫敗。西元 1673 年，《鑑證法》揭露了王弟約克公爵詹姆士的天主教信仰，國會要求退出與法國的戰爭，意識到這場戰爭的真正意義非英荷海上霸權之爭，而是法國試圖征服歐洲的計畫。

在里茲公爵托馬斯・奧斯伯恩的領導下，英國與荷蘭關係友好，並與法國對立。里茲公爵促成了詹姆士二世的女兒瑪麗與奧蘭治的威廉結婚，為荷蘭人進入英國王室鋪平道路。托利黨支持新教徒繼承體系，而輝格黨則對奧蘭治的君主主義感到擔憂。里茲公爵的努力為威廉三世的革命鋪平道路，促成英荷聯姻，成為英國政治史上的關鍵人物。儘管他晚年反對詹姆士二世，但其在英國政治史上的地位不可動搖。

◆ 政治風暴中的權力鬥爭

政治風暴中的權力鬥爭

　　西元 1673 年，英國國會迫使查理二世簽署《鑑證法》，以獲得戰爭所需的資金。這項法案旨在禁止天主教徒擔任國家官員，並揭露了約克公爵詹姆士作為天主教徒的事實。此舉引發了一連串的政治動盪，國會要求英國退出與法國的戰爭，因為他們意識到這場戰爭的本質是法國和耶穌會徒試圖征服獨立的荷蘭。荷蘭若失去獨立，法國將掌控萊茵河三角洲，這對英國的海上霸權構成重大威脅。英國決心不讓荷蘭或比利時落入歐洲最強大的陸軍國家之手。

　　然而，政治局勢在路易十四的操縱下變得更加複雜。他利用英國內部的權力制衡，一方面賄賂國會領袖，另一方面資助國王查理二世，達成英國的中立立場。這個策略得以維持，直到西元 1688 年的光榮革命。法國大使巴利龍和查理二世的法國情婦露易絲·克魯瓦勒在其中扮演了重要角色。面對國會和民眾的強烈反對，查理二世被迫放棄天主教計畫，轉而與英國國教派和托利黨結盟，以確保自身安全。

　　在這場政治風暴中，里茲公爵托馬斯·奧斯伯恩成為關鍵人物。他來自約克郡的鄉紳階級，雖然熱衷權力，但仍是一個有原則的人。里茲利用國會的信任成為王室大臣，並創立了托利黨。他促成詹姆士二世的女兒瑪麗與奧蘭治的威廉結婚，為荷蘭人進入不列顛王室打下基礎。在他的影響下，英國與荷蘭關係良好，並與法國為敵。

　　西元 1679 年，詹姆士公爵的天主教身分引發了輝格黨和托利黨的激烈爭執。輝格黨主張剝奪詹姆斯的繼承權，而托利黨則提倡限制其權力。這場宗教與政治爭鬥使英國處於內戰邊緣。輝格黨利用奧茨陰謀煽動動亂，

控制國會對抗朝廷和托利黨。面對這個威脅，托利黨和國王聯手抵禦輝格黨的攻勢。

在這動盪的時期，宗教和政治的對立達到了前所未有的程度。輝格黨的極端行為加劇了社會分裂，使和解的希望愈加渺茫。英國能否走出這個危機，避免另一場內戰，取決於各方能否放下成見，尋求共識。這場政治風暴不僅影響了當時的英國，也深刻塑造了其後的歷史走向。

英國政黨的形成與政治文化的演進

在查理二世統治的末期，英國政壇充斥著激烈的黨派爭鬥，托利黨和輝格黨的對峙成為政治舞臺的中心。托利黨的橫行無忌，在查理二世的支持下，對輝格黨展開了無情的打壓。里茲公爵創立的黨派原本有望在他的領導下走向光明，但輝格黨人的陰謀卻讓他身陷囹圄。國會中的緩和派雖然試圖維持中立，但他們的聲音在托利黨的激進主義下逐漸被淹沒。

西元 1681 年，輝格黨在牛津的第三次國會解散後，托利黨的反撲愈演愈烈。他們不僅恢復了對異教徒的迫害，還策劃了陰謀來陷害輝格黨的領袖。這個時期，輝格黨的許多重要人物如沙甫慈白利被迫流亡，羅素、錫德尼等人則遭受了極刑。托利黨甚至僱用偽證人來誣陷輝格黨，完全無視事實真相，顯示出他們對異己的極端仇視。

在查理二世統治的最後四年，國會幾乎完全失去了作用，城市選舉權被嚴重干預，地方自治遭到摧毀。托利黨的極端無抵抗主義使他們對國王的專制統治毫無異議，即便面對一位偏向天主教的新君主，他們也毫不反對。這種極端立場在英國歷史上實屬罕見，為後來的政局埋下了隱患。

然而，這段黨爭雖然帶來了短暫的動盪，卻促成了英國兩黨制度的誕

◆ 政治風暴中的權力鬥爭

生。隨著《排斥法案》的競爭,輝格黨和托利黨應運而生,政黨組織日漸完善,宣傳手段多樣化。英國特有的選舉文化也開始興起,激發了人民對政治的參與熱情。這種獨特的政治文化,對英國國會制度的發展和完善具有深遠影響。

儘管黨爭帶來了許多弊端,但從長遠來看,兩黨制的形成為英國的民主政治奠定了堅實基礎。政黨忠誠的概念雖然帶來了一些負面影響,但對於建立一個有效運作的議會政府而言,政黨的團結和紀律不可或缺。這個制度的形成,對英國乃至整個西方世界的政治文明都產生了深遠的影響。

政治風暴中的覺醒:
詹姆士二世的專制與革命的呼喚

當詹姆士二世登上英國王位時,他的統治策略迅速顯現出其專制傾向,並試圖將英國重新拉回天主教的懷抱。然而,這個激進的宗教政策卻引發了廣泛的不滿,為西元1688～1689年的光榮革命埋下了伏筆。

詹姆士二世即位後,立即召集了由忠於他的城市會社改組而成的國會,排擠了幾乎所有的輝格黨人。他依賴托利黨的支持,試圖在不必擔心總選舉的情況下,鞏固其權力。在《克拉倫敦法典》的嚴格執行下,詹姆斯似乎有信心能夠剷除所有異教徒的影響。然而,當他將目光投向恢復羅馬公教的時候,事情並不如他所願。儘管蒙穆斯的叛亂被鎮壓,詹姆斯仍然未能獲得全面的支持,特別是在宗教問題上,托利黨和國王的矛盾逐漸顯現。

蒙穆斯的叛亂象徵著清教徒對長期迫害的反抗,儘管輝格黨人和緩和派在這次叛亂中保持距離,但他們在隨後的革命中發揮了關鍵作用。詹姆

斯在叛亂失敗後，錯誤地認為可以透過增加軍隊來鞏固其專制統治。他招募了三萬人的常備軍，並從愛爾蘭引入外來士兵，這些舉措引發了英格蘭人民的高度不滿。

詹姆斯的專制行為不僅激怒了英格蘭的國教徒，也讓天主教的鄉紳感到不安。事實上，英國人對天主教的敵視根深蒂固，任何想要恢復天主教國教的企圖都被視為對英國自由的挑戰。在詹姆斯的專制統治下，英國的社會矛盾日益尖銳，最終導致了光榮革命的爆發。

與此同時，法國國王路易十四的宗教迫害政策也在歐洲引起了強烈的反響。他廢除了《南特詔書》，對新教徒進行殘酷迫害，迫使數十萬人逃往英國、荷蘭等地。這些逃亡者中有許多技藝高超的工匠和商人，他們的到來為英國帶來了新的技術和經濟活力，進一步促進了英國的工商業發展。

總之，詹姆士二世的統治不僅揭示了專制統治的脆弱，也顯示了宗教寬容的重要性。英國在光榮革命後的轉變，不僅重塑了其政治制度，也為後世的政治發展提供了重要的啟示：只有尊重多元、包容不同，才能真正實現國家的長治久安。

英國的光榮革命：和平中的變革

英國人對天主教的深刻厭惡，主要源於鄰國法國的歷史教訓。《南特詔書》的撤銷，迫使大量新教徒逃至英國，這些難民的悲慘經歷在英國人心中留下了深深的烙印。隨後，法英戰爭的爆發進一步加劇了英國人對天主教的敵意。儘管教宗曾在反法同盟中支持英國，但英國人對天主教的印象，依然受到法國耶穌會士和迫害新教徒的神職人員的影響。他們擔心法

◆ 政治風暴中的權力鬥爭

國的專制統治可能會在詹姆士二世的手中重演，使英國重回瑪麗一世時期的血腥鎮壓。

在這樣的背景下，英國的各派新教徒，包括大主教桑克羅夫特、巴克斯特和班揚等，紛紛聯合起來，共同對抗國王的專制政策，以維護英國的法律和自由。在這場抗爭中，英國國教的低教派、輝格黨人及其寬容政策逐漸占據上風，而曾經支持無抵抗主義的托利黨則陷入兩難境地。他們面臨著要麼放棄自己堅持的原則，要麼眼睜睜地看著國王的專制摧毀他們的宗教信仰的選擇。

詹姆士二世執政期間，英國的政治和宗教局勢動盪不安。作為一名虔誠的天主教徒，他試圖在新教為主的英格蘭推行天主教政策，這引發了激烈的宗教衝突。他肆意踐踏英格蘭的法律，任命天主教徒擔任重要職位，企圖從內部瓦解新教勢力。在這場權力爭鬥中，詹姆士二世與英國國教會的矛盾不斷加深，國王公然侵犯英格蘭教會僧侶的利益，剝奪他們的祿位和財產。他還違反國家法律，恢復了臭名昭彰的高等委任法院，將其作為打擊新教的工具。

西元 1688 年至 1689 年期間，英格蘭各界力量紛紛表態，反對詹姆士二世的專制統治。威廉親王率領龐大的荷蘭軍隊登陸英國，推翻詹姆士的統治，揭開了光榮革命的序幕。這場革命並未造成流血衝突，沒有內戰、屠殺或報復行為。它以和平、理性的方式，化解了英國長期累積的內部矛盾，並為日後英國的強盛奠定了基礎。國王與國會之間的權力競逐轉變為合作關係，國會在其中占據了上風，為英國的未來開啟了嶄新的篇章。光榮革命的真正意義在於它象徵著英國從分裂走向團結，從衰弱走向強盛的轉捩點。

從危機到共識：
西元 1689 年英國憲政的奠基

　　西元 1689 年的英國，處於國家存亡的關鍵時刻。外部有法蘭西的虎視眈眈，內部則因愛爾蘭的失守和蘇格蘭的分裂而動盪不安。在這樣的背景下，英國國會中的輝格黨和托利黨放下宿怨，攜手達成了著名的「1689 年權利法案」。這個解決方案成為英國立憲政體的基石，並在 19 世紀《改革法案》發表前，鮮有變更。

　　對於托利黨而言，革命解決意味著他們不得不放棄對無抵抗主義和王位世襲制的堅持。國會立法變更了王位繼承順序，意味著英國君主的統治權不再源自「神聖」的血統，而是人民意志的授予。儘管一些托利黨人提議讓詹姆士二世保有國王虛銜，或讓瑪麗成為唯一君主，這些折衷方案在國家危亡面前都顯得不切實際。最終，托利黨同意讓威廉與瑪麗共同執政，由威廉掌握實際權力。

　　1689 年的英國政壇雖缺乏真正的英雄人物，但卻不乏機智睿智的政治家。他們在國家風雨飄搖之際，拋開成見，各讓一步，化解危機，為英國此後一個多世紀的繁榮發展奠定了憲政基礎。這場革命解決，不僅是政治妥協的產物，更凝聚了不同黨派的智慧結晶，開創了議會民主的新紀元。

　　1701 年，《1701 年王位繼承法令》進一步確立了英國王位繼承的新原則，即王位必須由信奉新教的漢諾威家族繼承，而非天主教的斯圖亞特王朝。這個決定雖符合大多數托利黨人排斥天主教君主的立場，但也使托利黨內部出現了分歧。一部分右翼托利仍效忠於詹姆士二世之子，這些被稱

◆ 從危機到共識：西元1689年英國憲政的奠基

為「反宣誓派」的人士，讓其他支持新政權的托利黨人倍感不安。這使得托利黨內部和諧遭到破壞，黨的主義也遭到削弱。

在隨後的政治變遷中，托利黨經歷了巨大的分裂與動盪，其面臨的困境遠比輝格黨嚴重。宗教問題亦是當時英國政治的焦點。西元1689年的《容忍法》雖然給予部分新教教派一定程度的宗教自由，但仍有諸多限制。非國教派仍需接受許多約束，顯示出英國政教關係在「光榮革命」之後，仍處於艱難調整之中。

在威廉三世統治時期，儘管法律上對羅馬公教徒仍有諸多限制，但威廉採取了較為寬容的政策。《容忍法》的精神得到了比字面意義更廣泛的詮釋和應用。宗教自由雖取得一定進展，但真正的平等和自由仍需更長時間的努力。西元1688年的革命，雖未從根本上改變英國的政治制度，卻是英國邁向君主立憲的關鍵一步，為日後議會民主的發展奠定了基礎。

從專制到自由：
英格蘭與蘇格蘭的漫長旅程

　　18世紀的英國，在中央政府的權力被地方治安法官所制衡的背景下，城市和既得利益團體有了濫用職權的機會。然而，法律的勝利仍然代表著人類文明的一大步進展。儘管隨後的一百多年裡，社會對現狀的自滿和欽佩使得變革的步伐放緩，但推翻詹姆士二世的專制統治依然被視為正義與人道的勝利。法治的建立使得法官不再是國王可以隨意處置的工具，審判程序變得更加公平和規範。殘酷的懲罰和過度的罰款不再是政黨爭鬥的工具，出版審查制度的廢除也讓言論自由得以實現。輝格黨和托利黨的權力平衡為批評政府的人提供了庇護，《克拉倫敦法典》的廢除和宗教迫害的終結象徵著一個新的時代的來臨。

　　英國的自由之路，從革命到寬容，經歷了漫長而曲折的過程。廢除專制、建立法治、保障言論和信仰自由，是英國歷史上重要的里程碑，對整個人類社會的發展產生了深遠的影響。儘管道路坎坷，但正義與自由的力量終將戰勝暴政與壓迫。

　　而在蘇格蘭，查理二世復辟後的政治局勢依然受到英格蘭的控制。樞密院的專制統治使得蘇格蘭國會無力保護人民的利益，騎士階層則代表了反對長老會專制的世俗勢力。長老會的勢力主要來自小地主階級，而貴族則多數支持騎士黨。政治上的獨立僅限於表面，實際上仍受制於英格蘭。

　　蘇格蘭的宗教逼迫和政治壓迫激起了民眾的反抗。潛拜會成為信仰的堡壘，儘管面臨殘酷鎮壓，信徒的信仰更加堅定。政府的殘酷手段在蘇格

蘭人民中留下了深刻的印象，長老會利用這些歷史鞏固了其作為民族獨立和宗教自由擁護者的地位。然而，內部分裂和缺乏溫和的領導使得反抗力量無法形成統一的戰線。

最終，詹姆士七世及二世的羅馬化政策促使蘇格蘭和英格蘭走向了團結一致、自救的道路。儘管經歷了殘酷的鎮壓和內部分裂，蘇格蘭的長老會徒們堅定的信念和不屈的精神，為後世留下了寶貴的精神遺產。從專制到自由，英格蘭與蘇格蘭的歷史是一部充滿爭鬥與堅韌的史詩。

蘇格蘭的復興與挑戰

　　西元 1688 年的光榮革命為蘇格蘭帶來了一場深刻的政治變革，讓這個民族重新獲得了實質上的獨立。英格蘭的政治家們，在這場動盪中，願意讓蘇格蘭自行解決宗教及其他問題，只要蘇格蘭承認威廉與瑪麗為君主即可。蘇格蘭議會因此得以脫離樞密院的專斷統治，逐漸成為一支獨立的政治力量，這個變化為蘇格蘭帶來了經濟繁榮和文化昌盛。

　　然而，威廉在蘇格蘭的統治並非一帆風順。詹姆士黨在蘇格蘭擁有強大的支持，尤其是在貴族和東部有權勢的紳士中間。此外，高地地區的居民也因嫉妒坎貝爾家族的權勢而支持詹姆士黨。儘管克雷弗豪斯組織的高地叛軍一度取得勝利，但其死亡使叛軍無法繼續推進，最終在鄧克爾德被擊敗。這個連串事件使得蘇格蘭局勢動盪不安，政府的聲譽也因格倫科大屠殺而受損。

　　在這種困難重重的環境下，威廉的政府之所以能夠在蘇格蘭立足，是因為它展現出比前任更大的寬容，並能夠適應時代的新思想。儘管長老制重新成為國教，政府卻努力將權力逐步轉移給世俗人士。教會的影響力被限制在宗教事務範圍內，無法再對政府政策施加決定性影響。這個舉措儘管引來部分保守勢力的反對，但整個國家對於清洗和流血已經感到厭倦，因而默許了新政權的建立，並未加以反對。

　　西元 1689 年，蘇格蘭的經濟狀況仍然十分落後。農業技術停留在中世紀水準，大片良田因缺乏排水設施而荒廢，耕作僅限於貧瘠的山坡地帶。由於土地租期短暫且缺乏保障，地主和佃戶都無法在土地上進行投資。農村生活艱辛，住房簡陋，日常飲食單調且常遭饑荒。然而，隨著時間的推

◆ 蘇格蘭的復興與挑戰

移，政治環境的改善和思想的解放為蘇格蘭的發展奠定了基礎。

　　18世紀初，蘇格蘭的工商業仍處於落後狀態，但隨著長期租約制度的實行和西元1707年《合併法案》的通過，情況逐漸改善。這些改革使得農民能夠投入更多資本進行耕作改良，並使蘇格蘭的產品能夠更廣泛地進入英格蘭和殖民地市場。雖然《合併法案》對蘇格蘭的政治自尊心造成了打擊，但它帶來的經濟利益卻是顯而易見的。隨著時間的推移，蘇格蘭在經濟和社會各方面都取得了長足的進步，逐漸走上現代化的道路。

英格蘭與蘇格蘭：
從敵對到共榮的歷史轉折

　　英格蘭與蘇格蘭的合併，象徵著一個新時代的來臨。這個過去曾貧窮且孤立的蘇格蘭，憑藉其高教育水準和卓越的智力，迅速在世界舞臺上嶄露頭角。兩國的聯合不僅帶來了經濟的繁榮，亦促進了文學、科學、軍事、政治及殖民等各方面的發展。蘇格蘭人的貢獻遠超其人口比例。然而，這種合作精神並非一開始就被所有人所接受，直到華特·史考特的影響，才讓英格蘭人才開始欣賞並尊重蘇格蘭，兩個民族也以合作為榮。

　　反觀歷史，如果過去兩個世紀蘇格蘭的才智和精力僅用於對抗英格蘭，如今的世界將大相逕庭。當時任何一方的輕率行動都可能導致災難，但幸運的是，當時的政治家們以其智慧和遠見，奠定了兩國繁榮的基礎。英格蘭在愛爾蘭的影響力也日益鞏固，儘管愛爾蘭的凱爾特·伊比里亞人試圖重奪權力，卻因種族和宗教的隔閡而未能成功。英國的征服者與當地農民難以融合，使得英格蘭在愛爾蘭的統治更加穩固。

　　西元 1689 年的事件突顯了厄爾斯特殖民地的力量。詹姆士二世試圖讓天主教徒掌權，但革命爆發使愛爾蘭新教徒士氣高漲，他們在恩尼斯基林和倫敦德里的忠誠與勇氣令人印象深刻。北方邊民紳士和自由農民的英勇奮戰，保住了英格蘭在北愛爾蘭的據點，威廉得以進軍都柏林。

　　西元 1690 年，愛爾蘭成為歐洲局勢的關鍵。威廉在愛爾蘭的戰役成為不列顛命運的轉捩點。博因河戰役中，盎格魯－蘇格蘭人戰勝了凱爾特－伊比里亞人，確保了不列顛及其歐陸盟友的安全。這場戰役雖然加深

英格蘭與蘇格蘭：從敵對到共榮的歷史轉折

了愛爾蘭原住民的痛苦，但也讓不列顛帝國得以繁榮。

恩尼斯基林、倫敦德里和博因河戰役在不列顛歷史上意義重大，對統治愛爾蘭的民族而言更是想像與回憶的中心。而利默里克的保衛戰及其簽訂的條約，則成為被征服民族心中不滅的記憶。薩斯菲爾德在愛爾蘭歷史上意義深遠，象徵著部落社會瓦解後的新國家崛起。這一切，都是英格蘭與蘇格蘭從敵對到共榮的歷史轉折的縮影。

海權與陸權：路易十四的策略失誤

　　17世紀末至18世紀初，一系列戰爭席捲了歐洲，其中路易十四的擴張野心成為導火線。英荷聯盟在這場抗法戰爭中發揮了關鍵作用，儘管兩國在商業和海事上存在競爭，但共同利益促使他們緊密合作。特別是在英王威廉三世的策劃下，英荷聯盟的政治家們形成了協調一致的默契，這種合作即使在威廉去世後仍然延續。

　　海權在這場漫長的抗法戰爭中顯示出其關鍵的作用。英國艦隊不僅封鎖法國港口，切斷其海外貿易，更為盟軍的陸上作戰提供了強大的後盾。儘管沒有誕生如陸戰般赫赫有名的將領，但海軍力量的存在卻是盟軍成功的重要基礎。最終，透過《烏得勒支條和約》的簽訂，阻止了法國的擴張計畫，歐洲迎來了相對和平的18世紀，而大英帝國的海上霸權也隨之確立。

　　路易十四在策略上重視陸軍和防禦工事，卻忽略了海軍的重要性。他將大部分資源投入到陸軍，導致法國海軍無法獲得足夠的支持，這個錯誤最終導致法國的影響力下降。法國海軍曾在西元1690年短暫占據優勢，但這並未建立在穩固的商業和貿易基礎上。相較之下，英荷聯軍的海軍力量則建立在強大的商業和財富之上，因而更加持久。

　　此外，路易十四在西元1686年廢除《南特詔書》，對法國的貿易和工業造成了嚴重打擊。隨著路易十四將重心轉移到陸軍，法國海軍的實力迅速衰退，使其在隨後的戰爭中處於被動局面。英國和其盟友的艦隊可以自由地運輸軍隊和補給，而不必擔心法國艦隊的威脅。英國的海上優勢甚至迫使一些猶豫不決的國家屈服，擴大了其在歐洲的影響力。

◆ 海權與陸權：路易十四的策略失誤

在西班牙王位繼承戰爭期間，英國艦隊發揮了重要作用，保衛了巴塞隆納，延長了西班牙對法國的抵抗時間。英國還利用其海上優勢，與葡萄牙和加泰隆尼亞結盟，鞏固了在地中海的策略地位。獲得直布羅陀和米諾卡則是進一步鞏固了英國的優勢地位。路易十四忽視海軍力量的策略失誤，為英國和其盟友提供了可乘之機，這個教訓值得後世深思和借鑑。

海權與金融：英國的全球崛起

在 17 世紀末，英國正經歷著一場深刻的經濟變革，這場變革以倫敦為中心，對全球經濟格局產生了深遠影響。儘管當時的工業資本化規模仍然有限，家庭手工業者仍依賴資本家作為中間人進行交易，但商業資本化已初具規模，倫敦逐漸取代阿姆斯特丹成為世界金融中心。

倫敦的經濟支柱並非工業，而是商業與金融。這座城市的勞動者大致可分為三類：底層的碼頭工人和水手，他們居住在環境惡劣的城郊；中產階級的店主和匠人，他們的數量龐大，地位逐漸受到重視；最上層則是富有的商人和金融家，他們居住在富庶的地區，財力雄厚。政治的變遷使得倫敦的金融勢力日益壯大，並在托利黨和輝格黨的爭鬥中逐漸傾向於支持輝格黨，因為他們擔心偽王回歸會危及既得利益，尤其是革命政府的債務不被承認。倫敦的金融集團與輝格黨結成了堅固的同盟，共同捍衛新建立的政治和經濟秩序。這個背景下，英國的金融創新層出不窮，如蒙塔古等人推動成立的英格蘭銀行，為英國成為世界金融中心奠定了基礎。

然而，這些變革並非一帆風順。金融利益集團的崛起引發了鄉紳地主階層的不滿，他們對金融利益集團的崛起充滿了疑慮和敵意，這種張力成為日後英國政治發展的重要因素之一。此外，東印度公司內部的特權之爭甚至震動了下議院，黨派之見和私人利益在這些爭鬥中被推向極端。

倫敦與英國政府的關係在這個時期達到了頂峰，這種和諧關係過去僅見於伊莉莎白一世時期。自伊莉莎白一世時期與西班牙的戰爭以來，英國在國家財政管理和倫敦的財富累積及利用方面取得了顯著進步。如果克倫威爾能獲得查理二世的支持，他的成就可能不僅限於燒掉西班牙國王的鬍

◆ 海權與金融：英國的全球崛起

鬚。經過失敗的經驗，英國君主逐漸意識到，英國議會和倫敦城聯合起來的財力遠超法國，儘管法國擁有 2,000 萬人口，而英格蘭和蘇格蘭加起來只有 700 萬。東印度公司在此時期已能與荷蘭東印度公司抗衡，從馬德拉斯、孟買和加爾各答等地擴展，與蒙古帝國建立穩定貿易關係。即使在與法國的戰爭中，公司股東仍能獲得豐厚利潤，茶葉、香料等商品銷量不減反增。

這個時期，英國在全球商業中取得了顯著優勢，尤其在地中海和美洲。英國商人在地中海主導咖啡貿易，並積極開拓義大利和利凡特市場，儘管受到巴巴利海盜和法國私船的干擾，但在土耳其和威尼斯的商業活動仍獲得豐厚利潤。英國海軍的實力保障了商業安全，並提升了英國的國際聲望。在美洲，英國同樣因海軍優勢而獲益，特別是在與法國的長期戰爭中，透過《烏得勒支條和約》獲得了新斯科細亞和紐芬蘭等地，進一步擴大了英國的海外影響力。

在這樣的背景下，英國逐步奠定了其全球海權的基礎。法國的海軍衰退和私掠船的猖獗，使得其商業從海上消失；而英國則憑藉強大的海上實力，將觸角延伸到全球市場。英國的個人主義精神和商業自由，為其持續繁榮提供了堅實的基礎。英國的崛起，不僅是海權的勝利，也是金融創新的成果，這些成就最終鋪就了大英帝國的輝煌道路。

馬爾博羅公爵：不為偏見所動的軍事與外交巨擘

在 18 世紀初的歐洲戰場上，約翰‧邱吉爾，第一代馬爾博羅公爵，以卓越的軍事才能和外交手腕，成為扭轉戰局的關鍵人物。馬爾博羅不僅是一位出色的策略家，還是一位精明的政治家和外交家。他的能力如同威廉‧皮特和羅伯特‧克萊武的結合體，雖缺小威廉‧皮特的演說天賦和義

無反顧的氣概，但他的成就足以與亞瑟‧威靈頓和卡斯爾里相提並論。

馬爾博羅最著名的戰績之一，就是西元 1704 年的布倫亨戰役。當時，法軍深入敵境，馬爾博羅敏銳地察覺到這個時機，不顧荷蘭政府和英國國會中保守派的反對，率領英荷聯軍穿越歐洲腹地，直搗多瑙河，拯救奧地利盟友。這個大膽的行動最終在布倫亨取得了輝煌的勝利，扭轉了戰爭的局勢。

馬爾博羅不僅是一位傑出的軍事家，也是一位善於權衡的外交家。他深知歐洲大陸勢力平衡對英國的重要性，因此始終致力於維繫反法同盟。他的外交手腕和個人魅力，為英國贏得了許多盟友的支持和信任。馬爾博羅公爵以其非凡的軍事才能、政治智慧和外交手腕，成為英國軍事史上的傳奇人物，不僅挽救了歐洲的局勢，也為英國贏得了歐陸霸主的地位。

然而，馬爾博羅的成就並未能讓他免受黨派之爭的影響。他出身為托利黨人，但在政治立場上更接近輝格黨。儘管如此，他置「托利」及「輝格」為「可憎的名詞」，對他而言，黨派毫無意義。他因此被兩黨侮慢，托利黨人竭力毀損他的名譽，而輝格黨人卻不為他辯護。

馬爾博羅生活在一個混亂的時代，他的同時代人中有受路易津貼的英人，也有流亡在外的詹姆士支持者。在這樣的環境下，他在操守方面自然難以獨善其身。雖然他貪財，但他對國家的貢獻遠大於他所獲得的任何個人利益。他的沉著冷靜和卓越才能，為那個極需理智、容忍及常識的時代，提供了安然度過的機會。

總之，馬爾博羅是一位不為偏見所動、不被黨派束縛的英雄。他的偉大在於他能夠在動盪的年代中穩健地引領英國前行，為英國的興盛奠定了基石。儘管飽受兩黨侮慢，他始終以國家利益為先，成為英國歷史上不可磨滅的傳奇人物。

◆ 政治風雲：英國兩黨制的演變與影響

政治風雲：英國兩黨制的演變與影響

　　大同盟戰爭期間，英國的兩黨制展示了其在國際舞臺上的獨特優勢。輝格黨以其卓越的財政管理和活力，成功地對抗了法國的路易十四。然而，當威廉獨自締結《雷斯威克條約》時，英國大臣並未參與其中，這反映了在戰爭和和平建設之間所需的不同才能。隨著安妮女王的即位，托利黨捲土重來，幾乎占據了所有重要職位。哈利，作為一名溫和的托利黨人，在這段和平時期對議會產生了深遠的影響。他促成了《繼承法》的通過，確立了漢諾威家族的繼承權，並在法國路易支持詹姆斯三世時，促成了英國對法國的復戰。

　　英國的兩黨制在這個時期的消長，顯示了其制度的韌性。輝格黨推動對法作戰，而托利黨則在戰後主導和平建設。這種此消彼長的動態平衡，維繫了英國政治的穩定，最終促成了英國的勝利，這對於理解英國政治制度的特點及兩黨制的優勢具有重要的啟示。

　　西班牙繼承戰爭是由輝格黨人與馬爾博羅和戈多爾芬的聯手及托利黨的支持所引發。隨著戰事的進展，輝格黨逐漸掌握政府大權，托利黨則專注於制定懲治異教徒的法律。哈利是唯一重視戰事的托利黨人，直到西元1708年他才被迫辭職。馬爾博羅和戈多爾芬與托利黨徹底決裂，成為輝格黨的核心人物。議會制度下，混合政府逐漸難以維繫，英國不知不覺中走向一黨專政的現代責任內閣制度。

　　輝格黨人在戰爭中得勢，但缺乏談判才能，錯失結束戰爭的良機，導致戰事延宕。西元1709年，路易十四向同盟國尋求和平，但輝格黨的苛刻要求使和平無法達成，法國人民被迫團結在國王周圍。最終，西元1713

年的烏得勒支和約結束了戰爭，儘管談判過程飽受爭議，但其內容對英國是有利的，鞏固了英國的海上霸權。

烏得勒支和約奠定了 18 世紀歐洲的文明基礎，使法國國運延續至法國大革命前。托利黨在國內推行的宗教反動措施，卻為英格蘭的宗教自由帶來威脅。幸運的是，隨著安妮女王的駕崩，托利黨分崩離析，異教徒得以保全，英格蘭的政治演變因此開啟了新的篇章。這個時期的政治風雲，展示了英國兩黨制的演變及其深遠影響。

◆ 輝格黨的崛起與英國政治的轉型

輝格黨的崛起與英國政治的轉型

　　在喬治一世登基之時，英國政壇正處於一個充滿變數的轉捩點。輝格黨和托利黨的權力消長，不僅影響了當時的政治格局，也反映了英國社會各階層勢力的此消彼長。輝格黨雖然在人數上不占優勢，但憑藉漢諾威王室的支持，成功在政治舞臺上站穩腳跟。然而，這樣的支持並不意味著輝格黨可以肆意打壓異己。相較之下，托利黨在安妮女王末年曾掌握多數優勢，在布林布魯克的領導下，得以鎮壓異己，卻因內部分裂而未能長久執政。

　　輝格黨的成功在於其多元化的聯盟策略。他們聯合了部分貴族、少數鄉紳、商人和抗議教徒等，儘管這些聯盟在人數上不如托利黨，但其組織嚴密、目標一致，尤其是在倫敦等城市中形成了強大的政治力量。相反，托利黨內部因宗教和階級差異而頻繁分裂，削弱了其整體影響力。

　　值得注意的是，輝格黨雖然多由中產階級的異教徒組成，但其領導層卻多為上層階級的國教徒，這些領導者往往傾向於開明主義或懷疑主義。從威廉·班到約翰·布萊特，從未有非國教徒擔任重要領導角色，即便在輝格黨執政時期，這個現象折射出英國社會深層的權力結構和意識形態分野。

　　在安妮女王統治的末期，英國政壇上演了一場充滿陰謀與計算的戲碼。托利黨為了贏得女王的支持，不惜一切代價討好她，卻忽略了未來喬治一世即位後所可能面臨的挑戰。布林布魯克，這位托利黨的傑出政治家，意識到女王去世後托利黨必然失勢，於是試圖透過重新調整政治布局，旨在讓詹姆士黨得以復辟。

布林布魯克的計畫是徹底更換法院、軍隊和政府中的輝格黨人，換上極端的托利黨員，並以解除哈利的職位作為開端。然而，命運並未站在他這邊。女王的突然去世讓他的計畫成為泡影，托利黨也因此失去了掌權的機會。諷刺的是，布林布魯克的陰謀反而促成了喬治一世的順利登基，並加深了新國王對托利黨的懷疑，進一步鞏固了輝格黨的地位。結果是，托利黨在隨後的47年裡無法重新掌權，而輝格黨則在這段時間內牢牢掌控了英國的政治舞臺。

輝格黨的執政雖然並非全無瑕疵，但他們為英國帶來了政治與宗教的自由。輝格黨人如羅伯特·沃波爾等，採取了一種更為和平、謹慎的政治策略，透過維持教會特權和鄉村政府的穩定，確保了輝格黨的長期執政及漢諾威王朝的穩固。沃波爾的「勿惹是非」政策，象徵著輝格黨從早期的激進路線轉向和平、謹慎的策略，這個轉變為英國政治打開了新的局面，奠定了日後君主立憲制的基礎，並促進了言論自由和出版業的繁榮。這個時期的英國，雖然面臨著諸多挑戰，但也見證了輝格黨在政治和宗教自由方面的持續努力，為英國的未來奠定了基礎。

然而，英國的政治舞臺並非只有黨派的爭鬥，宗教亦在其中扮演著重要角色。詹姆士黨和輝格黨的權力爭鬥中，宗教因素不斷被利用，甚至成為政治爭鬥的工具。詹姆士黨的暗殺計畫和輝格黨的宗教立法都顯示了宗教在政治中的影響力。隨著19世紀政教分離思想的興起，英國才逐漸擺脫了宗教在政治中的過度影響，邁向更加開放和包容的社會。

◆ 革命與保守：18 世紀英國的矛盾與成就

革命與保守：
18 世紀英國的矛盾與成就

　　18 世紀的英國，政治格局在西元 1689 年光榮革命後，進入了一個新的時代。光榮革命確立了憲政的框架，然而，這個解決方案在現代人眼中顯得過於保守。西元 1714 年漢諾威王朝的繼位，延續了這個模式，僅僅增加了一層保障。當時的政治制度並未能隨著社會的變遷而進行必要的改革，尤其是在國會選舉方面。克倫威爾時期曾試圖改革腐敗選區，增加各郡的議員名額，但隨著查理二世的復辟，舊有的選區劃分重新回歸。西元 1689 年的執政者不敢輕舉妄動，導致選舉基礎日漸腐化，成為日後英美矛盾的根源之一。

　　光榮革命的成功之處在於其符合多數意願，避免侵犯既得利益。然而，這樣的保守性質也賦予了既得利益神聖不可侵犯的性質，使得合理合法的改革難以推行。詹姆士二世的暴行曾讓英國自由和既得利益面臨共存共亡的危機，這種危機感激發了英國人對既有利益的理想化熱忱。儘管革命推翻了專制王權，但也鞏固了現存的利益格局，抑制了國王的權力，卻也阻礙了社會的進步。

　　在這樣的政治環境下，18 世紀的英國社會組織普遍腐敗，宗教、學術、慈善及學校的管理者缺乏監督和改革。教員可以領薪而不教學，大學甚至可以出售學位。這個時期的座右銘似乎是「凡事之已然者即是合理者」。然而，英國的光榮與成就並非來自這些半醒半睡的組織制度，而是憑藉眾多傑出個人的才能和精力，以及商人和工業家在世界市場上的競爭。這個

時期湧現了許多不世出的偉人，如馬爾博羅、斯威夫特、蒲特勒、柏克立、衛斯理、克萊武、華倫‧黑斯廷斯、兩位皮特、庫克船長、約翰遜博士、雷諾茲、伯克、亞當斯密、休謨、詹姆士‧瓦特、彭斯和威廉‧布萊克等。

儘管社會組織和制度缺陷重重，英國憑藉這些傑出個人的力量，在世界舞臺上確立了強國地位，譜寫了屬於不列顛的輝煌篇章。然而，工業革命的來臨撼動了不列顛社會的根基，帶來了深遠的影響。18世紀中期的不列顛，雖然達到了政治上的鼎盛，但經濟和社會的變革已悄然到來，為未來的動盪埋下了種子。英國如何在這股變革浪潮中保持穩定，並進行必要的改革，成為關鍵課題。

◆ 英國政治的演進：從寡頭政治到內閣制的形成

英國政治的演進：
從寡頭政治到內閣制的形成

　　18世紀的英國社會在表面上看似穩定，但其實正經歷著深刻的經濟和政治變革。這個時期，英國的知識分子多關注政治和文學，卻對正在發生的經濟革命視而不見。統治階級雖然反對政治變革，但對經濟變革卻未加干預，導致英國在工業革命期間面臨複雜局面。拿破崙戰爭的爆發進一步轉移了國內的注意力，戰時經濟的不穩定使工業革命陷入混亂。然而，英國人民展現出優秀的適應力，最終在戰後成為歐洲的霸主，這與其地理優勢和海上力量密不可分。

　　奧倫治的威廉抵達英格蘭後，輝格黨的地位鞏固，而托利黨的影響力減弱。然而，這並未讓輝格黨完全掌控政權。在威廉和安妮女王時期，兩黨勢均力敵，國王和選民的偏好也在二者之間搖擺不定。這種競爭在一定程度上有助於國家的發展。直到喬治一世和二世時期，英國才真正進入「輝格寡頭政治」的時代。這段時間，托利黨受到詹姆士黨的懷疑，而喬治一世的語言和文化障礙，使得王權逐漸轉移到輝格黨手中。從西元1714年起，英國進入了寡頭政治的時代，然而，這也促使民眾力量在憲法中的提升，因為內閣的權力需要下議院的支持。

　　喬治三世即位後，試圖收回委任官吏的權力，但這反而加劇了腐化。在他的統治下，議員更易受政府的誘惑，大眾對政治的興趣減弱。直到西元1832年的《改革法》，中產階級才恢復並增強了對下議院的控制權。18世紀的國會制度為未來的平民政治磨練了武器，然而，如果當時的貴族和

鄉紳能預見下議院的未來，他們是否仍會讓它積聚如此大的權力，這仍是一個疑問。

18 世紀的英國政治發展，貴族們做出了重大的貢獻，發明了一種機制，使立法機關能夠控制行政機關而不降低其效率。這個機制就是內閣制度和首相職位的建立。內閣制度要求大臣在重大政策上保持一致，並依賴下議院的支持。這個制度的建立，為英國日後的政治發展奠定了重要的基礎，確保了行政權力在議會監督下的有效運作，同時保持了政府的效率和穩定性。

◆ 靈活的憲政：英國政治制度的演進與穩定

靈活的憲政：
英國政治制度的演進與穩定

在英國歷史的長河中，政治權力的演變與調整不斷塑造著這個國家的命運。沃波爾的政治策略，雖然初衷是為了鞏固自身的權力，卻意外地促成了內閣制度的形成。這個制度提供了一種高效的行政體制，解決了立法與行政機關之間的矛盾，這種矛盾在其他國家一直難以調和。英國人以其獨特的政治智慧，並未如威廉三世時代所設想的那樣，將大臣驅逐出議會，而是讓他們成為議會的一部分，成為行政與立法機關之間的橋梁。這種安排使英國的政治體制能夠靈活應對時代的變遷。

英國的政治制度沒有像北美殖民地那樣制定一部僵化的成文憲法，而是選擇了一條更為靈活的道路。這使得英國的憲法能夠隨著時代的變化而演進，避免了可能的僵化和不適應。正是這種靈活性，使得英國的政治體制能夠持續適應社會的需求，並在變革中保持連續性和穩定性。這種不成文憲法的優勢在於其模糊性和適應性，這也是英國政治能夠長久保持穩定的重要原因之一。

在 18 世紀的英國，貴族們透過操縱下議院的選舉來維持自己的影響力，這種影響力使得下議院的權力日益增強，而上議院的作用則逐漸減弱。這種情況一直持續到 19 世紀，當時貴族們才開始為維護上議院的權力而與下議院產生爭執。然而，這種權力的轉移並未對英國的政治穩定造成重大影響，反而進一步鞏固了下議院作為國家立法機關的地位。

在都鐸和斯圖亞特王朝時期，英格蘭的地方行政和司法職責主要由無

俸給的治安法官負責，他們依靠自身的社會地位和中央政府的任命來行使權力。這種地方與中央之間的政治默契，成為都鐸和斯圖亞特諸王統治的關鍵。然而，詹姆士二世的專橫作風打破了這種微妙的平衡，導致地方勢力的反叛，最終引發了西元 1688 年的「光榮革命」。這場革命是地方紳士對中央政府的反抗，使得未來的中央政府在與地方紳士的關係中更加謹慎，選擇合作而非對抗。

這種政治智慧和靈活性，使英國在不斷的變革中保持著連續性，並為日後的進一步民主化奠定了堅實的基礎。英國的憲政體制，透過其獨特的演進方式，展示了靈活性與穩定性的完美結合。

鄉紳政治的影響與轉變

英國的鄉紳政治是一種獨特的政治制度，深刻影響了英國的政治發展。在革命後的時代，儘管輝格黨掌控了中央政府的權力，各地的鄉紳仍然在地方上保持了相當的自治權。他們繼續行使司法和行政權力，幾乎不受中央政府的干涉。這些鄉紳大多是托利黨人，他們的財富和地方影響力來自於不受侵犯的土地產權，形成了對中央集權的有力制衡。

這種地方上的寡頭政治是真正的寡頭政治，因為它能夠在相當程度上限制中央政府的權力。直到西元 1888 年薩利斯伯里貴族政府設立民選的郡議會之前，英國鄉村地區一直由來自上層社會的治安法官統治，中央政府無法對其進行有效控制。這種政治制度在維護地方自主性的同時，也可能阻礙了國家整體的現代化進程。然而，鄉紳政治在英國政治史上占據了重要的一頁，值得深入研究和反思。

18 世紀的英國社會仍以農村為主，地主階級掌握了大部分政治和社會

權力。然而，這個時期的階級差異並未引發明顯的不滿和反抗。工人階級雖然缺乏政治權力，但他們樂於參與選舉活動，為所支持的候選人助威，即便自己並無選舉權。這種現象令外國人既欽佩又驚訝，顯示出英國社會中貴族精神與平民權利意識的平衡。

然而，工業革命的到來改變了一切。英格蘭從農業社會轉變為工業和城市主導的社會，貴族階級逐漸失去優勢，整個國家從貴族主導變為平民主導。英格蘭與歐洲大陸的政府有兩點顯著區別：國會的監督，以及言論出版和人身自由的保障。英格蘭人珍視這些自由，因為在當時的歐洲，自由仍是一種稀缺的新事物。

儘管工業革命帶來了新的社會問題和階級矛盾，18世紀英格蘭社會的開放性、流動性和自由傳統，為其後的現代化奠定了重要基礎。這段時期見證了英格蘭邁向現代化的關鍵一步，鄉紳政治在其中扮演了重要角色。

跨文化影響下的
18 世紀英國文學與社會

　　18 世紀的英國文化與文學在外來影響和本土傳統之間展現出一種複雜的動態平衡。這個時期的英國文化運動，特別是在文學領域，無可避免地吸收了大量來自歐洲大陸的影響，尤其是法國和義大利的藝術和思想。英國的知識分子和藝術家們頻繁遊歷歐洲，在這些國家的都城與上流社會交往密切，並將所見所聞帶回國內。這種跨文化的交流不僅豐富了英國的文化內涵，也使得英國的文學和藝術風格在某些方面呈現出明顯的歐洲特徵。

　　18 世紀的英國文學深受外國標準的影響。散文的準確性得到了提升，但詩歌的幻想力和原有的雄氣卻有所減弱。直到 18 世紀末，史考特和哥爾利等人發起的「浪漫主義」和「自然主義」運動，才開始反叛外國模式，重新採用英國的傳統和自由風格。儘管如此，英國的本土小說在這段時期仍然保持了獨特的風格，從笛福到奧斯丁，這些作品未受外國模式的束縛，顯示出英國小說的獨立性。

　　在戲劇方面，英國劇作家們則從未完全接受法國的時間地點「三一律」。這個時期的戲劇創作，更多地反映出英國本土的社會現實和文化特徵。上層階級的文學在最理性和學院派的時期，與平民文化之間的衝突也逐漸顯現。平民階層的思想仍然以《聖經》為基礎，並深受神鬼故事和富有浪漫色彩的民謠和傳說的影響。

　　然而，18 世紀的英國社會並不僅僅是文化的熔爐。上層社會的道德進

步相對有限,賭博和酗酒等惡習盛行。即使是最優秀的上流人士,也往往沉溺於享樂,對未來漠不關心。這種道德上的矛盾與文化上的變革形成了鮮明的對比,構成了18世紀英國文化的獨特面貌。

總之,18世紀的英國文學和文化在外來影響與本土傳統之間形成了一種微妙的平衡。這個時期的文化發展反映了英國社會在全球化初期的多元和複雜,為後來的浪漫主義運動奠定了基礎。英國文學的發展從理性走向感性,從上層文化滲透到平民生活,這個過程展現了文化交流的豐富性和多樣性。

信仰的力量與社會的變革

18世紀的英國,正值宗教改革的浪潮席捲全國,社會結構因而發生著深刻的變化。在這個時期,牧師們不僅僅是宗教的領袖,還在世俗生活中扮演著重要的角色。他們不僅履行宗教職責,還充當治安法官,展現良好的公民精神。與同僚鄉紳相比,牧師們在執法時更加人道,對待偷獵者的態度也較為寬容。這種人性化的執法方式,反映了牧師們與會眾之間密切的關係。

18世紀的教士,特別是鄉下教士如吉爾柏特・懷特,展現了對自然的熱愛和對知識的渴求。他們的行為展現了18世紀教士的特質:關注現世生活,樂於分享知識,充滿好奇心,這使他們成為引導社會風氣的重要力量。這種世俗化的傾向,使得教士與社會大眾的距離拉近,成為啟迪心智的重要力量。

然而,英國國教會在這個時代也面臨著挑戰。儘管它致力於消除民間迷信,推動社會開化,但它忽視了對熱誠信仰的鼓勵,尤其是在城市和工業區中窮苦大眾的需求。隨著經濟和人口結構的變遷,舊有的教區劃分和議會代表權分配已不合時宜。英國國教會急需改革,以適應新的時代,並重新審視自身的角色定位。

在這樣的背景下,約翰・衛斯理和喬治・懷特腓以其不妥協的熱忱和傳教士的身分,填補了現有宗教團體在社會中留下的空白。他們的宣講展現出宗教的力量,儘管引起了「體面」階級的不滿,卻也打破了宗教與社會之間的界限。最終,循道宗教徒不得不與國教分道揚鑣,成立了自己獨立的教派,這個新教派在英國乃至世界各地廣泛傳播,影響深遠。

◆ 信仰的力量與社會的變革

　　循道主義最初作為一種保守力量，吸引了窮苦大眾的注意力，並逐漸與勞工階級的政治訴求結合，成為推動社會變革的力量之一。隨著法國大革命的爆發，福音主義在國教教士中獲得了大量支持者，對英國國教和上層階級產生了深遠影響。這個時期的宗教運動，不僅改變了個人，也改變了整個社會，見證了信仰的力量如何在歷史的洪流中發揮作用。

18 世紀英國的宗教與教育：
變革與挑戰

　　18 世紀的英國和美洲，循道主義這個由約翰・衛斯理創立的宗教運動，在不同地區展現出截然不同的發展命運。在美洲的殖民地，循道主義迅速崛起，成為新興合眾國中一股強大的宗教力量，吸引了大量的信徒。而在威爾斯，循道主義成功地復興了民族的宗教信仰。然而，這股運動在蘇格蘭卻受到了挫折。蘇格蘭擁有自身的民主教會和高水準的教育體系，對本土神學有著深厚的興趣，使得循道主義難以在此立足。

　　儘管如此，18 世紀的蘇格蘭宗教演變與英格蘭有不少相似之處。當時，蘇格蘭興起了一股反對長老主義嚴苛教條的寬鬆運動，被稱為「緩和主義」。在愛丁堡大學校長威廉・羅伯特生的領導下，這股運動獲得了顯著的成功，甚至對自然神論的哲學家如大衛・休謨等人也表現出了一定的包容。亞當斯密等知識分子更是為蘇格蘭在知識界的地位提升做出了重要貢獻。然而，這種變革也伴隨著挑戰，許多農村教區的居民對現代講道方式表示不滿，認為它缺乏昔日的熱情和教義，只剩下「冷冰冰的道德故事」。此外，緩和派為鞏固自身地位而恢復的「保護人制度」引起了廣泛不滿，因為這種制度允許保護人不顧會眾意願任命牧師，這在蘇格蘭教會中一直不被認可。最終，這些問題導致了教會的分裂，儘管緩和主義完成了其歷史使命，消除了不寬容的態度並拓寬了社會的知識視野。

　　與此同時，英格蘭的高等教育機構如牛津和劍橋大學，卻陷入了學術衰退。考試制度幾乎消失，教學品質低下，學術著作稀少，學生人數減少

18 世紀英國的宗教與教育：變革與挑戰

至斯圖亞特時期的一半。異教徒被排斥在外，學院缺乏崇高的學術理想，瀰漫著一種懶散的修道院主義精神，導致改革幾乎無法推進。政府在詹姆士二世干預穆書院的教訓後，也不敢干涉大學事務，即便一些學院明顯支持詹姆士主義，政府也只能視而不見。這種學術衰退直到 19 世紀才有所改善，隨著改革的進行，英國大學重新煥發了活力。

這段歷史提醒我們，大學的興衰不僅取決於外部環境，更關鍵在於其內在的學術精神和治理體系。只有不斷自我完善，與時俱進，大學才能在瞬息萬變的世界中立於不敗之地。

英國鄉村的靜謐與變遷

在 18 世紀的英國鄉村,生活的步調依然緩慢而充滿傳統風氣。家庭工業在這片土地上繼續蓬勃發展,與古老的農村生活方式緊密相連。鄉村不僅能自給自足,製造出日常所需之物,還能將產品供應至全國甚至國際市場。這些散落於鄉間的小村莊中,手工藝的精緻程度令人驚嘆,從粗細布的紡織到鐘錶的製作,無不展現出村民們的智慧和心血。鐵匠、車輪匠和木匠們則忙於打造鐵具、木器及各種工具,甚至可以建造房舍。鄉村社會在當時仍是社會的基本單位,村民們大多數即便不務農,也完全具備「村人」的身分。

然而,隨著時代的變遷,這樣的鄉村生活逐漸面臨挑戰。大地主的勢力日益擴張,鄉村的自主性受到限制。自由農民的土地逐漸被大地主吞併,這種趨勢在安妮女王時期尤為明顯。鄉紳們對自由農民抱持著嫉妒和敵視的態度,尤其是看到那些沒有爵位的農民在自家田地上狩獵時,心中不免心生不滿。議會通過了嚴苛的狩獵法案,限制了自耕農的狩獵權利,這進一步加劇了自由農民轉向城市的趨勢。

18 世紀的英國鄉村,雖然依然保有傳統的生活方式,但面對著工業革命的逼近,村民的思想和生活方式逐漸受到影響。許多自由農民選擇進入城市,追尋新的機會和生活方式。有些人甚至成為英國現代大型企業的創始人,另一些則成為大佃農,憑藉大規模耕種獲得財富和地位。這種變遷不僅改變了鄉村的面貌,也為工業革命的到來奠定了基礎。

儘管鄉村生活在這個時期經歷了巨大的變革,但它所蘊含的人情味和手工藝的精粹依然讓人懷念。這種與世無爭、安於自得的生活態度,成為

◆ 英國鄉村的靜謐與變遷

現代人所嚮往的理想。鄉村的變遷不僅是歷史的必然,也是對生活本真的回歸和守護。隨著時間的推移,這些鄉村的故事成為英國歷史的一部分,見證著一個時代的終結與新時代的開端。

工業革命的動力：英國的條件與挑戰

　　英國，作為工業革命的發源地，擁有多重有利條件。當時，科學受到商人和貴族的高度重視，他們渴望利用科學發明來推動礦業和製造業的發展。資本主義的萌芽為工業革命奠定了堅實的基礎，英國的商業投資者習慣於大規模投資，只要有新技術能夠帶來工業突破，他們就會積極投入。此外，英國的產品在歐美和東方市場已經擁有一定的比例，商人只需稍加努力，就能擴大市場，消化國內工業的增產。

　　在工業革命的前夜，英國的煤鐵業面臨轉型。長期以來，冶鐵業依賴森林資源作為燃料，隨著森林的逐漸枯竭，煤炭取代木材的呼聲越來越高。事實上，早在古代，人們就開始使用煤炭作為家庭燃料，尤其在倫敦，煤炭被稱為「海煤」。然而，交通運輸問題依然棘手。大車運輸尚未普及，水運不便時，煤炭多由馬匹背負，經過崎嶇的山道運至所需地區。即便在沃波爾首相時期，紡織品的運輸仍需依賴這種原始方式。

　　面對這些挑戰，英國的工業革命之路逐漸清晰。煤炭將為工業發展提供持續的動力，而運河和鐵路的建設將大大改善原料和產品的流通。這些變化昭示著一個新時代的到來。18世紀的英國社會依然與土地和農村生活緊密相連，但工業革命帶來了巨大的挑戰。燃料短缺問題尤為嚴重，木材不足使得冶鐵業停滯，家庭生活困難。只有生活在煤礦區的人們得以倖免。

　　此外，人口成長也遇到瓶頸。若是沒有工農業的革新，英國人口可能無法突破700萬，生活水準將大幅下降。工業革命透過運河和鐵路的修建，使得煤炭等燃料能夠運輸到全國各地，緩解了燃料危機。工農業的進步，為人口成長提供了條件。儘管工業革命帶來了社會問題，但它無疑是

◆ 工業革命的動力：英國的條件與挑戰

英國社會進步的重要里程碑。那個古樸的鄉村社會在工業革命的浪潮中逐漸遠去，現代化的工業社會正在英倫三島崛起。

輝格黨與詹姆士黨：
英格蘭與蘇格蘭的政治角力

在 18 世紀初的英國，政治權力由輝格黨掌握，他們的政策始終圍繞著維護漢諾威王室的統治。這種統治依賴於兩個重要條件：一是必須遵從英國國教的儀式，二是需要尊重地方鄉紳的勢力。這些鄉紳在地方上擁有強大的影響力，如果輝格黨無法與之合作，政權的穩定就可能受到威脅。

與此同時，托利黨則處於相對尷尬的地位。他們雖然不滿漢諾威王朝，但也不願全力支持斯圖亞特家族的復辟。這種猶豫不決使得他們在西元 1715 年和西元 1745 年的叛亂中缺乏統一的行動。在英格蘭，托利黨人多為守法的鄉紳，僅在私下對流亡的斯圖亞特王族表示支持。而在蘇格蘭，詹姆士黨人則活躍得多，他們希望藉由叛亂來恢復甦格蘭的獨立。

西元 1715 年的「1715 詹姆士黨起事」可以看作是英格蘭北方天主教勢力的最後一搏。叛亂由諾森伯蘭的天主教鄉紳領導，他們試圖在昆布蘭激起更多的支持。然而，由於軍力不足，他們最終在普雷斯頓被迫投降，叛亂領袖的財產也被沒收，從而削弱了英格蘭北方的反動勢力。

相比之下，蘇格蘭的動盪更為激烈。反對坎柏爾族的高地部落與東岸的主教教眾聯合，形成了龐大的軍隊。然而，輝格黨在這次叛亂中顯得更加強勢，政府的準備充分，亞加爾公爵的指揮得當，使得叛軍無法擴大影響。最終，馬爾伯爵領導的詹姆士黨軍隊在瑟立夫繆耳敗北，這次叛亂的失敗也顯示出「老偽王」詹姆士的無能為力。

這些政治動盪反映了當時英國的複雜局勢，輝格黨與詹姆士黨之間的

◆ 輝格黨與詹姆士黨：英格蘭與蘇格蘭的政治角力

角力不僅是權力的爭奪，更是英格蘭與蘇格蘭之間深層次矛盾的展現。隨著「1715詹姆士黨起事」的平息，英格蘭北方的舊勢力逐漸消退，為後來的社會改革和工業革命掃清了障礙，也為現代英國的政治版圖奠定了基礎。

喬治一世與沃波爾：
從動盪到穩定的過渡

喬治一世剛剛繼承英國王位時，詹姆士黨的叛亂雖然迅速被鎮壓，卻為新生的漢諾威王朝提供了一次早期考驗。這次叛亂的失敗，反而讓新朝得以在民心尚未徹底失去時，穩固自己的地位。喬治一世並非一位無能的君主，但他性格乏味，不懂英語，周圍充斥著來自德國的情婦，甚至其家庭悲劇也廣為人知。這樣的背景使得他難以獲得英國臣民的尊敬。然而，正因為喬治一世對英國事務的疏離，他的大臣們才能全權掌控國家大政，這也促成了憲政自由的發展。

在選擇大臣上，喬治一世唯一的要求是他們必須來自輝格黨。經過一番考驗，他最終選擇了沃波爾，這位在輝格黨中最具治國才能的人物。沃波爾的崛起在某種程度上顯示出喬治一世並非完全缺乏識人之明。詹姆士黨未能推翻喬治一世這位平庸君主的原因，部分在於斯圖亞特家族拒絕迎合民意，假裝皈依新教。此外，法國攝政王奧爾良的親英政策也幫助喬治一世消除了不少外部威脅。

真正的威脅來自意想不到的西班牙。在阿爾貝洛尼樞機主教的治理下，西班牙一度復興，試圖恢復在義大利和地中海的勢力，並支持斯圖亞特復辟。與之結盟的竟是瑞典的查理十二世。

18世紀初，英國社會陷入了「南海泡沫」的投機狂熱，整個社會乃至政府都捲入這股漩渦。當泡沫破裂，國家陷入信用危機時，沃波爾因其預見性和警告而受到重用。他的崛起，成為英國渡過危機的關鍵。

◆ 喬治一世與沃波爾：從動盪到穩定的過渡

　　沃波爾在其長達二十年的執政中，採取了「緩和」的內政策略和「和平」的外交政策，為英國的長期穩定奠定了基礎。即便面對議會內外的挑戰，他始終謹慎應對，避免激化矛盾。他的政治智慧和敏銳的洞察力，使英國在黨派內鬥和王室復辟勢力的雙重壓力下，重新步入穩定發展的軌道。

　　沃波爾的執政風格和個人魅力，使他成為18世紀英國政治的穩定錨點。他的存在，不僅代表了輝格黨的立場，也深得鄉紳階層的信任，為英國政治的發展提供了穩定的基礎。

英國政壇的轉捩點：從沃波爾到皮特

在喬治二世時期，羅伯特‧沃波爾成為英國最具影響力的政治人物，依靠與國王的良好關係和高超的政治手腕，主導著英國政局。他以務實和善意的態度處理政務，並不追求理想主義，而是以穩定為重。然而，他的統治也伴隨著對國會腐敗現象的縱容，依賴腐化議員來維持政治基礎。這種現實主義的做法，雖然有效地保持了政局穩定，但也為後來的衝突埋下了隱患。

沃波爾對和平的真誠追求，使英國在 18 世紀初期避免捲入歐陸戰事，當歐洲大陸烽火連天之際，英國得以專注於國內的發展。然而，民間對於西班牙的貿易限制積怨已久，最終導致西元 1739 年的「詹金斯的耳朵戰爭」爆發，迫使沃波爾背棄和平政策，對西班牙宣戰。這場戰爭雖然未能取得決定性勝利，但卻象徵著英國外交政策的轉變，更加重視海外利益，為日後的英法殖民衝突埋下伏筆。

沃波爾政府在西班牙美洲戰爭中的挫敗，不僅導致其下臺，也引發了英法之間的對抗。隨著奧地利王位繼承戰爭的爆發，英法兩國再度站在敵對立場，和平的局面就此終結。此時，英國的主要矛盾已不再局限於歐洲，而是擴展至美洲和印度的殖民地，急需新的領導人物和策略來應對新的挑戰。

沃波爾的辭職後，英國經歷了一段政治動盪期，直到威廉‧皮特的崛起。皮特以其卓越的領導才能和激勵人心的演說，重新激發了英國人民的愛國熱情，團結了整個國家，為英國在海外的擴張奠定了堅實的基礎。皮特的出現，正如普魯士的腓特烈大帝所言，使英國的局勢發生了重大轉

◆ 英國政壇的轉捩點：從沃波爾到皮特

變，開創了英國歷史的新紀元。

　　沃波爾的故事揭示了政治現實的殘酷，縱使個人再熱愛和平，若不能兼顧民意，終難抵擋時勢的洪流。他的失敗為英國敲響了警鐘，新的領導人必須喚醒民族的凝聚力和向心力，才能應對內憂外患的嚴峻挑戰。威廉・皮特的成功，則證明了偉大政治家在關鍵時刻的重要性，為英國的未來指引了方向。

從叛亂到改革：蘇格蘭的現代化之路

　　西元 1745 年的「1745 年詹姆士黨叛亂」成為蘇格蘭歷史上的重要轉捩點，這場叛亂不僅影響了蘇格蘭的社會結構，更促成了其現代化進程。雖然高地人在福耳刻克和普雷斯頓潘斯兩戰中取得初步勝利，但最終還是在喀羅登荒地的決戰中慘敗。英軍的強大火力使得高地劍士的傳統作戰方式無法再現昔日的榮光，這場戰役象徵著高地部落武力的沒落與蘇格蘭社會結構的瓦解。

　　戰後，英軍統帥昆布蘭公爵對高地人實施了嚴厲的鎮壓，儘管當時的英國民眾普遍支持這個舉措，但事後卻多有批評。政府未能及時採納樞密院長福白斯的建議，錯失了平息叛亂的良機。然而，這場叛亂的平定為蘇格蘭社會帶來了深遠的變革。高地與低地的世襲法權被廢除，封建主義的根基動搖，中央集權得以鞏固，民主平等的精神也在農民社會中萌芽滋長。

　　這個時期的改革不僅限於政治結構的改變，還包括對社會文化的深刻影響。傳統的高地文化逐漸式微，而新興的民主思潮則藉此契機開闢了道路。蘇格蘭從此告別封建體制，展開了通往自由與平等的新篇章。詩人彭斯和作家史考特等知名人物正是在這樣一個自由的土壤中成長起來，反映了蘇格蘭在經歷改革後的社會變遷。

　　高地問題的解決在相當程度上依賴於英國軍隊的助力，這對蘇格蘭而言是一個重要的轉捩點。為了將文明帶入島嶼北部，高地部落的軍事組織及對首領的私人忠誠必須被剷除。國王的法令需要在高地山谷中無阻通行，以實現真正的統一。

◆ 從叛亂到改革：蘇格蘭的現代化之路

　　然而，這些改革措施並非總是以最恰當的方式實施。低地的法律突然間在高地施行，許多高地的習俗被迫改變，當地的原始社會結構受到嚴重衝擊。昔日的部落首領變成了地主，而他們的追隨者則淪為佃農。儘管改革的初衷在於削弱首領的權勢，但真正受苦的卻是廣大平民。

　　隨著高地邊界失去政治意義，蘇格蘭終於迎來了和平與秩序的時代。道路的建設促進了交通的便利，低地和高地逐漸融合成一個不可分割的群體。長老會傳教士在高地傳播宗教與教育理念，促進了全國信仰與意志的統一。透過這些變革和隨之而來的經濟進步，現代蘇格蘭得以形成，成為一個統一且自尊的國家，相容並蓄地尊重其歷史與文化遺產。

自由與專制的對決：
皮特與腓特烈的聯盟

　　18 世紀的歐洲，正處於一個自由與專制的激烈對決時期。海上霸主不列顛的招募海軍方式雖不盡然尊重自由，但他們在大海上、在加拿大、在俄亥俄流域的勝利，無疑展示了自由制度的優越性。在這個關鍵時刻，威廉・皮特這位被譽為「大平民」的政治家，因其清正廉潔和遠見卓識，成為不列顛的領袖。他不僅高瞻遠矚，能夠顧全大英帝國的整體利益，還能團結美洲殖民者，共同抵禦法蘭西的威脅。

　　皮特的崛起，象徵著新舊勢力的交替，他的領導讓不列顛在七年戰爭中重拾信心，並在全球取得了輝煌的勝利。與此同時，普魯士的腓特烈大帝憑藉個人的策略奇才，帶領著寥寥數萬的人民，對抗奧地利、俄羅斯及法蘭西的聯合進攻長達七年。腓特烈所維護的是科學、軍人的專制政體，他本人乃是這個系統的核心，展現出勤勞耐苦的精神。

　　皮特與腓特烈的結盟成為抵禦敵人的關鍵，這個出於需要而生的同盟，讓英國人民有機會大肆宣揚，他們將腓特烈視作維護大陸新教勢力的英雄。在自由與專制的對決中，不列顛與普魯士的聯手取得了勝利，這不僅是軍事上的勝利，更是理念的勝利，自由的旗幟在歐洲大陸和海外殖民地高高飄揚，昭示著一個新時代的到來。

　　皮特在七年戰爭中的策略旨在恢復英國的海上優勢。他的領導下，英國海軍迅速恢復實力。西元 1756 年，英國曾面臨法國入侵的危險，然而在皮特的執政下，英國海軍在基伯龍灣的決定性戰役中取得勝利，這不僅

◆ 自由與專制的對決：皮特與腓特烈的聯盟

奠定了英國在七年戰爭中的勝局，也為日後英國稱霸世界海洋埋下伏筆。

皮特的成功不僅在於他的策略眼光，更在於他對不列顛人民的影響力。他激發了人民對自由的嚮往，並利用這種精神拯救了搖搖欲墜的帝國。皮特的時代，雖然舊的輝格黨已風光不再，但其精神傳統卻在他身上得到了延續和發揚，這為不列顛帶來了新的希望和力量。

英國內閣制度的崛起與挑戰

　　西元 1760 年，喬治三世登上英國王位，正值不列顛的巔峰時期。這個時期，英國的政治制度經歷了重大的變革，內閣制度的建立使得政治運作更加順暢，並解決了斯圖亞特王朝時期行政和立法機關之間的不斷衝突。在這個新制度下，內閣由首相領導，並依賴下議院多數的信任來維持運作。這不僅對英國政治產生了深遠的影響，也為其他國家提供了範例，成為英國對世界政治的重要貢獻之一。

　　然而，儘管內閣制度已經建立，英國政壇仍面臨諸多挑戰。喬治三世統治初期，英法兩國在北美殖民地的爭奪愈演愈烈，最終引發了七年戰爭。同時，蘇格蘭的教社運動對政府構成壓力，而在愛爾蘭，天主教徒面臨的限制和歧視也使得局勢更加複雜。內閣制度的建立象徵著權力平衡的轉變，但國內外的挑戰也考驗著這個新生的政治體系。

　　18 世紀中葉，內閣制度雖已初具雛形，但仍存在諸多弱點。威廉・皮特曾成功利用這個制度來統治英國本土，並在對外事務上取得勝利。他的兒子進一步將其制度化，使之成為不列顛政府的固定制度。然而，皮特父子執政的間隔期，英國經歷了二十多年的政治動盪。責任內閣和首相制度未能完全確立，政局混亂無章。

　　這段時期的主要問題源於喬治三世的個人野心。他試圖恢復西元 1689 年政治解決方案賦予國王的權力，將首相視為己意的傳聲筒，內閣淪為「國王的臣僕」。在激烈的政治爭鬥中，喬治三世一度取得了顯著成就，他收回了輝格黨人用以控制下議院的任官權，藉此賄賂和操縱議員，削弱內閣的作用。內閣若能以平民為基礎，依靠輿論支持，國王就不可能取得如此成功。

◆ 英國內閣制度的崛起與挑戰

儘管當時的國會和內閣制度在機制上已相當完善，卻仍缺乏道德力量和民眾的支持。「提名選區」的大量存在使議員的產生脫離選舉，皮特本人也未能充分利用這個政治機制。18 世紀的英國內閣制度雖已初具規模，但仍面臨國王與貴族的角力、議會的腐敗、缺乏民意基礎等諸多挑戰，這些都影響了制度的有效運作，為後來的政治變革埋下伏筆。

喬治三世與帝國的分裂

西元 1770 年，英國國王喬治三世在一片政敵潰敗中鞏固了他的統治，尤其是對於那些曾與輝格黨有關的人物，以及他所厭惡的查坦伯爵威廉‧皮特。喬治三世對才華橫溢的臣子頗為反感，只有那些毫無個人主張、願意執行他意旨的政客才獲得他的青睞。儘管威廉‧皮特曾經在擴張英國帝國版圖上功勳卓著，但在喬治三世的眼中，他卻成為「叛亂的喇叭」。對於喬治三世而言，任何對他政策的批評都被視為叛亂，政客們的價值完全取決於他們對國王的忠誠。面對新英格蘭殖民地的問題，這位國王顯得尤為不寬容，認為當地的「叛亂」遠超查坦伯爵的影響，甚至成為那片土地的特產。

英美之間的稅法爭議源於七年戰爭結束後北美法國勢力的消失。隨著外敵威脅的解除，北美的英國殖民者開始對祖國的援助不再感激，態度也逐漸冷淡。另一方面，英國因多年戰爭負債累累，稅收壓力陡增，政府希望殖民地能夠分擔保護帝國的開支。西元 1765 年，喬治‧格倫維爾提出了《印花稅法》，要求殖民地的正式文件貼上印花以籌措駐美軍隊的經費，但遭到了殖民地的強烈反對。次年，洛金漢的輝格政府被迫撤銷該法案。西元 1767 年，查理‧湯森又對美洲的茶葉等商品徵稅，而察坦此時因病已經退出政壇，無法發揮影響力。到了西元 1773 年，諾斯勳爵堅持不廢除茶稅，儘管其稅率低收入微薄，但殖民地對此已產生了根深蒂固的偏見，認為議會徵稅必須廢除。

殖民地的反對不無道理。他們承認與英王的君臣關係，但不認可英國國會擁有至高無上的立法和稅法權力，認為只有自身議會才具此權力。從

喬治三世與帝國的分裂

政策角度來看，向殖民地徵稅應由當地議會自願通過，而非強加。然而，殖民地因為節儉和對帝國連繫的冷漠，並不願意自願納稅。隨著法國威脅的消退，殖民者將帝國視為抽象概念，不值得關注。沿海地區的人們對帝國稍有了解，但感情未必更好，因為帝國在商業貿易上偏袒本土商人，損害了殖民地利益。

如果當時能召開圓桌會議，或許能化解分歧，英國放棄貿易限制，美洲承擔軍費，然而這樣的會議從未舉行。最終，帝國與殖民地間的緊張關係更新為美國獨立戰爭，改變了世界歷史的走向，開啟了一個新的時代。

分裂與獨立：美洲革命的序章

　　西元 1776 年，美洲 13 個殖民地與大不列顛的關係終於走到了破裂的邊緣。這個結果早在西元 1765 年和 1767 年，隨著《印花稅法》和《湯森法令》等法律的通過，便已注定。殖民地與宗主國之間的裂痕不斷加深，最終演變為不可調和的分裂。大不列顛的殖民政策根植於重商主義和保護主義思想，將殖民地視為商品市場，而不允許其工商業超越祖國的經濟利益。這種政策注定了雙方的矛盾將日益激化。

　　在這場危機中，英美之間的文化隔閡尤為明顯。英國社會森嚴的等級制度與美國平民化的社會形成了鮮明對比。跨洋的距離使得兩國人民缺乏交流，西元 1640 年後的移民潮也逐漸減弱。宗教信仰的差異進一步加劇了這種隔閡，英國的清教徒被排斥，而在新英格蘭，清教信仰卻是主流。在這樣的背景下，兩國的文化和價值觀差異不僅影響了彼此的關係，還為後來獨立革命的爆發埋下了伏筆。

　　波士頓茶黨事件成為導火線，激化了殖民地與英國之間的矛盾。英國政府對麻薩諸塞實施了一系列嚴厲的懲罰措施，包括封鎖波士頓港和撤銷特許狀，這些行動不僅未能平息反抗，反而激起其他殖民地的支持。英國的《不可容忍法令》被視為對殖民地的宣戰，但英國卻未能做好充分的戰爭準備。激進的革命派則利用這段時間加緊組織力量，對反對者施壓，擴大革命陣營。

　　在這場對峙中，保皇黨和革命派形成了鮮明對比。保皇黨主要由沿海商人和大地主組成，他們反對英國政府的強硬手段，但也不希望大英帝國瓦解。革命派則由下層平民和西部小農場主組成，他們組織嚴密，目標明

◆ 分裂與獨立：美洲革命的序章

確，最終在這場變革中占據了上風。喬治・華盛頓的選擇成為革命的轉捩點，他以其遠見卓識和領導才能，帶領殖民地走向獨立，成為美國革命的核心人物。

這場革命不僅改變了美洲的命運，也深刻影響了大不列顛及整個歐洲的歷史發展。儘管英國在軍事和政治上頻頻失誤，華盛頓的領導力和革命派的堅定不移最終促成了美洲的獨立，揭開了新國家崛起的序章。

政治變革的序曲：
美國獨立戰爭對英國的影響

　　美利堅合眾國的誕生，不僅象徵著一個新國家的崛起，也象徵著全球政治格局的巨大轉變。英國在獨立戰爭中失去了北美的殖民地，但這個事件亦促使其國內政治體制產生了深遠的變革。西元 1782 年，英國首相諾斯貴族的辭職成為政治轉折的開端。此後，英國的內閣和首相不再僅僅對國王負責，更須向眾議院負責，這個制度的變革使議會的權力得到了空前的增強，國王的權力則受到限制。這個變化與美國獨立戰爭密不可分，因為戰爭的結果使得喬治三世恢復王位政權的努力宣告失敗。

　　隨著議會制度的改變，英國的政黨政治也經歷了復興。儘管喬治三世曾試圖廢除政黨，然而他的行動卻促成了新輝格黨和新托利黨的誕生，並激發了民主政治的興趣。在這股民主浪潮的推動下，由羅金漢貴族、柏克、福克斯領導的輝格黨，以及小威廉‧皮特建立的托利黨，均獲得了新的活力。威伯福斯發起的反奴貿易運動也在此時期蓬勃發展。儘管受到民主興趣的推動，英國的國會改革仍然歷時 50 年之久，但不可否認的是，美國獨立戰爭促成了英國政治體制的重大轉折，為日後的民主改革奠定了基礎。

　　羅金漢派的輝格黨人在諾斯倒臺後迅速掌權，這些政治家已不再是過去腐敗的輝格寡頭，而是以輿論為依歸，立志消除國會中的腐敗。他們從過去的挫折中汲取教訓，並受到柏克和愛德曼影響，以雄辯和熱情推動改革。西元 1782 年，在羅金漢貴族的支持下，柏克推動了《經濟改革法》的

◆ 政治變革的序曲：美國獨立戰爭對英國的影響

通過，該法案大幅削減了政府中可供隨意委派的虛設職位，終結了過去用以賄賂國會的手段。這場改革揭示了羅金漢輝格黨人的政治理念，即在貴族領導下，以輿論為後盾，努力消除國會腐敗，推動經濟改革。儘管他們的執政時間短暫，卻為英國政治注入了一股清新之風，並為日後的改革奠定了基礎。這個時期的改革之路，成為英國政治史上濃墨重彩的一筆，也為世界政治格局的演變提供了深刻啟示。

英國政壇的變革與堅韌

在羅金漢去世後，英國的政治局勢陷入了動盪之中，輝格黨內部因瑟爾本貴族的隱祕性格而爆發內訌。福克斯意外地與他曾經猛烈批評的諾斯貴族結盟，然而這個聯合政府並未持久，國王喬治三世更是積極策動其垮臺。隨之而來的是年輕的威廉·皮特，他背後有重新振作的托利黨支持。

皮特在政治舞臺上崛起，曾經強烈反對國王的個人政治和美洲政策，但他也不排斥在國王接受其條件的情況下合作。對喬治三世而言，既然個人政治已無法實現，與皮特聯手對抗輝格黨成為一個可接受的選擇。在皮特執政的首十年，英國尚未受到法國大革命戰爭的影響，這段時期被視為中興之治，皮特的政府以智慧和行動力著稱。

皮特著手整頓國家財政，恢復了英國的內外威望，並在舊帝國的廢墟上奠定了新不列顛帝國的基礎。他推動加拿大和印度政府的現代化，使其更加穩固。他效仿沃波爾，進一步鞏固了首相在國家中的權力，使其真正成為治國者，而不僅僅是國王意志的執行者。皮特的內閣逐漸形成一個行動一致的團體，必須依賴一個獨立自主的下議院來生存。

在皮特的領導下，托利黨不再僅僅是「國王之友」，而成為一個獨立有為的國會勢力。它擁有腐敗選區和選舉資金，並在社會各重要階層中獲得支持。與輝格黨的福克斯等人不同，皮特精通經濟和財政，他不採取布魯克斯俱樂部的政治家風格，這使他在商人階級中贏得了信任。

儘管皮特在推動改革方面受到其所領導的保守勢力的制約，但他在執政初期奠定的基礎，對度過動盪年代的英國有著關鍵作用。皮特的功績和

◆ 英國政壇的變革與堅韌

局限性在於,他在保守和改革之間尋找平衡,試圖在不動搖既有秩序的情況下推動進步。然而,隨著法國大革命的爆發,英國在之後的 30 年裡再也無法提出任何重大的政治改革建議,這段充滿榮耀的時期也因此充滿了挑戰。皮特的政治遺產,成為英國在這段動盪歲月中屹立不倒的基石。

托利黨的矛盾與轉型：
英國政治的漸進改革

　　在小威廉・皮特執政的年代，英國政治舞臺上托利黨的寡頭政治依然占據主導地位。當時，國會的支持比國王的恩寵更為重要，儘管公共輿論已開始浮現，但仍處於次要地位。小威廉・皮特和沃波爾這兩位政壇巨擘的權力基礎，主要源於腐敗的選區制度，這個現象在小威廉・皮特時期尤為明顯。雖然柏克的《經濟改革法》試圖遏制官職買賣和封爵腐敗，但這些行為依然盛行，只是比紐喀斯爾和諾斯時代更為隱蔽。托利黨的統治延續了英國政治的僵化和腐敗，為日後的民主運動埋下伏筆。

　　托利黨與輝格黨的對立，實質上反映出地主階級對政權的壟斷。托利黨雖欲維護現行憲法，但同時面臨內部民主潮流和外部法國革命的壓力。柏克從輝格轉向托利，並不代表思想的倒退，而是反映了當時托利黨自詡為英國革命的守護者，並以反對法國革命為榮。這種自我定位，使得托利黨在抵抗雅各賓黨和拿破崙的過程中，成為國會政府的中流砥柱。然而，托利黨所支持的國會憲法主義，實質上是一種混合憲法，貴族主導，平民從屬，國王偶爾干政。這個體制隨著時代發展，顯露出其局限性。

　　抗議教徒及反雅各賓派的興起，進一步鞏固了托利黨與西元1689年原則的和解。英國保守主義者利用民眾對羅馬公教徒的恐懼，將其作為選舉口號，並結合保王派情感。儘管雅各賓主義和羅馬公教主義在歐洲相互對立，但在英國，這兩者被視為對民族自由的威脅。托利主義在戰勝拿破崙的進程中發揮了重要作用，影響力超越了單純的政治關係。然而，托利黨

◆ 托利黨的矛盾與轉型：英國政治的漸進改革

與輝格黨之間的宗教和政治糾葛，隨著 19 世紀選舉法改革的推進，逐步得到化解。西元 1832 年、1867 年和 1884 年的改革法案，擴大了選民覆蓋範圍，削弱了傳統權貴和國教的影響力。

英國的政治改革過程，反映出協調不同群體利益和尊重社會多元性的重要性。這個歷史經驗對於今天仍在探索政教關係和政治改革的社會，具有深遠的啟示意義。

英法革命交織下的改革浪潮

　　18世紀末期，英國正值改革運動的波濤洶湧之時，而法國的驚天大革命亦如同一股強烈的潮流，捲入了英國的政治漩渦。當時的法國，已經廢除了專制君主制，努力建立立憲君主制，並賦予公民平等的權利。這個社會變革自然引起了英國國教徒和異教徒的關注，因為他們對法國革命的態度直接影響了他們在國內公權問題上的立場。

　　在這樣的背景下，英國的國會改革問題，從一場國內運動演變為一個與法國革命浪潮交織的複雜議題。早期的改革推動者主要是約克郡的輝格黨地主和自耕農，他們的訴求僅限於廢除腐敗選區，增加各郡代表名額，並非為中下層階級爭取權利，而是為了恢復政府的權威，削弱喬治三世的個人統治。這個運動與法國革命雖然性質不同，但因時間的巧合而產生了微妙的關聯，使英國的改革運動難以單純從國內政治角度來看待。

　　英國的改革運動在18世紀後期經歷了兩次主要的浪潮。第一次由小威廉・皮特領導，旨在恢復立憲政府，但因柏克的《經濟改革法》而失去動力。這部法案減少了國會中的腐化力量，削弱了對選舉權改革的需求。皮特的改革法案在西元1785年被否決，象徵著運動的第一次激動結束，他自己也轉而成為反改革者。

　　第二次浪潮由哲學異教徒普萊斯和普利斯特利主導，目標是透過國會改革實現宗教平等，並主張民主和人權的普遍原則。這個運動受到美國獨立和法國革命的影響，帶有人類大同的理想色彩。英國上層階級對此感到震驚，擔心運動會變得更加極端。普利斯特利因此遭到攻擊，他的家宅和科學儀器被毀。最終，由中產階級哲學異教徒領導的改革運動在工人聚集

◆ 英法革命交織下的改革浪潮

的大城市中被迫停止,因為中產階級缺乏熱情,工人階級甚至表現出反對態度。

儘管改革運動在 18 世紀末期經歷了起伏,但改革的理念始終存在,並在後來的歷史中不斷發展,為英國社會的演變奠定了基礎。這個過程反映了不同階層對變革的態度和社會的複雜性,並見證了英法革命交織下的改革浪潮。

18 世紀末的英國,工業革命的浪潮正席捲社會,帶來了深遠的變革。大批農民因失去土地而湧入工業城市,成為廉價勞工,面臨經濟剝削和政治邊緣化。他們的不滿情緒日益高漲,在這樣的背景下,湯瑪斯・潘恩的《人權論》應運而生。他主張政治權力應屬於人民,這個觀點在窮苦大眾中引起強烈共鳴,激勵他們爭取自身權益。與此同時,愛德蒙・柏克的《法蘭西革命的反思》則捍衛保守主義的價值觀,贏得上層階級的支持。這兩位思想家的論戰,成為英國政治思想史上的重要篇章,揭示了當時社會的分裂與對立。

隨著 19 世紀的到來,英國政壇的論戰愈演愈烈。保守派堅持維護 1689 年權利法案確立的君主立憲制,強調三權均衡的重要性。他們視任何改革主張為對現有制度的威脅,激進派鞋匠哈迪・托瑪斯因提出改革而面臨起訴,幾乎賠上性命。即便是思想開明的柏克,也因其部分激進的主張而遭到保守派的排斥。另一方面,潘恩在《人權論》中猛烈抨擊君主制和貴族統治,呼籲建立真正代表民意的政府。他還提議對富人徵收累進稅,並將其用於窮人的福利。然而,潘恩激進的廢除君主制主張使得他的思想難以被廣泛接受,他本人也因此流亡海外。

西元 1792 年,法國大革命的劇變引發了英國輿論的震動。法蘭西共和國在瓦爾密戰役中的勝利,巴黎街頭的恐怖景象,讓英國政客們無法忽

視這場革命的影響。英國與法蘭西雅各賓共和國的戰事爆發，進一步加劇了英國社會的分裂。人們對共和主義的懷疑和對激進革命的恐懼，影響了英國的政黨格局和輿論走向。輝格黨的福克斯和格雷等人雖竭力否認與共和主義有關，但仍無法擺脫嫌疑。在這樣的動盪時代，理性的政治思辨逐漸被對激進變革的恐懼所取代，這種情緒深刻影響了英國政治制度的發展方向。儘管如此，潘恩和柏克的思想交鋒仍構成了英國政治文明不可或缺的一部分，預示著日後英國政治制度漸進式民主化的發展。

◆ 革命與改革：英國的兩難抉擇

革命與改革：英國的兩難抉擇

　　18世紀末至19世紀初，法國革命的浪潮席捲歐洲，英國置身其中，面臨著內外變革的壓力。法國共和黨人在戰場上取得連勝，膽識大增，甚至試圖侵入荷蘭，這引起了英國的警惕。英國不僅擔心法國的擴張，更憂心於其革命理念的傳播。英國議會將反對法國稱霸歐洲、特別是控制荷蘭視為首要任務，並在威廉‧皮特的領導下，展現出不屈不撓的決心。這種決心雖然在國際上取得了一定成效，但在國內卻引發了諸多不利影響。

　　在這樣的背景下，英國國內的政治改革運動備受打壓。改革派如福克斯、羅密力等人，因其溫和的改革主張和對戰事熱情的冷淡，常被視作不愛國者，甚至被誣為法國共和主義的同路人。皮特政府採取強硬手段，禁止國會外的改革討論，並打壓那些試圖推動政治改革的聲音。這種高壓政策引發了知識分子的反彈，他們在夾縫中試圖推動漸進的政治經濟變革，並為弱勢群體發聲。然而，改革者一方面要證明自己的愛國立場，另一方面又要與法國革命劃清界線，這使得他們的處境極為艱難。

　　改革派的努力最終在陪審團制度的保護下免於更大規模的鎮壓，但高壓政策仍然持續。政府以《禁止結合諸法》限制勞工結社，壓制工人階級的權益。這種做法不僅未能改善勞工的生活，反而激起了更大的社會不滿。勞工階級開始覺醒，逐漸組織起來，抗衡不公的制度。

　　儘管改革的道路充滿荊棘，英國的法治傳統和陪審制度在一定程度上保障了公民的基本權利，避免了流血的革命。這個時期的英國政治改革雖然艱難，但也為後世提供了寶貴的經驗教訓：政治參與權的爭取需要理性

和韌性，並依賴於廣泛的社會基礎。最終，西元 1823 年，禁止職工會的《結合諸法》被廢除，英國的改革進程迎來了新的轉機，這為後來的民主發展奠定了基礎。

輝格黨的堅持與改革之路

在 18 世紀末的英國國會中,輝格黨人以查理·福克斯為首,面對著來自反雅各賓和潘恩激進主義的雙重壓力。儘管他們不斷否認潘恩的激進主張,但在西元 1793 至 1797 年間的反雅各賓運動中,輝格黨人仍勇敢地提出廢除腐敗選區的改革動議。身處絕對少數的輝格黨人,被大多數反對者視為同情法國叛亂的叛徒,處境艱難。然而,國會對名門子弟的特別優待和對國會特權的尊重,使他們得以在這種敵意環境中生存。

輝格黨人和追隨柏克的舊黨友之間的激烈對立也在這時浮現。舊黨友逐漸與支持託立政府的勢力混合,而福克斯派則堅持輝格黨的傳統,維繫著該黨的中流砥柱地位。他們不斷反對皮特及其繼任者,確保國會不完全淪為反雅各賓運動的工具,維持了新舊時代和階級之間的一絲脆弱連繫。儘管改革之路艱難,輝格黨人堅持己見,終於在西元 1832 年促成了《改革法》的通過,避免了內戰及社會動盪,為英國民主改革奠定了重要基礎。

進入 19 世紀,儘管輝格黨人處於政治邊緣,但他們仍保持著不容忽視的力量。他們與當時的主流思潮格格不入,卻以內部的團結和凝聚力在逆境中屹立不搖。這群貴族、學者和遊獵者,雖然失去民心和權位,卻在鄉間莊園和倫敦布洛克俱樂部中保持著高雅的品味和不凡的氣度。即使在國會中只占少數議席,他們也毫不妥協地堅持自己的政治理念,對執政的托利黨不屑一顧。

福克斯的離世成為英國政治變革的轉捩點,他以個人魅力和政治影響力為英國政治的漸進式變革提供了一種可能。輝格黨人儘管不被看好,卻

在 19 世紀的英國政治演進中發揮了不可或缺的作用，代表著自由主義精神的持續傳承。福克斯的遺贈 —— 禁止奴販的法案，成為他高尚情操的展現，為英國政治史留下了值得後人緬懷的篇章。

◆ 歷史的回聲：英法衝突中的相似與變革

歷史的回聲：英法衝突中的相似與變革

　　拿破崙戰爭和馬爾博羅戰爭，儘管相隔一個世紀，卻在多方面展現出驚人的相似之處。首先，這兩場戰爭中，英國面對的都是強大的法國敵手。英國在這兩場戰爭中依賴其強大的海軍和精良的陸軍力量，這個策略在特拉法加海戰和拉霍格海戰中得到了充分展現。在陸地上，英國陸軍以精銳的騎兵和「稀薄的紅色陣形」在滑鐵盧戰役中擊敗拿破崙，這與馬爾博羅戰爭中的布倫海姆和拉米利耶斯戰役如出一轍。

　　英國能在這兩場戰爭中取得勝利，離不開傑出的軍事將領。約翰・邱吉爾公爵在馬爾博羅戰爭中所向披靡，而亞瑟・韋爾斯利公爵則在拿破崙戰爭中大顯身手。最終，這兩場戰爭都為英國帶來了豐厚的戰果，鞏固了其海上霸主地位和殖民地版圖。

　　然而，拿破崙戰爭的影響遠不止於此。它不僅是過去戰爭的延續，更是現代戰爭的雛形。商業競爭在拿破崙戰爭中扮演了重要角色，英國的海上封鎖和拿破崙的《柏林敕令》與《米蘭敕令》之間的對抗，預示了未來經濟戰的走向。法國大革命帶來的公民意識和民族主義，激發了平民的愛國熱情，使得法國在拿破崙的領導下成為一支強大的力量。

　　拿破崙戰爭後期，歐洲各國的民族意識逐漸覺醒，西班牙、俄羅斯及德意志諸國開始反抗法蘭西的統治，為自身利益而戰，這改變了戰爭的性質。隨著民族主義的高漲，戰爭的慘烈程度也不斷加劇，莫斯科和萊比錫大會戰便是例證。

　　在這場漫長的戰爭中，英國憑藉強大的海上力量，成為抗法同盟的中

流砥柱,維持制海權是其成功的關鍵。納爾遜和小皮特的合作,是英國在這場戰爭中屹立不倒的重要因素。皮特在戰爭中的策略,雖未能完全滿足柏克的期望,但他的目標在於維護歐洲的獨立,防止法國的侵略。

總而言之,拿破崙戰爭和馬爾博羅戰爭雖然相隔百年,卻在多方面展現出歷史的回聲。這些戰爭不僅奠定了英國的世界霸主地位,也預示了現代戰爭的特徵,影響了後世的軍事與政治格局。

◆ 尼羅河之勝：重塑大英帝國的海上霸權

尼羅河之勝：重塑大英帝國的海上霸權

在 18 世紀末的歐洲，英國面臨著巨大的挑戰。西印度群島的戰爭消耗了大量資源，導致帝國在歐洲大陸的軍事行動屢屢受挫。法蘭西在拿破崙・波拿巴的領導下崛起，成為英國最強勁的對手。尼羅河之戰成為這個歷史關鍵時刻的轉捩點，重塑了英國的海上霸權。

尼羅河戰役象徵著英國海軍的一次重大勝利。這場戰役不僅扼殺了拿破崙東進的野心，也重振了英國在地中海的影響力。波拿巴的軍隊在埃及遭遇挫敗，被迫撤回法國，使得法國在地中海的擴張計畫受阻。尼羅河的勝利不僅是對法軍的沉重打擊，也為英國在全球重建其海上霸權奠定了基礎。

這場戰役的成功不僅止於軍事層面，更影響了英國在印度次大陸的地位。當時，印度正處於動盪之中，尼羅河的勝利為英國在印度的統治提供了有力支持。馬拉沙戰爭和賣索爾的叛亂威脅著英國的殖民統治，而尼羅河的砲火無疑為英國提供了強心針，鞏固了其在印度的勢力。

此外，尼羅河戰役也重新確立了英國在地中海的主導地位。英國奪取了馬爾他，這個策略要地成為其統治地中海的橋頭堡。而西西里的納普爾斯王室則成為英國的忠實盟友，進一步鞏固了其在地中海的影響力。這些地區的掌控使得英國能夠在地中海自由行動，鞏固了其海上霸權。

尼羅河之戰不僅是對拿破崙東征野心的終結，更是大英帝國全球霸權的奠基石。從此，英國的國運與這條古老的大河緊密相連，成為帝國輝煌的見證。皮特首相的決策和納爾遜的指揮才能在這個戰役中發揮了關鍵作

用，為英國帶來了持久的榮耀和影響力。英國在這場戰役中展現的海軍實力，成為其在 19 世紀全球政治舞臺上不可或缺的力量。尼羅河之戰的勝利，不僅塑造了英國的未來，也改變了歐洲乃至世界的歷史發展。

◆ 英國政壇的權力交織與制約

英國政壇的權力交織與制約

在拿破崙戰爭期間，英國的政治格局複雜多變，國會掌握了極大的權力。這個時期的英國政壇呈現出國會權力強大、言論自由受限的特點。戰爭和改革的議題交織在一起，反映了當時複雜的政治生態。

國會的作用在這個時期尤為突出。受教育者常將這場戰爭與古羅馬元老院對抗漢尼拔的戰爭相提並論，這使得國會辯論的藝術達到了巔峰。只要能獲得下議院的信任，並向議員們清楚地解釋政策，便可調動國家的武力和財力。然而，公開演說和集會並未成為重要的政治手段，僅在選舉時偶爾使用。戰爭期間及戰後數年，改革派幾乎喪失了言論和出版的自由，例如，克伯特因批評德意志傭兵鞭打英國民兵而被監禁兩年。

這種限制民眾自由的舉措，一方面是為了防止戰時的反動，另一方面則是為了阻止改革內政運動的復甦。在反雅各賓派人士看來，改革和通敵並無太大區別，因此防止通敵的方法也被用於阻止改革。儘管自由受到限制，但國會的權力並未被削弱。即使在喬治三世年老且時常受病痛折磨之時，他仍能對國會各派的角力施加影響，阻撓皮特解放愛爾蘭天主教徒的計畫。然而，喬治三世的權力也不是毫無限制的，他無法恢復因喪失美洲殖民地而失去的王室大權。

在這段時期，英國政黨格局呈現出兩黨制暫時衰落、多黨制短暫復甦的特點。隨著政黨分裂愈加嚴重，國王得以越發發揮仲裁者的作用，權力也有所回升。輝格黨內部因改革運動和法國大革命的影響而出現分裂，福克斯派的議員人數銳減至百人左右，長期無法奪取政權。這種情況與早年

的托利黨頗為相似。托利黨的長期式微導致輝格黨分裂為沃爾波爾派和反沃爾波爾派；而托利黨在 19 世紀初也分裂為皮特派、阿丁頓派和格倫維爾派。

這些派系缺乏明確的政治綱領，僅在領袖人物上存在分歧，因此它們在戰後的十幾年中不斷與福克斯派結盟，或組建政府，或充當在野黨。在這種形勢下，喬治三世自然擁有一定的任命大臣的權力。在他病重期間，攝政王喬治王子也繼承了這個權力。他們利用這個特權，排斥福克斯派在內的輝格黨人。儘管在皮特去世一年後，喬治三世曾不得不任命了一個包括垂死的福克斯在內的「全才內閣」，但國王仍然能夠在短時間內將他不喜歡的大臣趕下臺。

整體而言，這個時期的英國政壇「群雄割據」，國王的權力有所回升，但也為日後議會政治的進一步發展埋下了種子。隨著拿破崙戰爭的演進，福克斯派開始意識到對法作戰的必要性。福克斯本人在臨終前也改變了早年的主張，深信拿破崙不可能達成和平。但福克斯的繼任者如格雷伯爵和霍蘭德男爵等人仍然過於消極被動。他們既缺乏支持持久戰爭所需的沉著冷靜，也缺乏銳敏的洞察力。

◆ 戰爭陰影下的階級圖景

戰爭陰影下的階級圖景

在拿破崙戰爭的陰影下，社會各階層承受著不同的壓力與挑戰。上層階級儘管享受著戰爭帶來的經濟繁榮，但這一切卻是以中下階層的艱辛為代價。西元 1812 年的英美戰爭雖然在軍事上對英國影響有限，但對社會經濟的衝擊卻是深遠的。

英國在與法國的漫長對抗中，憑藉其強大的海軍力量維持了對歐洲大陸的封鎖，這場經濟戰爭不僅考驗著各國的韌性，也深刻影響了英國的內部結構。上層階級因為地租的增加和稅收政策的傾斜，依然能夠過著舒適的生活。他們的財富來源，主要依賴於穩定的租金收入和什一稅的優惠，讓他們在戰爭的風暴中安然無恙。

與此同時，英國的中產和下層階級卻面臨著截然不同的現實。他們的生活品質因物價的飛漲和高昂的戰時賦稅而受到嚴重影響。商人階層尤其艱難，他們的生意因戰爭和封鎖而蕭條，收入不穩定。即便如此，這些中產階級憑藉著不屈的意志和吃苦耐勞的精神，仍然在艱難的環境中奮鬥不懈。

戰爭不僅影響著經濟，也深刻改變了文化生活。儘管戰火連年，英國的文化卻未曾停滯。這個時期，偉大的藝術家、作家們不斷創作，為上層階級提供了精神上的享受和逃避現實的途徑。鄉村和城市的生活在文化的滋養下顯得特別豐富多彩，貴族們在打獵、拳擊和文學中度過了許多安逸的時光。

然而，這種繁榮隱藏著深刻的不平等。戰爭帶來的經濟壓力，對不同

階層的影響截然不同，反映了社會結構的失衡。上層階級的特權生活與中下階層的艱辛形成鮮明對比，這種不平等的現象不僅是當時社會的縮影，也預示著未來可能的社會變革和衝突。

在這樣一個動盪的時代，英國社會的各個階層在戰爭的壓力下展現出不同的面貌。上層階級的安逸與中下階層的艱辛，構成了 19 世紀初英國社會的真實畫卷。這幅畫卷，不僅記錄了戰爭帶來的創傷，也折射出一個時代的社會結構與文化風貌。

◆ 勝利的背後：不列顛的堅守與智慧

勝利的背後：不列顛的堅守與智慧

在18世紀末的歐洲，戰爭風雲變幻，列強紛紛調整策略以應對法蘭西共和國的崛起。當時的戰場上，橫隊陣型是普遍採用的戰術，這種陣型需要訓練有素的士兵才能發揮最大效能。然而，法蘭西共和國的軍隊卻由缺乏訓練的民兵組成，他們採用密集的縱隊陣型，並派遣哨兵挑戰敵軍。這支軍隊雖然軍事素養不如對手，但憑藉人數優勢和高昂士氣，竟然擊敗了奧地利帝國的橫隊步兵。這個結果令歐洲君主國紛紛效仿法軍的縱隊陣型，卻忽視了法軍獲勝的真正原因——士兵的鬥志。

與此相對，不列顛軍隊憑藉其保守天性和正確判斷，堅持傳統的橫隊陣型。這個策略使他們在埃及和南義大利的戰場上占據優勢，並在隨後的伊比利半島戰役中多次打敗法軍。英軍的紅衫兵排成長長的橫隊，齊射密集的槍彈，往往能夠掃蕩法軍縱隊的前鋒。即便是軍事天才拿破崙·波拿巴，在權傾一時之際，也未曾改變法軍的縱隊戰術。這個事實說明，傳統的作戰方式在特定的歷史條件下未必落後，反而可能成為致勝的關鍵。

在西元1813至1814年間，隨著俄德戰場的挫敗，拿破崙不得不從西班牙撤回部分軍隊，為盟軍在萊比錫戰役中取得勝利創造了條件。同時，英國將領威靈頓在南方牽制了法軍，進一步分散了拿破崙的兵力。西元1814年初，奧地利、普魯士、俄羅斯聯軍渡過萊茵河，而威靈頓則翻越庇里尼斯山，法蘭西腹地面臨入侵危機。盟軍的最終勝利，除了軍事成功外，也得益於卡斯爾雷在西元1813至1814年間的外交努力。他成功地將互存疑忌的歐洲列強團結起來，共同對抗拿破崙。

當拿破崙自厄爾巴島潛返巴黎，發動百日復辟時，不列顛政府迅速宣

戰，並派遣威靈頓率軍與普魯士將領布呂歇爾的部隊會合，最終在滑鐵盧戰役中取得決定性勝利。這場戰役象徵著拿破崙戰爭的終結，也使不列顛的國際聲望達到頂點。在隨後的維也納和會中，卡斯爾雷和威靈頓的意見受到高度重視，為《維也納條約》的制定做出了不可替代的貢獻。拿破崙戰爭的落幕，象徵著歐洲新秩序的開端，而英國則憑藉其貢獻，在新秩序中占據了重要地位。

維也納會議：和平與矛盾的交織

　　西元 1815 年的維也納會議是歐洲歷史上一個關鍵時刻，象徵著拿破崙戰爭的結束和一個新秩序的開始。這場會議的成就之一是對法國的寬大處理。在俄國沙皇亞歷山大一世的支持下，奧地利首相梅特涅和英國外交大臣卡斯爾雷倡導以寬容的態度對待法國，避免了普魯士和部分英國民眾報復性的主張。最終，法國保留了西元 1792 年的疆界，不必承擔過重的賠款負擔，並在三年內償還完畢。這樣的安排，為歐洲帶來了長達數十年的和平。

　　然而，維也納會議在其他方面卻存在著顯著的不足。除了英國和法國，戰勝國多為專制政體，對各國人民的民族訴求和自由權利漠不關心。俄國、普魯士和奧地利等國隨意瓜分了波蘭、德意志和義大利，完全無視當地居民的意願，似乎將他們視為沒有主見的附庸。西班牙和德意志人民在抵抗法國侵略時，曾希望能在戰後獲得民族獨立和人民自由，但這些希望在維也納會議上被徹底無視。維也納會議在解決民族自決和人民權利的問題上顯得無能，為日後的革命運動埋下了隱患。

　　英國在這次會議中獲得了巨大的利益。作為海上霸主，英國在戰爭中占領的殖民地大多被歸還，但保留了錫蘭、好望角和新加坡等重要據點，並透過購買獲得了蓋亞那的一部分。同時，英國也在歐洲大陸上拓展了其影響力，透過支持荷蘭和比利時的合併，確保了萊茵河三角洲的穩定。這些舉措鞏固了英國的全球霸權地位，為其稱霸世界一個多世紀奠定了基礎。

總而言之，維也納會議為歐洲帶來了短期的和平，但其忽視民族自決和人民權利的做法，無法長久維持穩定。這場會議成為十九世紀歐洲民主運動的催化劑，政治家們雖試圖維護君主專制，但歷史的潮流終究不可阻擋。民主思想在歐洲的傳播和發展，最終推動了社會的巨大變革，改變了整個大陸的政治格局。

◆ 不列顛帝國的蛻變與融合

不列顛帝國的蛻變與融合

　　在喬治三世統治的後期，不列顛帝國經歷了顯著的變遷，從一個島國逐漸成為全球性的強權。英國人曾在諾曼征服後融入法蘭西文明，但在中世紀晚期的演變和都鐸王朝的革命中，他們逐漸發展出獨特的島國個性，這種個性在帝國的法律、政府、宗教、文化和生活習慣中得以展現。這個轉變使他們得以擺脫大陸勢力的影響，形成所謂的「純英國人」身分。

　　隨著實力的增強，英國人開始在全球積極活動，探索新的領土，並將其成熟的思想和標準傳播到新大陸。這個過程使他們逐漸失去「島性」，但也讓他們的生活因為能夠在全球進行征戰、貿易和統治而變得更加豐富多彩。不列顛人在帝國內部活躍的同時，也在中國和南美洲等地開展企業，成為歐洲貿易和影響力的象徵。工業革命進一步推動了這個擴張的進程，為英國文化向外傳播提供了新的動力。

　　然而，這個時期的帝國也面臨著多重挑戰，包括愛爾蘭問題、加拿大和澳洲的殖民地問題、印度問題以及白人與非洲黑人之間的關係問題。這些問題的解決過程中，少皮特發揮了重要作用，推動了帝國的變革。其中，西元1807年英國率先禁止奴隸貿易，這個舉措不僅展現了人道主義思想的興起，也象徵著帝國道德觀的轉變，為英國在全球推行文明使命、傳播其價值觀奠定了基礎。

　　在這個擴張和改革的背景下，英格蘭與蘇格蘭之間的關係也經歷了重要的轉變。過去蘇格蘭經常讓英格蘭感到不安，但隨著詹姆斯主義的消亡和蘇格蘭封建部落制度的廢除，兩國之間的緊張關係逐漸化為祥和的內部團結。沃爾特・司各特爵士的文學作品和蘇格蘭軍隊在滑鐵盧戰役中的

英勇表現，進一步促進了兩國人民的相互理解和推崇。

然而，兩國仍面臨工業革命帶來的社會經濟挑戰，包括政治制度的陳舊和城市擁擠等問題。儘管如此，蘇格蘭的民主精神依舊比英格蘭更強大，兩國在隨後的政治改革和社會進步中攜手並進，共同譜寫了融合發展的新篇章。這個過程不僅鞏固了不列顛國家的內部團結，也為帝國的進一步發展奠定了堅實的基礎。

◆ 18 世紀愛爾蘭的重生與掙扎

18 世紀愛爾蘭的重生與掙扎

　　18 世紀的愛爾蘭，從長期的沉寂中甦醒，進入了一個充滿活力的新時代。這個時期的愛爾蘭問題，時常成為擾亂不列顛帝國治安的根源，直至今日才得以徹底解決。18 世紀初期，當詹姆士黨的蘇格蘭成為隱患時，愛爾蘭卻出奇地保持了平靜。這主要是因為自薩斯飛德之役以來，那些傳承詹姆士主義的好亂之徒已經轉向法國軍隊效力。愛爾蘭本土曾被克倫威爾和威廉兩度征服，卻能忍受不列顛人及新教徒的統治，忍受對天主教徒不公的法律，維持著表面的平靜。

　　然而，18 世紀末，愛爾蘭的沉寂之火因新時代的風潮而再度燃起。這個新局面的推動者不再是傳統的天主教及凱爾特民族，而是由新教和自由主義陣營的厄耳斯忒長老教徒及格拉坦等人所發起。他們反對損害愛爾蘭利益以保護英格蘭貿易、以及壓迫愛爾蘭其他教派的行為。隨著這些政治家的奮起，許多新教徒逐漸忘卻對天主教徒的恐懼，而天主教徒也在壓迫中默默忍耐，未有激烈反抗。

　　在這樣的背景下，愛爾蘭開始了新一輪的復甦與抗爭。雖然這段過程充滿了曲折與困難，但最終為愛爾蘭的獨立奠定了基礎。這個時期的愛爾蘭史，反映了一個民族在壓迫中求生存、在抗爭中謀發展的不屈精神，值得後人銘記與學習。

　　18 世紀末，愛爾蘭處於一個充滿希望卻又矛盾重重的時期。美洲獨立戰爭期間，抗議教的義勇軍掌控了愛爾蘭，天主教徒也支持這些主張和運動。他們願意全力保衛英格蘭的勢力，抵禦法國的入侵，同時要求廢除歧視愛爾蘭商業利益的法令，並實現愛爾蘭國會的獨立自主。英國政府被迫

接受這些要求，愛爾蘭因此獲得了自由貿易的權利。

然而，這種自治地位在接下來的 20 年中名存實亡。天主教徒被排除在都柏林國會的權力之外，新教徒也因寡頭的操縱而難以享受政權。格拉坦領導的改革運動試圖調和種族和宗教間的紛爭，但隨著雅各賓主義和反雅各賓主義的興起，改革的機會逐漸消失。英國的政治家未能響應格拉坦的號召，錯失了讓愛爾蘭迎來新時代的機會。法國大革命進一步激發了愛爾蘭人追求獨立的決心，但他們尋求法國援助的努力卻引發了教派間的殘殺。在西元 1798 年的起義中，英國政府依賴於忠於政府的愛爾蘭民眾來平定叛亂，而這些人重新燃起對天主教徒的恐懼，並組織起奧倫治社團。「98 年」事件成為仇恨的象徵，世代相傳，成為激發民族義憤的工具。愛爾蘭的獨立之路充滿坎坷，反映了宗教、政治力量錯綜複雜的互動。

在皮特擔任英國首相期間，他試圖透過將愛爾蘭與英國合併來恢復治安，然而這個舉措卻未能如願以償地推行公教徒解放。原本，皮特的計畫中包括公教徒解放，以期獲得愛爾蘭人的支持。然而，由於英國國內對羅馬公教徒享有政治權利的普遍恐懼，公教徒在聯合國會中被排斥長達 28 年之久。合併後，羅馬公教的凱爾特人不僅承受英國的壓力，也面臨北愛爾蘭奧倫治主義的崛起，導致南北愛爾蘭之間的對立加劇，猶如波因戰役的重演。

在這樣的背景下，愛爾蘭的土地問題成為政治舞臺的焦點，僧侶主義、民族主義和缺乏教育的民主主義勢力逐漸匯聚。公教律師奧康尼‧達尼爾憑藉其卓越的演說才能，助力形成一股新的政治力量，試圖挑戰現有的政治格局，為愛爾蘭開闢新的前途。然而，愛爾蘭依然深陷動盪與分裂之中，宗教、民族和政治的對立持續發酵。要實現真正的和解，仍需各方在理性與包容中尋求共識，唯有如此，愛爾蘭才能走出陰霾。

◆ 18 世紀愛爾蘭的重生與掙扎

　　與此同時，在喬治三世統治下，加拿大的移民與多元文化發展呈現出新的氣象。隨著英國征服法屬加拿大，大量英國移民湧入，其中包括美國獨立戰爭中支持英國的「合眾帝國忠誠者」。這些新移民帶來了新的文化元素，也帶來了治理挑戰。英國政府為尊重法裔加拿大人的習慣，採取了不同的治理政策，容忍他們的宗教和習俗。西元 1774 年的《魁北克法令》保障了法裔加拿大人的權利，贏得了他們的信任。

　　皮特的解決方案是將加拿大劃分為上下兩省，分別沿用英國法律和保留法國習慣法。這個舉措適應了當時的需求，與 50 年後賦予加拿大「責任政府」的改革相似。在這個過程中，加拿大的多元共存局面逐漸形成，英國政府的寬容政策為不同群體的共處提供了基礎。儘管矛盾與融合問題依然存在，但新移民的加入為加拿大社會注入了新的活力。

　　在這段時期，加拿大和愛爾蘭面臨著不同的挑戰與機遇。前者的多元文化發展得益於寬容的政策，而後者則在合併的陰影下掙扎求存。無論如何，這些歷史發展都深刻影響了兩地的未來，也為後世提供了寶貴的經驗教訓。

英國統治下的印度：從新政到擴張

　　皮特的《印度法》為英國在印度的統治奠定了堅實的基礎，這部法律保留了東印度公司的商業專利權，但將行政權力置於不列顛內閣的監督之下。駐加爾各答的總督獲得了更大的權力，成為不受參事院約束的獨裁者，然而，總督的權力仍需接受來自英國的最終管轄。這個制度下，皮特任命了康沃利斯侯爵為印度總督，康沃利斯對孟加拉的租稅和政府制度進行了大規模整頓，這些改革成為英屬印度治理的典範。康沃利斯的治理使得印度人民逐漸將英國視為安全與保障的象徵，無論英國勢力延伸到何處，當地居民都能免受好戰部落的掠奪和苛政的壓迫。這種安全保障成為英國能夠長期統治印度並使之合法化的基本理由。

　　然而，英國在印度的統治並非一帆風順。雖然康沃利斯的改革提高了治理效率，但在他的繼任者威爾斯利爵士時期，英國的政策更加激進，致力於擴張不列顛在印度的勢力範圍，試圖將其延伸至如海達拉巴等地。威爾斯利的目標是繼承已消亡的蒙古帝國，成為整個印度次大陸的仲裁者和治安維持者。然而，這個政策並未完全得到東印度公司和英國政府的認同。儘管如此，事實證明，維持印度的和平與穩定需要在整個次大陸上建立一個被普遍承認的宗主權。

　　19世紀初，不列顛在工業革命的浪潮中崛起，憑藉強大的海軍力量在拿破崙戰爭中獨占商業和殖民地的優勢。戰爭結束後，不列顛的經濟繁榮和人口成長使其在全球舞臺上保持領先地位。與此同時，美洲的英語民族向西擴展，然而他們暫時無法在海上或全球市場上與不列顛競爭。在這個歷史關頭，世界上有色人種的命運在相當程度上被不列顛掌握。作為歐洲

英國統治下的印度：從新政到擴張

與中國、印度接觸的橋梁，以及非洲發展的先驅，不列顛的行動對全球文明的走向至關重要。

不列顛是否能以文明和負責任的方式對待殖民地人民，將決定世界的未來。在印度，不列顛的官員們開始轉變態度，致力於人民的和平與幸福，創造了優秀的英印政治傳統。在非洲，禁止奴隸貿易成為首要任務，只有在這個邪惡行為被終止後，白人和黑人之間才能建立起更為和諧的關係。威廉·威伯福斯及其同仁成功地激發了英國人民的良知，促成了西元1807年和1833年禁止奴隸販賣的法令通過，這個勝利為歐洲列強向非洲內地的擴張打開了大門。

反奴隸貿易運動不僅在道德層面取得了成功，其組織動員方式也開創了英國公共生活的新紀元。這場運動由朋友會成員發起，並得到夏普、克拉克森、威伯福斯等慈善家和政治家的支持。威伯福斯的影響力對爭取群眾支持造成了關鍵作用。許多參與者出身於貴格會或福音派，他們富有強烈的宗教熱忱，成功地激發了大眾的道德良知。

福音主義和人道主義在19世紀初的不列顛扮演著重要角色。它們推動了不列顛社會的進步和變革，為政治和公共生活注入了新活力。儘管政治腐敗依舊存在，但英國人民追求自由、平等、人道的精神已然覺醒。這股力量促成了歷史性的改革，如廢奴運動，並證明即便在艱難的戰爭年代，只要堅持正義，國家終能戰勝黑暗，開創美好的未來。

不列顛的覺醒和奴隸貿易的終結象徵著一個新時代的來臨。福音主義和人道主義跨越黨派界線，對不列顛的政治產生了深遠影響，推動社會改革，塑造了更為公平和人道的世界。

工業革命中的英國：變革與挑戰

　　喬治三世統治時期，英國經歷了一場前所未有的工業革命，這股浪潮如同洶湧的江水，徹底改變了英國的社會和經濟結構。工業革命之前，英國的變遷似乎如緩流般平穩，但隨著瓦特和史蒂文生等人的發明，這股洪流驟然加速，無情地衝擊著社會的各方面。這場革命不僅僅是技術的革新，更是社會結構的重塑。城市化的進程加速，工人階級應運而生，貧富差距日益擴大。傳統的田園生活方式逐漸被喧鬧的工業都市所取代，這一切使得英國社會面臨著前所未有的機遇和挑戰。

　　工業革命帶來的變革，讓歷史學家難以為近代英國的「常態」下定義。交通方式的變化便是一個典型例子。在短短 160 年間，英國的交通方式從騎馬到運河，再到鐵路和汽車，這種速度和變化的深度是前所未見的。工業革命無疑為英國帶來了物質上的進步，但也伴隨著社會結構的劇變和人們生活方式的轉變。面對這樣的變遷，當時的英國社會充滿著不確定性，而今日的我們則明白，這場革命最終將英國推向了世界強國的行列，開啟了一段輝煌的歷史篇章。

　　然而，研究這段時期的經濟史卻充滿挑戰。由於缺乏完整的統計和經濟數據，早期的史家在撰寫經濟史時，往往無法全面描繪當時的經濟面貌。直到 19 世紀，隨著藍皮書的出現和人口普查的開展，經濟數據才逐漸完備。即便如此，我們對於工業革命初期大多數英國人的物質生活狀況仍所知甚少。經濟史家為我們勾勒出喬治三世時期英國社會的圖景，這幅圖畫雖然不盡美好，但卻是英國社會史中的第一次「特寫」。

　　工業革命時期的英國，面臨著巨大的社會變革。人口的激增與工業革

工業革命中的英國：變革與挑戰

命密切相關，但這種關係並不簡單。過去的一些理論試圖用單一原因解釋人口成長，然而事實證明，這個現象主要歸功於生活水準的提高和醫療衛生的進步。工業化進程中的英國，儘管在衛生條件和醫療保健方面仍有不足，但已顯示出明顯的改善。這些進步為英國的人口成長創造了有利條件。

工業革命不僅是技術的革新，更是社會的深刻變革。它使英國從一個農業國家轉變為工業強國，為人類社會進步提供了新的動力和方向。在這段歷史中，我們看到了變革的力量，也看到了挑戰的深度。工業革命的經驗提醒我們，在追求經濟發展的同時，應該如何在保留傳統價值和自然環境的同時，為所有人創造更美好的生活。

鐵與火的交響：工業革命的心跳聲

　　十八世紀的英國，正值工業革命的風起雲湧，冶鐵和機械工程正以前所未有的速度推動著這場歷史變革。短短四十年間，鐵的產量驚人地成長了十倍，這一切歸功於米德蘭西部各郡在鐵礦冶煉技術上的突破。隨著鐵礦的開採和機械工程的快速發展，五金器、陶瓷等以煤鐵為基礎的新興產業如雨後春筍般崛起，遍布英國各地。詹姆士‧瓦特的蒸汽機發明更是為這些產業注入了強大的動力，推動著工業革命的巨大齒輪。

　　伴隨著這場工業浪潮，一個全新的職業群體——近代機械工程師——應運而生。他們不僅擁有優厚的薪資和高水準的教育，還在全國受到僱主的欽佩和信賴。史蒂文生家族，特別是那位著名的火車頭發明家，便是這個群體的典型代表。這位發明家出身貧寒，17歲才開始識字，但他所代表的「自助」精神和「機會均等」理念，成為這個時代的格言，推動著社會的進步。

　　工業革命不僅改變了生產方式，也重塑了英國的經濟地圖。曾經依賴紡織業的東盎格利亞、薩默塞特等地逐漸衰落，取而代之的是北部谷地的新興工業區，這些地區迅速成為財富與知識的中心。政治權力的重新分配成為必然，然而，在拿破崙戰爭期間及其後的數十年，新興工業資產階級忙於累積財富，尚未有力挑戰貴族的政治壟斷。

　　工業區的無產階級雖因貧困而憤怒，響應克伯特和韓德等人的號召，但缺乏中產階級的支持和合法工會組織，他們的反抗很快被鎮壓。男女老幼不分，湧入克來德河畔、北部煤區等工業區，尋求生計。儘管農村的薪資有所提高，但相比遙遠鄉間仍是微不足道。拿破崙戰爭引發的經濟動盪

◆ 鐵與火的交響：工業革命的心跳聲

使得這些工人的處境更加艱難。物價波動、薪資低下、就業不穩定，這些問題如陰影般籠罩著工人階級，讓他們在動盪的社會變革中掙扎，期盼著未來能有一個出路。這是鐵與火的交響，也是工業革命的心跳聲，迴盪在英國的每一個角落。

工業革命的代價：工人與移民的苦難

　　工業革命帶來了技術和經濟的飛速發展，但在這個過程中，許多弱勢群體承受了極大的痛苦，尤其是礦工和工廠工人。這些工人的工作環境極其惡劣，特別是兒童和婦女，他們的處境令人心痛。在煤礦中，礦工們長期在黑暗潮溼的環境下工作，居住條件惡劣，薪資微薄，工作時間漫長，且幾乎沒有安全措施。一旦發生事故，真相往往被忽視。在蘇格蘭，礦工甚至淪為賣身的奴隸，這種情況一直持續到18世紀末。即使在英格蘭，婦女和兒童也在礦井中從事極其辛苦的勞動，情況之艱難無法想像。

　　工業革命雖然推動了社會的進步，但也加劇了社會的不平等，許多弱勢群體因此付出了慘痛的代價。《礦業報告書》中記錄的虐待情形，讓這個相對文明的時代感到不安。在工廠中，貧困兒童在嚴厲的監工下工作，僱主只關心生產效率，對他們的痛苦漠不關心。隨著家庭作坊被工廠取代，兒童的處境更加悲慘。在西元1833年工廠檢查制度發表之前，情況只會愈加惡化。儘管難以確切估算這個時期窮人的生活狀況與之前相比惡化了多少，但可以肯定的是，他們所面臨的困苦是極其嚴重的。

　　此外，工業革命導致了人口的劇烈變動，改變了英國的社會結構。大量來自英格蘭、蘇格蘭、威爾斯及愛爾蘭的農村人口湧入城市，成為工業化進程中的主要勞動力。儘管城市生活充滿艱辛，相較於農村的饑荒威脅，這些移民仍視城市為一個充滿希望的新天地。隨著工業區域的崛起，工廠對勞動力的需求激增，這些移民成為工業革命的重要推動力。

　　然而，這個時期的移民潮也加劇了社會矛盾。愛爾蘭移民的湧入，因生活及薪資標準普遍較低，加劇了英國城市貧民區的擁擠與衛生問題。愛

◆ 工業革命的代價：工人與移民的苦難

爾蘭勞工的低薪資對本地工人的就業構成威脅，導致多起針對愛爾蘭人的排外暴力事件。工業革命時期的社會劇變，為英國乃至整個西方世界的發展留下了深刻的歷史印記。

英國農業革命與圈地運動的雙重變奏

　　18 世紀的英國，正值農業革命的興起，這場革命性變革被稱為「改良的世紀」。在這段時期，地主們紛紛投入巨資於土地，並推廣科學的農業和畜牧技術。圈地運動的推動，使農民獲得整塊土地，為改良農業創造了有利條件。諾福克的科克是農業改良的先驅之一，他將自己的兔圍改造成模範田莊，吸引了來自不列顛及歐洲各地的農業家前來參觀學習。科克的成功不僅讓他的租金收入從 2,000 鎊增加到 2 萬鎊，成為當時的鉅富，還贏得了鄰里的愛戴。

　　蘇格蘭地區的農業革命更加徹底。地主們利用自己的權力推行圈地，並採用現代化的耕種方法。長期租佃的新規則鼓勵農民自立，蘇格蘭農村因此出現了堅實的農家屋宇和田地間的圍牆，土地得到了更好的開發和利用。農業革命帶來了顯著的社會經濟影響，農業生產效率的提高，為工業革命提供了充足的糧食供應和勞動力來源。同時，地主與佃農收入的增加，擴大了國內市場，刺激了工商業的發展。農業革命與工業革命的協同進步，奠定了英國成為世界頭號工業強國的基礎。

　　然而，圈地運動的推行在帶來農業現代化的同時，也加劇了農村的貧富分化。這個運動旨在提高農業生產效率，以適應日益成長的人口對食物的需求，將共有地和開放地轉變為私有土地。然而，這個過程中，許多小農戶失去了原有的土地，被迫淪為農業工人或流入城市。據西元 1831 年的人口普查顯示，在全體農業從業者中，獨立自耕農與僱工的農場主及其僱農的比例僅為 1：6。儘管圈地運動促進了農業現代化，但小農經濟並未完全消失。然而，圈地的方式往往未能充分考慮小農的利益，政府也缺乏

◆ 英國農業革命與圈地運動的雙重變奏

相應的措施來幫助他們留在土地上。

相較之下,丹麥在同期也經歷了類似的農業變革,但由於採取了兼顧各階層利益的政策,最終實現了農業的繁榮發展。這揭示了在現代化進程中兼顧效率與公平的重要性。英國的圈地運動在推動農業發展的同時,也加劇了農村的貧富分化,對底層農民產生了負面影響。這個過程反映了當時英國社會的階級矛盾,成為時代變革的重要推動力量。

工業革命中的英國城市與社會變遷

　　隨著工業革命的深入，英國的城市面貌與社會結構經歷了深刻的變革。喬治三世去世時，倫敦已經與周邊城鎮如漢墨斯密、多弗、海格特和派丁頓等地連成一片。英國城市的擴張呈現出一種獨特的模式：向外擴展而非向上發展。這個現象源於英國人對獨立住房的偏好，無論房屋多麼簡陋或距工作地點多遠，這種居住方式始終受到青睞。

　　然而，工業革命帶來的人口激增使得住房問題日益嚴重。草率建造的房屋成了普遍現象，工人階級和礦工家庭常常擠在地窖或單間雜屋中，這樣的居住條件顯然不利於健康。即便是收入較高的勞工和商務人士，他們的住所外觀也往往單調乏味、骯髒不堪。當時的都市計畫和街道美化尚未受到重視，僱主和建築商更關心利潤而非住宅品質，導致城市面貌混亂無序。

　　這種情況直至後來才逐漸改善。工業革命不僅改變了城市的物理面貌，也對社會結構產生了深遠影響。在 18 至 19 世紀的英國，農業和手工業逐漸被大規模的工廠生產所取代。大量農民和手工業者失去謀生機會，紛紛湧入城市，成為工廠的勞動力。這個過程伴隨著圈地運動的推進，公共土地被圈圍，農民失去土地，淪為無地的僱農或城市工人。

　　工廠裡的工作環境艱難，工人們每天需工作 12 小時以上，薪資微薄，生活困難。工人宿舍簡陋，衛生條件惡劣，工廠機器安全隱患大，工傷事故頻繁。然而，工業革命也推動了生產力的提高和物質生活水準的提升。新交通工具如火車和輪船的出現，加速了人員和貨物的流動，城市規模不斷擴大，新的工人階級逐漸形成，成為社會的重要力量。

◆ 工業革命中的英國城市與社會變遷

　　整體而言，工業革命對英國社會的影響是一把雙刃劍。它加劇了貧富差距和社會矛盾，但同時也推動了社會的進步和現代化進程。這個時期的變革為英國城市和社會的未來發展奠定了基礎，成為歷史中不可或缺的一章。

英國政治與社會的雙重革新：
維多利亞時代的啟示

在漢諾威王朝的後期，英國經歷了一場政治制度與社會經濟的雙重革新。首先三位喬治國王的統治期間，英國議會制度逐步成熟，內閣與首相的角色日益重要，兩黨政治逐漸成形，成為抗衡君主專制的有力工具。在這個過程中，英國的海上霸權達到了頂峰。納爾遜時代以來，英國海軍稱霸世界海洋，儘管失去了北美十三州，但在全球其他地區建立了新的海外殖民地。對蘇格蘭的併吞完成，但與愛爾蘭的關係卻日益緊張。

同時，工業革命的浪潮在英國悄然興起，新式機器的出現推動了生產力的飛躍，但也對社會結構產生了深遠影響。議會和政府未能及時意識到這個變革的政治涵義，缺乏相應的約束和引導措施。然而，在對外事務上，這套新的政府機械卻發揮了巨大作用。在皮特和卡斯爾瑞等政治家的領導下，英國擊敗了拿破崙，為歐洲帶來了和平，也為大英帝國贏得了長達百年的繁榮穩定。

進入維多利亞時代，英國政治家們面臨著如何將中產階級和工人階級納入政治體系的挑戰。這個過程的推動力來自工業革命帶來的社會變革。英國人以其獨特的政治智慧和漸進式改革的傳統，平穩地擴大了參政權，最終實現全體公民的政治平等。這個過程之所以成功，除了得益於各階級與政黨之間相對理性的政治觀念和寬容的交往精神外，維多利亞時期國內局勢穩定、經濟空前繁榮也是重要因素。

19世紀英國社會見證了工會、合作社、互助會等組織的興起，這些新

英國政治與社會的雙重革新：維多利亞時代的啟示

型社團生活的蓬勃發展，與國會、城市、教會等舊有組織一同被賦予了新的民主精神。這個時代的英國，無論在社會組織的創新還是個人主義和自我奮鬥方面，都不遑多讓。

19世紀後期，英國社會出現了一種嶄新的政府與民間合作模式，私人慈善事業與政府監督之間建立了密切的相互關係，地方政府和中央政府之間也形成了類似的互動。這種模式促進了政府職能的優化和公共服務的完善，也為私人慈善事業和民間組織的發展提供了廣闊空間。這個時期的改革和創新，不僅奠定了英國政治與社會的現代化基礎，也為後世提供了寶貴的啟示。

大英帝國的轉變與新秩序的萌芽

19世紀的不列顛，以其獨特的創造力和傳統相結合，面對新時代的挑戰，展現出令人驚嘆的適應能力。儘管歐洲大陸上的各種運動風起雲湧，不列顛卻以其獨有的方式進行了國會制度改革、地方政府的重組、工廠視察制度的建立，以及職工會主義和合作運動的推動。這些改革不僅展現了不列顛的特色，也反映出一種不依賴外部影響的自主進步。

隨著工業革命的推進，大量男女勞動者湧入工廠，這個變化也推動了婦女地位的提升。過去幾乎被忽視的婦女教育，經過數十年的努力，終於達到了與男性平等的水準。婦女在家庭中的法律地位得到了保障，社會輿論也逐漸接納婦女參政。這些變革的實現，與19世紀中期不列顛所享有的和平與繁榮密不可分。除了克里米亞戰爭，英國在滑鐵盧戰役後的40年中，奉行不干預政策，使其國力得以恢復。

從19世紀初到維多利亞時代，英國與其他國家的關係雖有波折，但總體上仍以和平共處為主。英美兩國在加拿大邊境的永久非武裝化，以及英國願意透過仲裁解決阿拉巴馬案，為國際和平樹立了良好範例。在非洲和亞洲，雖然殖民擴張帶來了一些衝突，但最終也多以和平方式化解。這個政策的成功，離不開如薩利斯伯裡勳爵等領導人的努力，他們堅信和平是國家利益的最佳保障。

進入20世紀，隨著殖民地逐漸走向自治，大英帝國面臨著新的挑戰。加拿大、澳洲、南非等地開始以獨立民族的身分參與國際事務，這使得19世紀末英國政治家所夢想的帝國聯邦化未能實現。西元1914年，當帝國與德意志宣戰，面臨重大危機時，維繫帝國的力量僅剩共同的利益和情感。

◆ **大英帝國的轉變與新秩序的萌芽**

　　儘管對 19 世紀的描述略顯不足,但這個時期的變革為 20 世紀的全球政治格局奠定了基礎。隨著殖民地的自治和獨立意識的增強,大英帝國的角色也在不斷演變,從一個全球霸主逐漸轉變為一個現代民族國家聯邦的開端。這個過程中,新的世界秩序正在醞釀,為未來的國際關係發展指明了方向。

激進主義與工人階級的覺醒

　　19世紀初的英國，在喬治三世、喬治四世和威廉四世的統治下，面臨著巨大的社會動盪與政治變革的壓力。工業革命帶來的經濟發展，伴隨著階級矛盾的加劇，形成了一個激烈的社會背景。這個時期，《穀物法》的實施引發了廣泛的民怨，因為它限制了外國穀物的進口，以保護本地地主的利益，卻使窮人生活更加困苦。工業中產階級和工人階級共同反對這種政策，認為窮人應該有更多的收入來購買工業品，而不僅僅是餬口度日。

　　這個時期的另一重大事件是所得稅的取消。中下階級在亨利·布魯厄姆和輝格黨的領導下，成功迫使政府廢除了所得稅。然而，這個勝利卻是短暫的，因為所得稅的取消加重了間接稅的負擔，讓窮人的生活更加艱難。這種不公平的稅制一直持續到西元1842年，才因比爾恢復所得稅而改善。

　　在這樣的社會背景下，威廉·克伯特成為勞工階級的代言人。他復興了由潘恩所發起的勞工階級政治運動，並以國會改革為目標，倡導工人透過政治手段爭取權利。克伯特的言論在當時的報刊中引起了廣泛關注，他鼓勵工人們進行政治討論，而非暴力抗爭。儘管當時的勞工未必完全聽從他的建議，但他的努力使得勞工階級的困境得以公諸於世。

　　激進主義在這個時期的興起，雖然缺乏深厚的哲學基礎，但以其強烈的社會正義感，為窮人發聲，推動了一系列重要的改革。這其中包括《工廠諸法》的通過、《穀物法》的廢除，以及選舉權的擴大等，這些改革深刻影響了上層階級對下層階級的態度。

◆ 激進主義與工人階級的覺醒

自工業革命以來,勞工階級在政治和經濟行動之間不斷徘徊。滑鐵盧戰役後,勞工運動以政治行動為主,因為當時缺乏完善的工會組織及明確的經濟綱領。西元 1815 年的《穀物法》促使工人將國會改革視為改善經濟生活的第一步。在這場改革的較量中,工人階級在克伯特和韓德的領導下,面對上層階級和政府的壓制,展現出前所未有的政治覺醒。

這個時期的社會運動與改革,不僅反映了工業革命帶來的深刻變革,也為英國後來的民主化進程奠定了基礎。儘管改革之路充滿挑戰,但激進主義的力量以及工人階級的覺醒,為追求公平與改善民生的努力提供了堅實的支持。

激進主義的浪潮：
克伯特與 19 世紀英國的社會變革

在 19 世紀初的英國，威廉・克伯特以其獨特的方式在歷史舞臺上扮演了舉足輕重的角色。他復興了潘恩的勞工階級政治運動，但他所推動的運動並非激進的共和或雅各賓式，而是以國會改革為目標，旨在透過合法的政治途徑改善勞工的處境。克伯特以其作為新聞工作者的天賦，成為窮人代言的中堅力量。在那個報紙剛興起的年代，克伯特的文字具有巨大的影響力，他的《政治紀錄》不僅在工廠和農舍中被廣泛傳閱，甚至上流社會也開始關注窮人的困境。

在彼得盧屠殺發生後，社會對政府的不滿情緒達到頂點。無論是激進派、工人階級，還是保守派和商人，都對政府鎮壓人民的殘暴行徑感到震驚和憤怒。這個事件證明了反雅各賓的托利主義所採取的消極壓制政策已經走到了盡頭，但替代方案尚未出現，社會秩序面臨嚴峻挑戰。

克伯特的努力促進了激進主義的崛起，這股力量雖然缺乏深厚的哲學基礎，但以替窮人發聲的憤慨精神，影響了整個時代。透過各政黨及政客的推動，激進主義最終促成了一系列重大改革，如《工廠諸法》的通過、《穀物法》的廢除、選舉權的擴大等，這些變革深刻地改變了上等階級對下等階級的整體態度。

然而，面對國內日益高漲的改革呼聲，反動政府除了訴諸高壓和武力鎮壓外別無他法。他們壓制言論自由，禁止集會結社，派遣間諜滲透，悍然鎮壓和平請願，激化了社會矛盾。這種短視的做法非但無法根本解決問

◆ 激進主義的浪潮：克伯特與19世紀英國的社會變革

題，反而埋下更大動盪的種子。

　　在這樣的背景下，國王喬治四世的離婚醜聞進一步加劇了社會的不滿情緒。國王的劣行眾所周知，而他的離婚訴訟更是引發了普遍的憤慨。這個事件讓民眾更加迫切地渴望改革，要求一個更為公平和正義的社會。

　　克伯特以其不懈的努力和堅定的信念，成為那個時代勞工階級的強而有力代言人。他推崇自由農民的生活方式，致力於恢復被當權者剝奪的英國傳統權利。雖然他的激進主義常與自由主義結盟，但他始終堅持以人民的利益為出發點，推動社會的進步與變革。正是在這樣的努力下，英國的社會結構開始逐漸轉變，為後來的改革奠定了基礎。

自由之風：英國警政與關稅改革的推進

　　西元 1822 年，隨著羅伯特・皮爾接任英國內政大臣，一系列促進社會公平與法治的改革拉開了序幕。皮爾迅速廢除了針對工人階級的高壓政策，並著手改革刑法，將邊沁、羅密力及詹姆斯・麥金托什爵士倡議的內容納入法律，廢除了一百多種死刑罪名。此舉不僅展現了政府對公民權利的尊重，也為英國的法治進程奠定了基礎。

　　西元 1829 年，皮爾建立了英國歷史上首支文職警察隊伍，這支警察以其高效和親民被民眾所喜愛。他們不僅能夠應對普通罪案，還在社會動盪時期發揮了重要作用。這支警察的成立，象徵著英國社會治安管理的一次根本性變革。儘管初期僅在倫敦實行，但隨著時間推移，新式警察逐漸在全國推廣，取代了依賴軍隊維持治安的舊有模式。

　　新式警察的設立，讓過去那種如戈登暴動和彼得盧屠殺的事件不再發生，軍隊也不再需要頻繁介入城市的治安維護。儘管西元 1831 年布里斯托暴動因警察數量不足而未能及時控制，但這也促使政府加快了警察制度的全國推行。這支警察隊伍以其藍色制服和堅韌不拔的精神，逐漸成為英國社會秩序的象徵。

　　與此同時，19 世紀中葉，另一位改革家赫斯基森則在經濟領域大展拳腳。他專注於整頓英國混亂的關稅體系，雖然在完全實施自由貿易上受限於民眾的反對，但他成功削減了多數商品的進口關稅，並為保留的稅項賦予了明確的目的。赫斯基森的改革不僅優化了英國的貿易環境，也為後來的經濟繁榮奠定了基礎。

◆ 自由之風：英國警政與關稅改革的推進

此外，赫斯基森對《航海法案》的改革也為英國航運業帶來了深遠影響。雖然該法的全面廢除尚需時日，但他已開始削弱其對航運業的束縛，促使英國船運公司提升競爭力。蒸汽動力和鋼鐵船體的引入，使英國在全球航運中占據了優勢。這個系列改革，無疑推動了英國工業革命後的經濟成長，並使其商船隊在 19 世紀後半葉中屹立於世界之巔。英國的政治與經濟改革，猶如自由之風，席捲整個國度，為其未來的繁榮與穩定奠定了堅實的基礎。

坎寧的外交革新：
從南美獨立到希臘解放

19世紀初，英國外交的轉折期正值南美洲各國紛紛掙脫西班牙的殖民統治。這場獨立運動不僅改變了新大陸的政治格局，也在舊世界的權力平衡中引發了震動。坎寧作為英國外交大臣，巧妙地利用這個局勢，推動英國在國際舞臺上扮演更積極的角色。

坎寧的政策雖未偏離卡斯爾雷的路線，但他更具開創性地將外交透明化，並善於迎合民意。他明白，英國的利益在於支持南美各國的獨立，這不僅有助於開拓新的貿易市場，也符合自由主義的精神。英國的工商業大廠們也看到了這一點，對南美獨立運動的支持不僅基於經濟利益，還出於對自由理念的認同。

坎寧在國會中宣稱英國創造了一個新世界，以維持舊世界的勢力平衡，這個言論迎合了英國民眾的情緒。然而，這種激進的外交方針也引發了黨內保守勢力的不滿，特別是厄爾登和威靈頓等傳統派政治家。這個矛盾加深了托利黨內部的分歧，成為坎寧政策推行中的一大挑戰。

在維護南美獨立的問題上，英美兩國的立場一致。美國總統門羅提出的門羅主義，宣告了歐洲列強在美洲大陸上獲取新殖民地的無效性，這個政策對英國在美洲的行動構成了一定的制約。然而，坎寧並不完全滿意於此，他和其繼任者帕麥斯頓都不如卡斯爾雷般對美國抱有友好態度。

坎寧的外交策略在希臘獨立問題上再次發揮了關鍵作用。希臘反抗鄂圖曼帝國的獨立戰爭中，歐洲各國立場不一。奧地利支持土耳其，而俄羅

坎寧的外交革新：從南美獨立到希臘解放

斯和法國則同情希臘。坎寧看到支持希臘有助於遏制俄羅斯在地中海東部的擴張，因此在公共輿論和地緣政治的雙重推動下，促成了希臘的獨立。

坎寧的外交政策在短期內取得了成功，但其後繼者未能延續這個路線。在隨後的克里米亞戰爭和西元 1878 年的柏林會議上，英國為了對抗俄羅斯，犧牲了巴爾幹地區的基督教民族利益。坎寧善於利用民族主義謀求本國利益，但這種策略的平衡性也隨時面臨被打破的風險。坎寧的智慧和局限，為後世提供了深刻的思考。

坎寧的遺產：
自由主義的啟動與改革的萌芽

　　坎寧的政策在希臘獨立進程中扮演了關鍵角色。他的去世後，不列顛、法蘭西及俄羅斯的聯合艦隊在納瓦里諾灣外摧毀了土耳其艦隊，為希臘的獨立奠定了基礎，並預示了神聖同盟在歐洲政治中的瓦解。儘管威靈頓首相曾批評這個事件為「失態」，但其影響力無法被忽視。坎寧在利物浦內閣任外相時，激發了英國和歐洲的浪漫自由主義思潮，成為進步派眼中的英雄。在利物浦病退後，坎寧組建新內閣，儘管老派人士如威靈頓、皮爾拒絕加入，他仍然獲得了輝格黨及自由派的支持。

　　坎寧內閣雖未有重大成就，但其組成象徵著政壇的重組。許多坎寧派成員後來加入輝格黨，這個煥然一新的政黨推動了《改革法》的通過，彰顯了英國政治勢力的轉變。傳統勢力的式微和自由主義力量的崛起，為日後的政治和社會改革奠定了基礎。坎寧的影響持續至後世，成為英國現代化進程的關鍵一頁。

　　儘管坎寧生前反對改革，他的去世卻可能加速了政治變革。坎寧被視為英國唯一能延緩城市衰敗的人，他的去世意味著改革潮流難以抵擋，改革派迎來了轉機。當坎寧和赫斯基森執政時，托利黨政府和未經改革的國會似乎還能引領國家適應新時代，但這個希望隨著威靈頓政府的保守政策而破滅。在政黨因改革問題重組之前，宗教平等的原則已在公權上取得重要勝利。即使是反對這個原則的威靈頓和皮爾內閣，也不得不讓步。西元1827年，坎寧宣告他的內閣不會廢除《鑑證法》，但僅15個月後，極端保

◆ 坎寧的遺產：自由主義的啟動與改革的萌芽

守的威靈頓內閣通過了兩項救濟法案。

　　坎寧的去世加速了英國政治改革的進程。隨著托利黨改革派的崛起和一系列改革法案的發表，英國逐步邁向更加民主和包容的政治體制，宗教平等也得到了法律保障。這個轉變為英國的民主化進程揭開了新的一頁，顯示了坎寧對英國政治的深遠影響。

改革之風：
1830年代英國社會的變革浪潮

　　西元1830年代的英國，正處於一場深刻的社會變革之中。隨著工業革命的進一步發展，英國的社會結構發生了顯著變化，中產階級的勢力逐漸壯大，並開始要求更多的政治權力和社會地位。在這股浪潮中，國會改革運動如火如荼地展開，成為時代的必然趨勢。

　　當時的經濟困境和勞工階級的不滿，促使改革的呼聲不斷高漲。勞動者的暴力事件頻發，使得中產階級對下層階級的反抗感到恐懼，意識到單靠壓制無法長久穩定局勢。法國七月革命成功推翻專制統治，未引發大動盪，進一步激勵了英國人追求改革的決心。從鄉紳到工人，無論階層，大家都在討論改革的必要性，特別是對腐敗的「朽腐城市」制度的強烈不滿，這些城市曾是權力的象徵，如今卻成為民眾唾棄的對象。

　　在這樣的背景下，輝格黨看到了中產階級的潛力，並意識到與他們結盟是維持政治優勢的關鍵。輝格黨主張改革選舉制度，倡導重新分配議席和設立10鎊住家選舉權，這些主張迎合了中產階級的要求，使輝格黨成為他們的代表。同時，隨著衛斯理主義的崛起，非國教徒的影響力增強，輝格黨也將他們納入其改革同盟之中。

　　然而，當時的首相威靈頓公爵對改革持消極態度，堅持現有制度已獲得國人信任，無需改良。這個立場導致溫和改革派與輝格黨暫時聯手，推動改革進程。威靈頓的內閣最終因無法應對改革壓力而垮臺，格雷受命組建新內閣，並提出「和平、減政及改革」的政策方針，為改革運動注入新的動力。

◆ 改革之風：1830年代英國社會的變革浪潮

西元1832年，輝格黨推出的《改革法案》獲得通過，這個法案以廢除腐敗城市的選舉權為核心，重新分配了議席，擴大了選舉權的範圍，象徵著英國進入改革的新時代。儘管法案在各階層中引發了不同的反應，但其劃時代的意義無法否認。它為中下層階級參與政治創造了條件，改變了英國的政治生態，成為推動民主化進程的重要里程碑。

整體而言，西元1830年代的英國，改革之風席捲全國，各階層對變革的渴望空前高漲。這場改革運動不僅改變了英國的政治格局，也為後來的社會發展奠定了基礎，成為時代進步的重要象徵。

改革的浪潮：
西元 1832 年法案的深遠影響

　　西元 1832 年的改革法案是英國政治史上一次重要的轉折，它不僅打破了貴族對政權的壟斷，還為中產階級打開了政治權力的大門。這個法案的通過充滿了波折，歷時 15 個月的激烈政治爭鬥，讓整個英國社會陷入前所未有的動盪。下議院雖然勉強通過了法案，但在上議院面臨強烈抵制，最終以 41 票之差被否決。這個決定激起了社會的強烈不滿，特別是在經濟衰退和霍亂肆虐的背景下，農工階級的憤怒達到了頂點，讓英國社會一度面臨分裂的危險。

　　布里斯托的暴動迫使執政者正視問題的嚴重性，各地迅速成立的政治協會成為推動改革的重要力量，並在一定程度上控制了民眾運動的激進化。然而，這些協會的存在也預示著如果法案最終無法通過，內戰的風險將不可避免。在各方勢力的博弈下，改革法案終於艱難通過，擴大了選民範圍，讓中產階級獲得了更多的議會席位，儘管這是一個妥協的結果，沒有廢除國教或取消大學對異教徒的限制。

　　改革法案的通過，儘管未能完全滿足民眾的訴求，但它象徵著英國政治制度現代化進程中的一個重要里程碑。這個法案揭示了封建貴族統治的終結，預示著英國社會將向更開放和包容的方向發展。它不僅僅是一項法律，更是一個時代的象徵，象徵著民主精神在英國政治生活中的崛起。

　　隨著改革的推進，蘇格蘭也迎來了自己的重大變革。西元 1832 年的改革法案催生了西元 1833 年的《城市法》，賦予蘇格蘭人自 15 世紀以來首

改革的浪潮：西元1832年法案的深遠影響

次擁有民選市政府的權利。這個變革不僅終結了腐朽的封建制度，也啟動了現代化進程，使蘇格蘭人民能夠塑造自己的命運，建設更加民主、公平的社會。

在西元 1888 年，薩利斯布里政府在農村地區建立民選的郡議會，象徵著農村行政管理從治安法官手中轉移到民選機構，反映了 19 世紀後期英國社會的深刻變化。這些變革表明，英國政治制度正在從中央集權向地方自治過渡，國家職能也從「守夜人」向「福利國家」演變。儘管這個過程曲折而漫長，但其方向已不可逆轉。改革法案的通過讓民主的曙光初現，象徵著一個新時代的到來，人民成為國家的主人，統治者不得不傾聽民意，這是英國政治文明的一大進步，也是值得我們學習和仰慕的。

英國改革與比利時獨立：
西元 1833 年的雙重變革

西元 1833 年是英國社會改革歷史上里程碑的一年。這一年，阿爾索普貴族推動通過了首部真正有效的《工廠法》，為兒童和青少年的工作時間設定了法律限制。同時，這部法律開創性地設立了政府視察員制度，賦予視察員監督法律執行的權力。這個制度雖然在當時未被充分了解其重要性，但它實際上象徵著英國社會公益事業發展的全新起點，為後續的社會改革奠定了基礎。

同年，《奴隸制廢除法》也獲得通過，這是英國反奴隸制運動的一大勝利。威廉·威伯福斯，這位長期致力於廢奴運動的領袖，在這一年去世，但他的努力已經取得了顯著成就。廢奴運動的領導權轉交給了湯瑪斯·巴克斯頓爵士，而托馬斯·克拉克森則成為運動的主要宣傳者。奴隸貿易在布里斯托和利物浦等地曾是英國航運業的重要利益來源，但隨著奴隸貿易的禁止，英國國內支持奴隸制的聲音逐漸微弱。殖民地的種植園主則因擔心經濟破產而強烈反對廢奴，但他們的專橫態度激起了英國民眾的公憤，尤其是受到非國教派和福音派宗教界的譴責。最終，英國政府向奴隸主支付了 2,000 萬英鎊的賠償金，以換取奴隸的自由。

這些法案的通過，不僅象徵著英國社會改革運動的重大進展，也反映了英國民眾日益增強的人道主義精神和社會正義感，為英國社會的進一步現代化奠定了重要基礎。

在英國國內進行社會改革的同時，西元 1830 年，比利時在巴黎革命

◆ 英國改革與比利時獨立：西元1833年的雙重變革

的影響下反叛荷蘭的統治，這場運動受到了法國的鼓勵，也引發了東歐大國的反感。英國在自由主義政府的領導下，並不反對比利時獨立，但反對法國在比利時建立影響力。經過多方外交斡旋，列強最終達成共識，承認利奧波德親王為比利時國王，並在西元1839年促成各國簽署條約，承認比利時的中立地位，確立了比荷兩國的邊界。這個外交成就不僅鞏固了英國在低地國家地區的利益，也成功維持了萊茵河口的和平，確保了英國不受敵對勢力威脅的政策得以延續。

西元1826年，克伯特對海德公園隅的威靈頓銅像提出諷刺，表面上是在批評那些尊敬這位戰士的貴婦和食稅者，實則揭示了當時英國言論自由的程度。即便在反動時期，英國的言論自由仍然相當寬鬆，為不同觀點的交鋒提供了空間。這種自由和寬容的環境，也讓像羅伯特·奧文這樣的改革者得以提出其改善工人生活的理念。奧文在紐拉那克紗廠的改革實踐雖未廣泛被接受，但他的努力為後世留下深刻啟示。

19世紀初的英國，正處於政治動盪與變革的時期。拿破崙戰爭結束後，政治勢力的重新洗牌預示著新時代的來臨。「自由」這個理念成為各派政治力量的共同旗幟，儘管隨著局勢發展，各派之間的矛盾愈發尖銳。西元1830年，坎寧派的赫斯基森在曼徹斯特利物浦鐵路開幕典禮時遇難，這個事件成為政治改革呼聲高漲的註腳。隨著西元1832年《改革法》的實施，英國議會席位分配得到調整，儘管在部分城市中工人階級喪失了選舉權，但改革總體上促進了政治勢力的均衡發展。

輝格黨人在威廉四世時期通過了《改革法》和《市會社法》，為政府機構注入現代效率和民眾代表的要素。然而，輝格黨未能抓住改革的契機，缺乏一位能幹的政治家來引領國家走上進步之路，反而在財政困境中愈陷愈深。西元1832年的《改革法》儘管有限，但其適度的改革力度避免了激

進變革帶來的劇烈動盪，為英國上層階級適應新形勢提供了機會。

　　英國 19 世紀的政治改革是一個漸進的過程。透過一系列改革，英國逐步擴大了公民參與政治的途徑，兩黨之間的權力交替注入了新的活力，為國家的長治久安奠定了基礎。儘管改革步伐緩慢，但上層階級的適應和妥協成功地實現了政治民主化目標，最大限度保證了社會的連續性和穩定性，為日後的發展開闢了道路。

◆ 改革的代價：英國社會的轉型與挑戰

改革的代價：英國社會的轉型與挑戰

　　西元 1834 年，皮爾發表了著名的「塔姆沃思宣言」，正式接納《改革法》的成立，並表達了他對其中涵義的理解。皮爾出身於布爾喬亞階級，與工商界有著更密切的連繫，因此比起大多數托利輝格黨人，他對於國人在經濟和財政方面的需求有更深刻的理解。他對中產階級的想法心領神會，對窮人的苦難抱有更大的同情，這種理解和同情遠超過他所領導的地主政黨。然而，皮爾所領導的新保守黨內部存在著利益與情感的分歧。黨內大多數人不喜歡皮爾偏愛的製造家，極力維護《穀物法》和教會的利益，對於授予異教徒進入牛津劍橋的權利，以及將愛爾蘭國教會的部分財富用於世俗目的，持強烈反對意見，認為這些政策將危及教會的地位。

　　同時，新的《窮民救濟法》的通過，象徵著英國社會組織改革的一個重要里程碑。這項法案廢除了以地方稅津貼薪資的制度，使南英的工人得以恢復自尊，不再永遠陷入極度貧困的境地。然而，這項改革在實施過程中過於倉促，忽略了現實中窮人的苦況可能加劇的問題。戶外救濟制度的取消，沒有同步強制僱主提供足以維持生活的薪資，也沒有為失業者提供貧民工廠以外的居所，導致窮人的處境更加困頓。

　　這個時期的社會改革過程中，理論與現實的矛盾突顯無遺，政府在推行新政時的謹慎和周全考量顯得尤為重要。新的《窮民救濟法》雖然在執行初期過於嚴厲，但它消除了舊法中各地方參差不齊的弊端，為後來的改良和救恤奠定了基礎。工人階級對此法案的不滿，促使他們意識到改革選舉制度的必要性，最終推動了《十小時法案》的通過，縮短了工廠的工作時間，這個法案於西元 1847 年獲得通過，象徵著工人階級影響力的增強。

總而言之，儘管皮爾的改革初衷良好，但在推行過程中卻面臨著來自黨內及社會各界的巨大挑戰。這段歷史不僅反映了改革的艱辛與代價，也揭示了英國社會在轉型過程中的深刻矛盾與進步。工人階級的崛起和政治意識的覺醒，為後續更大範圍的社會改革奠定了基礎。

◆ 維多利亞時代的階級爭鬥與社會變革：從《穀物法》到政治重塑

維多利亞時代的階級爭鬥與社會變革：從《穀物法》到政治重塑

維多利亞時代中期的英國，正處於社會與政治的劇烈變革之中。這個時期，不同階級之間的對立雖然有所緩和，但仍然存在潛在的緊張局勢。隨著經濟繁榮的成長和皮爾內閣的財政改革政策，社會各階層的怨恨減少，特別是中產階級與工人階級在廢除《穀物法》上的共同努力，成功地避免了階級爭鬥的全面爆發。

《穀物法》是英國農業保護政策的重要象徵，限制穀物進口以保持高價，從而保障地主階級的利益。然而，這個政策卻損害了以工商業為主的中產階級的利益，導致他們積極推動反對運動。由科布登領導的反對穀物法協會，巧妙地集結了中產階級與工人階級的力量，最終於西元1846年成功廢除了《穀物法》。這個勝利不僅象徵著中產階級政治影響力的提升，也象徵著英國向自由貿易的轉變。

廢除《穀物法》的影響深遠，不僅在經濟上促進了英國的發展，也在政治上引發了巨大震盪。保守黨內部因這個問題產生了嚴重分歧，使得輝格黨得以長期執政。皮爾派的政治家紛紛轉向輝格黨，為其提供了新的政治力量。而保守黨內，年輕的迪斯雷利則因抨擊皮爾而迅速上位，成為反對勢力的領袖，雖然這使保守黨在此後多年無法重新執政，但為他日後的改革奠定了基礎。

在這場政治博弈中，天才政治家的出現尤為重要。帕麥斯頓、迪斯雷利及格萊斯頓等人，以其獨特的方式俘獲了新興民主政治的想像力，為英

國的國會制度賦予了新的活力。在廢除《穀物法》的過程中，中產階級和工業利益首次在關鍵問題上戰勝了紳士階級和農業利益，這個轉變對英國社會結構的變革產生了深遠影響。

儘管《穀物法》的廢除對農業利益造成了一定的衝擊，但隨著全球貿易的擴展和運輸技術的進步，英國的農業地位逐漸轉變，為現代化的農業發展奠定了基礎。這個時期的富裕和穩定，無論是在鄉間的宅邸還是城市的工廠，都達到了前所未有的高度，成為維多利亞時代中期英國的典型特徵。

◆ 政治與教育的交錯：十九世紀中葉英國的兩難抉擇

政治與教育的交錯：
十九世紀中葉英國的兩難抉擇

在十九世紀中葉的英國，政治舞臺上教育問題的地位一直處於邊緣。儘管阿爾伯特親王熱心於推動教育改革，但在當時的英國人眼中，這似乎只是出自一位德國人的怪癖嗜好，並未引起廣泛重視。當時的社會普遍認為，英國人擁有其他優勢，教育並非是迫在眉睫的需求。從政治角度看，教育更是一個禁區，各方都難以找到同時滿足教會和異教徒的解決方案。因此，新上臺的輝格黨和皮爾派保守黨都選擇避開這個棘手的問題，不願驚擾那隻正熟睡於貴族院門前的「宗教怪狗」。

與此同時，政治的重心顯然偏向外交而非內政。帕麥斯頓在外交事務上展現出非凡的才華，儘管其豪擲千金的行徑引發爭議，卻贏得了英國的國際聲望。他的政治生涯始於半島戰爭期間的托利黨，隨著時間的推移，他在坎寧派和輝格黨人之間找到了折衷之道。帕麥斯頓常常代表不列顛人民的情感，反對外國專制君主的壓迫，這一點與坎寧和輝格黨人並無二致。然而，對於國內民主勢力的擴張，他始終持反對態度，尤其是選舉權的擴大。

在擔任外相期間，帕麥斯頓認為自己對輿論的責任重於對君主和內閣同僚的責任。他經常尋求中產階級的支持，以貫徹其外交政策，並壓倒朝廷和內閣的反對聲音。帕麥斯頓在民間聲望頗高，但在內閣和朝廷中影響力有限。他的政策同時討好自由派和保守派：厭惡奧地利、俄羅斯等國，卻又堅定捍衛不列顛利益，這種立場在後世看來幾乎可視為極端的民族主義。

西元 1848 年，歐洲大陸的自由運動遭到鎮壓，帕麥斯頓表現出無畏的精神，儘管他的立場與維多利亞女王和阿爾伯特親王的意願相左，但卻向世界昭示了不列顛的立憲自由精神。這個立場不僅不卑劣，反而在某種程度上昭示了一個自由國度為受壓迫者祈禱的使命。

然而，英國的繁榮掩蓋了一些深層次的社會問題，政治家們對教育、衛生等民生問題缺乏長遠考慮。這種短視和畏懼改革的心態，最終難免為後世埋下隱患。歷史告訴我們，只有勇於面對問題、積極尋求變革，才能實現社會的長治久安和永續發展。

◆ 克里米亞戰爭的教訓與英國軍事改革

克里米亞戰爭的教訓與英國軍事改革

在維多利亞女王的治下，英國經歷了長達二十年的和平與繁榮，但這段安穩的時光被克里米亞戰爭的爆發所打破。這場戰爭揭示了英國陸軍在組織、指揮和後勤等方面的諸多不足，與其工業和經濟的發達形成了鮮明對比。儘管英軍在阿爾馬和英喀曼取得了勝利，然而在塞瓦斯托波爾的攻防戰中卻遭遇了重大困難。指揮不力和後勤保障的不足，導致駐紮在巴拉克拉瓦港附近的部隊甚至因糧食短缺而餓死，這樣的犧牲本可避免，但卻嚴重損害了英國的軍事聲譽。

英國陸軍的問題根源於其保守的組織結構和近衛騎兵司令部的僵化思想。長期以來，英國民眾享受和平，對軍事問題不甚關心，這使得陸軍部門可以無視改革的呼聲，繼續沿用過時的體制。然而，克里米亞戰爭的失利引發了社會對軍事體制的廣泛批評，改革的呼聲一度高漲。但隨著戰事結束，民眾的熱情迅速消退，對軍事的冷漠態度又恢復如初。

戰爭的教訓迫使英國軍方開始重視改革。然而，真正的變革直到12年後才得以實施。西元1868年，卡德威爾出任格萊斯頓內閣的陸軍大臣，他推動了一系列軍事改革，旨在改善軍隊的組織架構、建立現代化的參謀系統、加強後勤保障等。這些舉措不僅為英國陸軍的現代化奠定了基礎，還使其重新煥發了生機。

克里米亞戰爭的經驗表明，一個國家的軍事力量必須與時俱進，適應時代的需求。僅依靠過去的榮耀和傳統是遠遠不夠的。只有不斷改革創新，才能保持軍隊的戰鬥力。英國透過吸取這場戰爭的教訓，及時調整策略，最終走上了現代化的道路，重新確立了其作為世界強國的地位。

這場戰爭雖然在短期內給英國帶來了困難,但從長遠來看,它促進了軍事體制的革新,為英國未來的發展提供了堅實的基礎。維多利亞時代的軍事改革,不僅鞏固了英國的國際地位,也為後世的軍事現代化提供了寶貴的經驗。

◆ 英國外交的智慧與失策

英國外交的智慧與失策

在 19 世紀中葉,英國的外交政策在歐洲舞臺上展現出了不凡的影響力,尤其是在義大利統一運動中,英國的角色顯得尤為關鍵。西元 1859 年,義大利統一運動進入了關鍵時期,英國首相帕麥斯頓與其內閣成員在義大利問題上達成了一致,這個統一的立場成為英國成功推動義大利獨立的重要因素。當時,法國皇帝拿破崙三世與皮埃蒙特結盟,向奧地利開戰,試圖將奧地利勢力逐出義大利半島。然而,拿破崙的目標並不是建立一個獨立的義大利國家,而是希望義大利分裂成若干依附於法國的小國。

與此同時,皮埃蒙特首相加富爾則更有遠見,他利用法國的軍事行動,推動了義大利的民族統一。英國政府在這個過程中提供了關鍵的支持,幫助義大利實現了獨立統一,並防止法國在義大利建立霸權。英國的介入不僅改變了義大利的命運,也影響了整個歐洲的政治格局。這個成功的外交政策展示了英國在不直接參戰的情況下,透過巧妙的外交手段達成策略目標的能力。

然而,英國在丹麥問題上的外交政策卻未能如此成功。當丹麥與德意志鄰國因石勒蘇益格－荷爾斯泰因地區的歸屬問題發生爭執時,英國未能採取有效的調解措施。帕麥斯頓和羅素鼓勵丹麥採取強硬立場,但在戰爭爆發後,英國卻發現自己孤立無援。英國陸軍的實力不足以與普魯士和奧地利抗衡,而義勇軍又僅能作為防禦力量,無法進行有效的外部干預。英國的外交政策在這個問題上失敗,暴露了其在複雜國際局勢中判斷錯誤的風險。

英國在義大利統一問題上的成功與在丹麥問題上的失策形成了鮮明對

比，這兩者共同反映了在國際外交中，正確判斷形勢和制定合適政策的重要性。英國的外交智慧在義大利問題上得到了充分展現，而在丹麥問題上的錯誤則提醒人們，即使是最強大的國家，也必須謹慎行事，才能在國際舞臺上保持優勢。這些歷史經驗至今仍對我們理解國際關係的複雜性提供了寶貴的啟示。

◆ 英國政治的轉折：從改革到民主

英國政治的轉折：從改革到民主

　　西元 1866 年，普魯士在奧地利戰爭中的勝利以及西元 1870 年對法國的勝利，揭示了普魯士軍國主義的強大力量，讓歐洲各國開始重新審視自己的外交和內政方針。英國也不例外，當時的政治舞臺上，兩位老領袖的去世和交替，成為推動改革的關鍵轉捩點。帕麥斯頓的去世象徵著一個時代的結束，而羅素伯爵的政治影響力也因年事已高而逐漸減退。此時，年輕的格萊斯頓迅速崛起，成為輝格黨內的實際領導者，並與約翰・布萊特聯手，開始推動一系列改革，為城市工人和下層中產階級爭取選舉權。

　　在這場改革運動中，布萊特的作用尤為突出。他在議會中成為工人階級的代言人，為擴大選舉權的正義事業奮鬥不懈。尤其是在美國內戰期間，布萊特因其支持北方的正確判斷而聲望大增，這使他在英國國內的改革運動中擁有了更強的號召力。隨著美國南北戰爭的結束，林肯和北方的勝利不僅影響了美國的命運，也對英國的政治產生了深遠的影響。這場「審判戰爭」的結果，使得英國的民主政治理念得到了進一步的鞏固。

　　格萊斯頓的改革倡議最終促成了西元 1867 年《第二次改革法案》的通過。這個法案不僅擴大了選民的範圍，讓更多的勞工階級獲得了選舉權，也緩解了社會矛盾，為英國的民主進程奠定了基礎。儘管這次改革並未完全滿足所有人的期望，例如農業工人和礦工仍被排除在外，但它卻是英國政治向民主化邁出的重要一步。

　　保守黨迪斯雷利在這個過程中扮演了關鍵角色。他面對國內外的壓力，選擇支持這個改革，雖然在某種程度上違背了保守黨的傳統立場，但他認為這是緩解社會矛盾的必要措施。迪斯雷利的改革法案最終在貴族院獲得

通過，這個結果顯示了保守黨在適應新時代民主政治方面的靈活性。

西元 1868 年的大選中，自由黨因推動改革而獲得了更多的民意支持，這表明英國社會對民主進程的渴望和期望。在這樣的政治背景下，英國的民主化進程進一步加速，為後續的改革奠定了堅實的基礎。這一系列的政治變革，不僅改變了英國的內政，也影響了整個歐洲的政治格局。

◆ 皮爾的雙面性格與政治影響

皮爾的雙面性格與政治影響

　　皮爾，這位十九世紀英國政壇的重要人物，其性格常常被誤解。奧康尼曾用「棺材上放一銀盆」來形容皮爾的笑容，這種形容道出了他那不易被人看透的特質。因其羞澀和內斂，他的行為常被誤解為冷淡與傲慢，這也使得他在政黨內部難以與同事們建立親密的關係，甚至在西元 1846 年遭遇了黨內的叛離。然而，對於那些真正了解他的人來說，皮爾的性格卻有著截然不同的面貌。他的真誠和謙遜贏得了內閣同僚的支持，這些人因為更深入了解他的為人，而成為皮爾派的堅定支持者。甚至連原本對他抱有偏見的維多利亞女王，在更深入接觸後，也逐漸改變了對皮爾的看法。

　　皮爾的性格特質對他的政治生涯有著複雜的影響。一方面，他的羞澀和內斂使得他與同黨人士的溝通和團結受到阻礙；另一方面，他的真誠和謙遜卻贏得了親近者的忠誠和支持。這反映了性格在政治領域中的雙面作用：它既可以是阻力，也可以成為一種無形的力量。皮爾的故事啟示我們，對一個人的性格不應做出簡單的判斷和定義。表面的冷淡可能掩蓋了內心的熱忱，沉默寡言背後可能是深邃的思考。了解一個人需要時間和耐心，而真正的了解往往能改變我們的看法和態度。

　　皮爾的經歷也提出了一個更廣泛的議題：在複雜的政治環境中，性格和能力哪一個更重要？一個性格內向的政治家如何在需要公開演講和社交的環境中生存？這些問題沒有標準答案，但皮爾的故事為我們提供了一個有益的視角。性格和能力並非對立，而是可以相輔相成的。一個人的真誠和謙遜可能比他的口才更能贏得支持者的信任和尊重。

　　十九世紀的英國政壇風起雲湧，各種政治勢力此消彼長。在這樣的背

景下，皮爾推行的改革政策顯得與眾不同。他的好友威靈頓公爵雖不完全認同其改革，但出於對皮爾的信任，仍然給予支持。這份信任也展現在皮爾推行的《十小時法》中，儘管面臨來自各方的質疑和反對，尤其是來自時任首相布萊特的反對，但皮爾仍堅持推行，並最終實現了對工廠工作時間的限制，這不僅影響了婦女和年輕工人，也間接地影響到了成年男性的工時。這個法案的推行，反映了皮爾在政治上的堅韌和勇於改革的精神。

◆ 大英帝國的轉型與加拿大的自治曙光

大英帝國的轉型與加拿大的自治曙光

19世紀初，西方列強的殖民統治面臨著嚴峻的挑戰。在加拿大，西元1837年法語區下加拿大省和英語區上加拿大省的叛亂，揭示了殖民地政府與民眾之間的深刻矛盾。加拿大的議會缺乏實權，無法有效監督行政機關，導致民眾的不滿情緒日益高漲。英國政府意識到必須進行改革，但對殖民地的了解有限，對推行民主政治也缺乏信心。

在這樣的背景下，英國輝格黨政府做出了一個意外的決定——委任能幹且言辭尖刻的達拉謨勳爵為加拿大總督。達拉謨勳爵是一位兼具民主主義和帝國主義視野的政治家，敏銳地察覺到加拿大急需實行自治。在他的《達拉謨報告》中，他呼籲英國政府給予加拿大更大的自主權，建立真正負責的政府，以化解民怨、穩定局勢。雖然這個建議未立即實現，但為加拿大自治指明了方向，為日後的獨立奠定了基礎。

西元1840年的《加拿大法》採納了達拉謨的建議，將上下加拿大合併，設立全權監督政府的民選議會。這個舉措在初期由厄爾金貴族的自由領導下發揮了重要作用，儘管法語人口曾有抗議，但最終接受了新憲法的安排。這個憲法的實行，為加拿大的政治穩定打下了基礎，直至西元1867年聯邦成立時才被修改。

同時，英國與美國的關係也在50年間逐步改善，這對加拿大的未來至關重要。英國外交大臣卡斯爾雷致力於在兩國邊境建立互不設定武備的協定，尤其是在大湖區不得設定海軍，這為後來的和平奠定了基礎。他的努力使英美兩國在邊界問題上保持克制，避免了可能的軍事對峙，為加拿大聯邦的誕生創造了有利的外部環境。

這一系列歷史事件的發展，顯示出大英帝國在面對內部自治和外部關係上的深刻轉型。從一個以殖民統治為核心的帝國，逐步演變為一個由自治領地組成的國際聯盟，這個過程充滿挑戰但也充滿希望。加拿大的自治曙光，不僅象徵著一個新時代的開始，也反映了大英帝國在自由、平等與共榮道路上的堅定步伐。

◆ 奧勒岡邊界與和平的奠基

奧勒岡邊界與和平的奠基

19 世紀中葉，北美大陸的政治局勢正處於劇烈變動之中。美國與加拿大的疆界問題日益突出，尤其是在洛磯山脈以西的廣闊區域，當時被稱為「奧勒岡」。這片土地雖然人煙稀少，但其潛在價值卻不容忽視。最初，美國和英國曾透過「共占奧勒岡」的方式維持區域性和平。然而，隨著美國移民沿著「奧勒岡小道」大舉西遷，局勢發生了顯著變化。

西元 1844 年，美國總統選舉中甚至出現了「北緯 54 度 40 分，否則開戰」的激進口號，意圖將美加邊界推至北緯 54 度 40 分，徹底阻斷英屬加拿大的太平洋出海口。面對美國的咄咄逼人，時任英國首相的羅伯特·皮爾展現了非凡的政治智慧。皮爾以其愛好和平的立場，成功說服美國接受將北緯 49 度邊界延長至太平洋的方案，從而化解了兩國在西部疆界上的爭端。

這個決定不僅和平地解決了英美兩國在北美大陸西部的利益糾葛，更重要的是，它開創了一種新型國家關係的典範。在這漫長的邊境線上，兩國不再設定哨兵和軍事設施，而是依靠理性和善意來維繫和平。這種模式展示了兩國對和平的嚮往和對不同文化的尊重，成為人類文明進步的重要象徵。

隨著南北戰爭的到來，不列顛與美國的關係經歷了一個重要的轉捩點。英國上層社會普遍同情南方邦聯，這個立場在某種程度上影響了英國的外交政策。然而，林肯總統宣布解放奴隸後，英國的輿論逐漸轉向支持北方。工人階級和中下層社會始終反對奴隸制，共同支持北方的統一事業。

南北戰爭的結束，促進了英美兩國關係的重塑。儘管戰爭期間兩國關係曾一度緊張，但隨著戰後的外交努力，雙方逐漸修復了裂痕。這段歷史不僅見證了兩國關係的考驗，更奠定了未來合作的基礎。

　　在這段歷史中，奧勒岡邊界問題的和平解決，以及隨後的英美關係重塑，展示了和平與理性的力量。它提醒我們，透過對話和妥協，國家之間可以超越衝突，實現更為穩固的合作與共存。這或許正是人類文明進步的真諦所在。

◆ 南非的殖民對抗與矛盾

南非的殖民對抗與矛盾

19世紀的南非是一個矛盾與對抗交織的時代。隨著歐洲移民的湧入，波耳人這個原本享有孤獨和自治的群體，逐漸被捲入了新舊白人社會之間的激烈衝突。這些衝突以不同的形式展現，但其本質都是對土地、資源和權力的爭奪，成為這個時代的典型社會現象。

原住民部落「馬朱巴」的好戰性格在某種程度上抑制了波耳人與英國人之間的直接對抗。然而，當英國軍隊成功鎮壓了祖魯的勇猛部族時，波耳人感到了一種前所未有的安全感。此時，英國內閣卻在如何解決屈蘭斯瓦爾波耳人問題上猶豫不決，最終導致了馬朱巴的慘敗。這次失敗迫使英國承認屈蘭斯瓦爾的獨立，成立了南非共和國。然而，屈蘭斯瓦爾的金礦和鑽石礦的發現，讓這份和平的希望迅速破滅。財富的誘惑加劇了世界性實業家和荷蘭農夫之間的矛盾，成為新舊勢力較量的導火線。

在這個動盪的時代，塞西爾・羅茲作為一位富有遠見與冒險精神的人物，試圖擴張大英帝國在非洲的勢力。他的目標是建立從好望角到開羅的鐵路，讓大英帝國的影響力橫跨整個非洲大陸。羅茲成功地在南非建立了羅德西亞，但他的行動卻未能如願促進英荷兩族的和睦相處。在擔任好望角殖民地首相期間，羅茲與南非共和國總統保羅・克魯格的關係惡化，最終策劃了「詹姆森突襲」事件，這個事件加劇了南非荷蘭人對英國人的敵意和猜疑。

羅茲的故事反映了19世紀末期列強在非洲角力的歷史縮影，殖民主義的擴張和矛盾在非洲大陸上留下了深刻印記。從好望角到開羅的鐵路計畫象徵了大英帝國的雄心壯志，而英荷兩族之間的矛盾則揭示了殖民主義

帶來的複雜問題。這個歷史時期的南非，不僅是白人權力之間的爭奪，更是種族關係、資源分配和社會結構的深刻變革。羅茲雖未完全實現他的構想，但他的影響卻深刻地塑造了南非的歷史發展，並影響了整個非洲大陸的未來。

◆ 帝國的轉折與重塑

帝國的轉折與重塑

　　19世紀末的第二次波耳人之戰，對大英帝國的歷史發展有著深遠的影響。這場戰爭不僅埋葬了虛誇式帝國主義的盛行，更讓各黨人士對帝國的義務和使命有了更加成熟和全面的認知。同時，這場戰爭也成為軍事改革的催化劑，使得英國在12年後的世界大戰中得以取得勝利。戰爭期間，加拿大和澳洲等地積極提供援助，展現了帝國內部的團結。

　　戰後，英國將波耳人的領土併入版圖，但也給予了他們寬鬆的和平條件。大英帝國承諾協助戰後重建，賦予荷蘭語和英語平等的地位，並在適當時機授予南非人民完全的自治權。這些承諾都得到了實施。西元1906年，在坎柏爾·班涅曼爵士的主導下，南非獲得了負責任的自治政府，整個南部非洲最終實現了和平。西元1910年，南非成為一個聯邦國家，儘管有少數地區例外。在西元1914～1918年的第一次世界大戰期間，曾在西元1902年頑強抵抗英國的波太和史末資將軍，成為率領南非聯邦對抗德國的領袖。南非在大英帝國最危急的時刻，提供了物質和精神上的雙重助力。

　　整體而言，第二次波耳人之戰是大英帝國從盲目擴張走向成熟、從傲慢走向包容的一個轉捩點。它昭示了現代帝國不能僅依靠武力，更需要政治智慧和道義力量的支撐。戰後英國在南非採取的一系列開明政策，不僅贏得了當地人民的認同，更為日後帝國內部的團結合作奠定了基礎。波耳人之戰的經驗，成為大英帝國在20世紀峰迴路轉的歷史發展中的寶貴財富。

　　18世紀蒙古帝國的崩潰，導致印度陷入無政府狀態。不列顛東印度公司被迫採取軍事行動，肩負起政治責任。法蘭西人企圖將不列顛人趕出

印度的野心,加速了不列顛的征服和統治進程。威爾斯利貴族深知努力進取的必要性,直至各邦國接受「不列顛的和平」。他在馬拉沙戰役中遏制了紛亂,但中部地區仍未平定。哈斯丁恢復了擴張政策,平定尼泊爾的廓爾喀山民,並在第三次馬拉沙戰爭中征服中印度的馬拉沙酋長。第一次緬甸戰爭象徵著不列顛開始吞併緬甸,最終將其納入版圖。儘管緬甸與印度有所不同,但不列顛的治理制度基本沿襲了印度,促進了印度的現代化發展。

在 19 世紀初期,英國在印度的統治逐漸鞏固,並迎來了一段相對和平的時期。威廉・本廷克以堅定的毅力和熱誠,致力於改善印度的治理,尤其是在法律與教育方面。英國政府在奔霆的推動下,決定以英語作為印度的教育和行政官方語言,這個決策的出發點是促進統一治理和提升行政效率。此舉在當時引發了廣泛討論,背後的推動力來自於馬可雷提出的一系列強而有力的理由。

然而,英語教育的推廣並非全然順利。雖然印度人民對學習英語表達了強烈的意願,這種教育方式也帶來了文化和社會的交融與挑戰。英語作為一種外來語言,對於印度的本土文化產生了深遠的影響。在引進西方思想的同時,必須謹慎權衡其可能帶來的風險。英國的教育政策在某種程度上被批評為「以反叛的文學來培養一個能夠挑戰行政權力的種族」,這種說法反映了英國統治者對其教育政策潛在影響的擔憂。

然而,從長遠來看,英語教育為印度帶來了智識的復興和文化的多樣性。印度人對西方科學和學術的接觸,促進了他們文學和思想的發展。在這樣的背景下,政府和教育工作者需要在推廣英語教育的同時,尊重和保護本土文化,找到一個平衡點,以智慧和包容的態度引導印度的未來發展。

◆ 帝國的轉折與重塑

另一方面，19世紀中期的旁遮普地區，塞克人一直是抵禦外敵的重要力量。在蘭季德・辛格的領導下，塞克軍隊現代化並與英國保持良好關係。然而，隨著蘭季德・辛格的去世，塞克軍隊突然越過薩特勒日河，侵入不列顛領土，導致了一系列激烈的戰鬥。這些戰役最終以英國的勝利告終，而羅凌士兄弟的治理使得這片土地恢復了秩序。

在這場危機中，阿富汗與英國的良好關係使英國能夠專注於內部叛亂，而不需擔心邊疆安全。這場叛亂主要是因不尊重當地風俗的軍事措施所引發的。英國的治理需要在尊重當地文化和推動現代化之間找到平衡，以避免類似的衝突再次發生。這段歷史提醒我們，文化交融過程中的挑戰，往往需要智慧和寬容的應對。

印度民族運動的萌芽與英國的應對

　　19 世紀末至 20 世紀初，印度的民族運動開始悄然萌芽。受歐洲民族主義和民權思想的影響，有識之士漸漸意識到英國的統治並非不可動搖的天命，而是歷史和科學的產物。這個時期，印度知識階層開始對英國的殖民統治產生反感，種族性和保守性的反抗情緒開始蔓延。西元 1904 年至 1905 年的日俄戰爭中，日本的勝利震撼了亞洲，激發了印度乃至整個亞洲對白人統治的重新思考。

　　隨著印度民族意識的覺醒，許多受過教育的印度人開始公開表達對英國殖民統治的不滿。這種不滿逐漸擴散至廣大的農耕民眾，引發了更廣泛的社會反響。面對這股日益高漲的民族運動，英國政府卻未能及時作出相應的讓步。早在 1880 年代，印度國民代表大會等忠君的民族運動組織便已經出現。然而，英國當局對這些組織的批評和訴求往往置若罔聞，甚至視之為謀反。

　　到了 20 世紀初，印度的民族運動已進入新階段，訴求變得更加激進和迫切。英國政府的專制統治存在著無法避免的缺陷，官僚們只看到過去的成就，對印度政治形勢的變化卻缺乏足夠的重視。隨著英印社會的隔閡日益加深，矛盾不斷累積，最終導致了印度民族運動的高漲。

　　為應對日益嚴重的民族主義運動，英國政府開始採取一系列讓步政策。孟加拉分割槽問題上，倫敦政府順應民意，推翻了多年來的行政決定。在民託貴族和印度大臣約翰・摩萊的推動下，《印度參事院法》賦予立法參事院民選議員以及質詢和批評政府的權力。西元 1911 年，喬治五世成為首位到訪印度的在位英國君主，並在新德里接受了盛大的朝賀儀式。

◆ 印度民族運動的萌芽與英國的應對

　　第一次世界大戰期間，印度仍然對英國保持忠誠，為帝國在亞洲和歐洲的戰事提供了重要支持。然而，戰後的印度面臨著更多的困難和挑戰。讓步政策、民族運動和反對運動此起彼伏，讓人感到擔憂。但同時，印度的未來也孕育著新的希望和可能。如何平衡改革與穩定，如何應對日益高漲的民族主義情緒，如何在戰後重建印度社會，這些都是擺在英國和印度面前的重大課題。雖然未來充滿不確定性，但也為印度的獨立運動埋下了伏筆。

維多利亞時代的思想革命與格萊斯頓改革

在英國歷史的長河中，維多利亞時代是一個充滿變革與創新的時期。隨著帕麥斯頓的逝世和美國內戰北方的勝利，英國政治進入了新的階段，格萊斯頓成為這個時期的政治領袖。他以誠摯、樂觀和對人性的信任，推動了一系列制度變革，為自由黨奠定了堅實的基礎。格萊斯頓在西元 1868 至 1874 年首次執政期間，實現了輝格黨向自由黨的轉變，其內閣的立法改革為英國的社會進步提供了動力。

格萊斯頓的改革不僅限於政治領域，還深入影響了教育和軍事體系。他推動大學教育的普及化，打破了宗教信仰對教育的限制，使更多人有機會接受高等教育。此外，他著手建立初等教育制度，提升國民素養，為未來的社會進步奠定基礎。在軍事上，他的改革為英國軍隊的現代化進程奠定了基礎，強化了國家的防衛能力。

此時，約翰·彌爾的思想也在英國產生了深遠影響。他的著作《論自由》和《婦女的屈從地位》為思想自由和女權主義提供了有力辯護，促進了社會對個人自由的尊重。密爾提倡的女權主義雖未能立即使婦女獲得選舉權，但強調了婦女教育的重要性，推動了維多利亞時代後期婦女教育的發展。

與此同時，達爾文的進化論也在挑戰傳統思維，激發了社會各界的熱烈討論。牛津運動的影響下，教會內部開始接受多元思想，推動了「基督教社會主義」的興起，改變了教會對民主政治和工業革命帶來的社會問題

維多利亞時代的思想革命與格萊斯頓改革

的態度。這一切象徵著維多利亞時代思想領域的蓬勃發展,人們的視野被大大拓寬,思想的自由得到空前的釋放。

在格萊斯頓的領導下,英國的政治和社會結構經歷了重大轉變。西元 1868 年《二次改革法》的通過,使自由黨獲得壓倒性多數,開啟了英國政治的新篇章。保守主義和社會主義的低迷,給予格萊斯頓推行改革的良機,他的內閣實施了一系列舉措,鞏固了英國的社會根基,為日後的國家發展奠定了堅實的基礎。

總而言之,維多利亞時代是英國思想界和政治領域發展的重要時期。格萊斯頓的改革和密爾的思想共同推動了英國的現代化進程,為國家在國際競爭中保持優勢地位做出了不可磨滅的貢獻。

愛爾蘭土地與英國教育改革的雙重變革

　　19 世紀的愛爾蘭，土地問題始終如影隨形。西元 1845 ～ 1846 年的大饑荒迫使大批愛爾蘭人移民海外，留下的農民則面臨著英國政府的漠視和地主的剝削。英格蘭的地主多住在英國本土，對愛爾蘭的土地不作任何投資，反而不斷提高田租，迫使佃農自建簡陋茅舍勉強度日。這種不平等的土地制度與英格蘭形成鮮明對比，並且深深根植於種族和宗教的矛盾中。雖然饑荒後的愛爾蘭民眾因疲憊而無力反抗，但海外的愛爾蘭移民卻逐漸富裕，開始組織反對英國的統治。美國南北戰爭後的芬尼運動更讓英國政府開始正視愛爾蘭問題。

　　自由黨領袖格萊斯頓是最早嘗試解決愛爾蘭土地問題的政治家之一。他在西元 1870 年推行的《愛爾蘭土地法》，雖然未能立刻解決問題，但卻是英國首次承認愛爾蘭土地問題的存在。隨後的法律進一步規定了公平田租和租期保障。然而，土地問題依舊難解，土地協會的興起帶來了抵制運動和農民騷亂。直到保守黨政府買斷英國地主在愛爾蘭的土地，這個問題才得以暫時平息。愛爾蘭的土地問題不僅是經濟問題，更牽涉到深層次的民族和宗教矛盾，這也是英國政府長期忽視的原因之一。

　　與此同時，19 世紀的英國也在經歷教育改革的浪潮。格萊斯頓在宗教和教育領域的改革同樣引人注目。他致力於推動宗教平等，並在西元 1869 年通過了廢除愛爾蘭國教的法案，顯示出對宗教平等的重視。教育方面，他推動了牛津、劍橋等大學的改革，逐步打破國教對高等教育的壟斷，並在西元 1871 年立法，開放大學入學資格，這為英國高等教育的世俗化奠定了基礎。

◆ 愛爾蘭土地與英國教育改革的雙重變革

　　福斯特的《教育法》進一步推動了初等教育的普及，建立了全國統一的教育制度。這個法案雖然在黨內引發爭議，但對國家發展功不可沒，極大地提高了英國人民的識字率，為貧困地區的兒童提供了受教育的機會。這些教育改革不僅改善了個人的生活品質，更推動了整個社會的文明進程。

　　格萊斯頓的改革在宗教、教育和軍事領域取得了顯著成效，他的努力充分展現了維多利亞時代英國菁英階層的靈活與睿智，為英國在 19 世紀末和 20 世紀初的現代化發展奠定了穩固的基礎。

轉型與挑戰：英國政黨的民主浪潮

西元 1874 年，英國政壇經歷了一次重要的轉折。當時，迪斯雷利首次擔任首相，他的政府在內政與外交上都留下了深刻的印記。與此同時，英國正面臨著民主浪潮的席捲，政黨必須適應這個時代的變遷，從而在新的政治格局中立於不敗之地。

在內政方面，迪斯雷利領導的保守黨政府積極推動社會改革。他們通過西元 1875 年的《公共衛生法》和《工人住所法》，致力於改善工人階級的生活條件。這些舉措，聯合格萊斯頓設立的地方政府委員部，為緩解社會痛苦發揮了重要作用。然而，過去一個世紀的不良建築和城市設計，仍對改善居住環境構成挑戰。儘管如此，迪斯雷利內閣的努力仍具有里程碑意義，為後來的社會改革奠定了基礎。

在外交方面，迪斯雷利的決策也影響深遠。西元 1878 年的《柏林條約》結束了俄土戰爭，重塑了巴爾幹半島的政治版圖。雖然英國在此會議中成功阻止了俄羅斯的南下，保全了鄂圖曼帝國，但未能為馬其頓的基督教民族提供自治，埋下了日後巴爾幹地區動盪的禍根。這個決策反映了當時英國政客們過於關注大國博弈，而忽視小民族權益的短視。

隨著 19 世紀末民主浪潮的興起，英國政黨的面貌也在發生變化。保守黨在迪斯雷利的引領下，開始順應時勢，不再固守舊有特權，而是走向民眾，訴諸愛國熱忱和帝國利益以爭取選民支持。這個策略在迪斯雷利去世後，透過櫻草協會和全國保守黨組織得以進一步發展。

與此同時，自由黨內的激進派領袖約瑟夫・張伯倫也在努力將地方自

◆ 轉型與挑戰：英國政黨的民主浪潮

由會整合成全國性組織，推動全國各地效仿柏明罕地方的成功經驗。兩大政黨意識到，在新的民主時代，組織動員和宣傳訴求將成為選舉成敗的關鍵。儘管舊式腐敗手段未消，但新理想主義和公共服務精神正在萌芽。

這個時代考驗著政黨的智慧與勇氣，要求他們在回應民意訴求和捍衛既得利益之間找到平衡，並在爭取選票和堅持原則間作出抉擇。面對這些挑戰，英國政黨的轉型與創新將影響國家的未來發展。

自由黨的挑戰與重塑

　　西元 1880 年，格萊斯頓再度出任英國首相，帶領自由黨重新執政。然而，此時的自由黨與 12 年前相比，已經發生了深刻變化。黨內不再有統一的政治理念，對於未來的政策方向也缺乏共識。自由黨之所以能夠再次上臺，部分原因是因為大眾對迪斯雷利的強硬民族主義感到厭煩，另一方面則是因為選民對於民主制度抱有模糊的期待，期盼自由黨能帶來改變。然而，這種期待並沒有具體化為實質的改革政策，格萊斯頓政府一上臺便面臨著愛爾蘭、埃及和南非等一系列複雜問題。

　　對於愛爾蘭問題，格萊斯頓雖然頗有研究，並在西元 1881 年推行了《土地法》以保障租戶權益，試圖緩解緊張局勢。然而，這項改革措施並未能徹底解決土地糾紛，更無法將土地改革與愛爾蘭自治運動的政治訴求分離。在這個背景下，帕內爾利用議會中的阻撓策略，將兩者的矛盾更加激化，迫使英國議會不得不正視愛爾蘭問題。格萊斯頓政府在內外重重壓力下，舉步維艱。

　　與此同時，英國在國際舞臺上也面臨挑戰。1880 年代的埃及和蘇丹局勢動盪，英國在阿拉比起義後占領埃及，法國雖對此不滿，但並未干涉。英國在埃及的統治不僅改善了當地的經濟狀況，也為日後對蘇丹的影響埋下伏筆。然而，這一系列介入行動也引發了國際間的緊張局勢，直到西元 1904 年英法達成協定後才有所緩解。

　　西元 1885 年的總選舉進一步改變了英國的政治格局。自由黨在城市選區失利，而農業工人則因新獲得的選舉權仍支持自由黨。愛爾蘭本國自治黨成為國會中的重要力量，帕內爾領導下的黨派不容小覷，對不列顛的

◆ 自由黨的挑戰與重塑

　　政治局勢產生了深遠影響。面對這個形勢,格萊斯頓意識到必須與帕內爾妥協,於是在西元 1886 年提出了《本國自治法案》,試圖為愛爾蘭爭取更大的自治權,這象徵著不列顛與愛爾蘭政治角力的新篇章開啟。

　　格萊斯頓的再度執政,不僅是對個人政治智慧的考驗,更是對自由黨能否在複雜的國內外局勢中重新定位自身的挑戰。這段時期的改革與困境,為後世的政治發展奠定了基礎,雖然充滿波折,但也見證了民主制度在英國的演進與成熟。

格萊斯頓的遺產：自由與自治的交錯

威廉・格萊斯頓，他的名字在英國政治史上無人不曉，尤其是在愛爾蘭自治問題上留下了深刻的印記。他的政治生涯中，愛爾蘭自治問題是一個關鍵的轉捩點。當他突然轉變立場，承認帕納爾抗議教的厄爾斯忒應納入自治愛爾蘭的一部分，這個舉動無疑引發了英國政壇的震動。這種策略上的錯誤，不僅導致自由黨內部的分裂，更使得愛爾蘭問題成為英國政治的持久痛點。

在 19 世紀末的帝國主義浪潮中，愛爾蘭自治被視為一種對帝國利益的忽視。保守黨巧妙地利用這一點，激發了不列顛內部的民族情緒，從而在政治上獲得優勢。西元 1887 年，《泰晤士報》公布的偽造「帕納爾」通訊等事件，更是火上加油，使得各黨派之間的對立愈發尖銳。在如此緊張的政治局勢下，各方幾乎無法達成共識，愛爾蘭問題的解決也因此被一再推遲。

格萊斯頓的努力雖然未能在他生前看到愛爾蘭自治的實現，但他的行動在歷史上卻留下了不可磨滅的影響。他的決策究竟是加速還是延緩了愛爾蘭與不列顛的和解，至今仍是學者們爭論的話題。然而，無可否認的是，格萊斯頓在推動英國政治體制現代化方面，功不可沒。他的領導風格深刻地影響了後來的政治家們，特別是在如何平衡傳統價值與現代民主需求方面。

在格萊斯頓去世後，薩利斯布里貴族領導的保守黨政府迎來了英國貿易的繁榮時期。此時，歐洲大陸各國正在形成兩大對立集團，預示著未來的衝突。然而，英國選擇了「赫赫的隔離」政策，試圖在這種緊張局勢中

◆ 格萊斯頓的遺產：自由與自治的交錯

保持中立。儘管如此，英國與德國之間的關係因政治制度的差異而顯得不太自然。

在非洲，隨著列強的瓜分，這片大陸的開發速度驚人。現代化交通和先進醫學的進步，使得殖民地的經營變得更加可行。薩利斯布里政府在這個背景下，得以從容地處理非洲問題，並致力於和平解決各種爭端。

格萊斯頓的遺產在於他為民主和自治奮鬥的精神，即便他的部分政策未能如願以償，但他為後世樹立了堅持原則、追求公義的政治典範。在他之後的政治家們，無不在他的影響下，繼續探索英國與愛爾蘭，以及更廣泛的帝國問題的解決之道。

維多利亞時代的改革與影響

　　19世紀末期的英國正處於社會改革的浪潮中，無論是自由黨還是保守黨執政，社會各界對改善公共生活品質的呼聲不斷高漲。在地方政府的推動下，公共設施如浴場、洗衣房、博物館、圖書館、公園等相繼建成，這些設施不僅提升了市民的生活品質，也促進了社會的整體進步。市政府透過徵收地方稅購買住宅用地，為勞工階級提供住處，改善了他們的居住條件。同時，公共事業如電車、電燈、煤氣和自來水系統也逐漸由市政府掌控，成為市有資產。

　　這個時期，人們開始更加關注貧民區的環境問題，因為作為當時全球最富有的國家，英國不能對窮人區的存在視而不見。許多熱心人士投身於社會改革運動中，例如巴涅特教士以科學為依歸，倡導宗教啟發；查理‧蒲士對倫敦進行統計調查，並提倡老年撫卹金；救世軍的創始人威廉‧蒲士「將軍」則致力於援助弱勢群體。這些努力在當時的社會中引起了廣泛的迴響。

　　在政治領域，維多利亞女王的長期統治見證了英國的巨大變遷。她的堅定與柔和並存的統治風格，不僅鞏固了君主在憲法中的地位，也使得君主制在20世紀初的動盪中依然穩如磐石。維多利亞女王以其獨特的個人魅力，成為連結大英帝國各部分的重要紐帶。儘管她不直接干預政務，但她的意見在官員任命和文件措辭上通常得到尊重，這使得立憲君主制在新時代中執行順暢。

　　19世紀的英國，不僅在政治上經歷了變革，宗教領域也不例外。牛津運動和福音派運動在英國國教會內部形成鮮明對比，前者強調回歸天主教

◆ 維多利亞時代的改革與影響

傳統，後者則注重個人信仰和社會改革。這些宗教運動都對英國的社會結構產生了深遠影響。此外，殖民地改革運動也在進行，許多在印度等地任職的官員呼籲改善殖民地的管治，賦予當地居民更多權利。

整體而言，19 世紀的英國正處在政治、宗教與社會改革的十字路口，各種新思潮層出不窮，這些變革不僅改變了英國社會的面貌，也為現代英國的形成奠定了基礎。儘管過程充滿挑戰，英國最終在這些變革中找到了前進的方向。

工業革命的影響與審美重生

　　19 世紀的工業革命是人類歷史上最具變革性的時期之一，它徹底改變了人們的生活方式，並深刻影響了審美觀念。隨著蒸汽機的發明和工廠的興起，生產力得到了前所未有的提升。然而，這種工業化進程不僅帶來了經濟繁榮，也引發了社會結構的劇變，尤其是對審美價值的挑戰。

　　在這個時期，美麗不再是唯一被珍視的特質。工業化促使人們更加重視實用性和功能性，審美觀念因此而轉變。大規模生產帶來的標準化和同質化，使得獨特性和個性化逐漸消失。這種變化不僅是經濟和社會變革的結果，也與當時的政治動盪息息相關。英國地方自治運動的興起和愛爾蘭自治的呼聲，反映了社會對於變革的渴望與需求。

　　儘管工業革命一度使美麗被踐踏，這並不意味著美的價值完全消失。隨著社會物質生活的豐富，人們對精神層面的滿足愈加渴望。審美觀念的重建成為社會發展的必然要求。藝術和文化的復興，讓人們重新審視美的意義，並在這樣的過程中尋找精神的家園。

　　19 世紀末的英國，政治格局發生了重大變化。工業化的影響下，農業人口大幅減少，城市人口激增，社會結構重組。這個時期的政治變革，如選舉制度的改革和地方自治的加強，進一步反映了英國社會的複雜性和多樣性。

　　總之，19 世紀的工業革命對審美觀念產生了深遠影響。在這個變革的時代，美麗雖一度被忽視，但終將在人們的不懈追求下重新綻放光彩。審美價值的恢復和昇華，不僅是社會進步的重要象徵，更是人類文明的永恆

◆ 工業革命的影響與審美重生

主題。理解這個時期的社會轉變,對於了解現代英國社會的形成過程具有重要意義。工業革命雖帶來了經濟的繁榮,但也引發了社會問題和審美觀念的變化。隨著時代的推移,審美重生成為可能,而這正是人類不斷追求更高生活品質的展現。

政治風暴中的堅韌：
自由黨的改革與挑戰

在自由黨的十年執政期間，儘管面臨著貴族院的強烈反對和激烈的政治爭鬥，政府仍然成功地推動了一系列對英國社會產生深遠影響的社會改革法案。這些改革不僅改善了民眾的生活條件，也為英國的現代化進程奠定了堅實的基礎。自由黨與愛爾蘭民族黨和工黨的結盟，為其提供了重要的政治支持，雖然與工黨的合作有著複雜性，但基本上這些聯盟關係促成了自由黨的長期執政。

貴族院的反對始終是自由黨政府面臨的最大挑戰。自西元 1893 年否決《本國自治法案》後，貴族院成為政治爭鬥的中心。即便如此，自由黨政府依然成功推出了《職工爭執法》、《養老年金法》、《工人償失法》等一系列重要法案，這些法案涵蓋了勞工權益、社會保障和公共健康等諸多領域。此外，自由黨政府還支持了護委員會、遊戲場、童子軍和成年教育等諸多社會事業，這些舉措與醫學和衛生知識的進步相結合，使得英國在兒童健康、人口死亡率和平均壽命等方面取得了顯著進步。

西元 1906 年，自由黨在選舉中大獲全勝，試圖通過《教育法案》和《執照法案》，但均遭上議院否決。西元 1909 年，上議院推翻了喬治・魯意的《人民預算》，引發了憲政爭端。這項預算案中對土地稅徵收極重，旨在用於社會改革，對富裕階層徵收更多的直接稅。雖然貴族否決預算並非法律所禁，但幾乎無先例可循。這個行為引發了民眾的同情，許多原本傾向保守主義的民眾轉而支持自由黨政府。

◆ 政治風暴中的堅韌：自由黨的改革與挑戰

西元 1910 年前後，英國政壇因《預算》及《國會法案》引發一連串憲政爭議，核心在於限制上議院的權力，特別是取消其對財政法案的否決權。在喬治五世的壓力下，上議院最終讓步，《國會法案》得以通過。然而，愛爾蘭自治問題再次成為焦點，隨著改革的推進，英國憲政改革之路充滿崎嶇。議會民主的擴大和保守勢力的對抗，成為英國近代憲政史的基本圖景。

儘管面臨重重困難，自由黨依然憑藉其政治智慧和決心，對英國社會的進步做出了不可磨滅的貢獻。這個時期的政治風暴，不僅展示了英國政治的複雜性，也彰顯了一個偉大民族在變革中展現出的堅韌不屈的精神。

大不列顛的外交轉折與戰爭抉擇

19 世紀末至 20 世紀初，大不列顛試圖維持「赫赫的隔離」政策，藉由強大的海軍力量確保自身安全，避免捲入歐洲大陸的紛爭。然而，隨著歐洲列強軍備競賽的加劇，尤其是德意志帝國的崛起，這個孤立政策變得不再可行。自特拉法加海戰後的百年間，大不列顛的海軍無可匹敵，但德國的海軍擴張開始威脅這個霸權。1880、1890 年代，英國的薩利斯伯里政府尚未意識到加入德奧義三國同盟的必要性，但到了 20 世紀初，國際形勢迫使英國重新審視其外交政策。

西元 1902 年，英日同盟的建立象徵著大不列顛外交政策的轉折。該同盟旨在制衡俄羅斯在遠東的擴張，並防止俄、德、法瓜分中國。同盟的成功使英國得以將注意力集中在歐洲，尤其是應對德國的威脅。德國的崛起不僅在陸上擁有雄厚實力，更在海上挑戰英國的霸主地位。西元 1904 年，英法兩國解決了在埃及和摩洛哥的爭端，建立起「友好協商」關係，這為日後的協約國同盟奠定了基礎。

第一次世界大戰的爆發，改變了歐洲的權力平衡，也徹底終結了大不列顛的孤立主義政策。雖然戰爭的起因與不列顛無直接關聯，但德國的勝利將威脅歐洲的穩定，尤其是比利時中立國地位的被侵，激起了英國的公憤。愛德華·格雷爵士在戰爭爆發前夕的斡旋雖未成功，但贏得了國際輿論的同情，最終英國別無選擇，只能加入戰局以抵禦德國的野心。

與拿破崙戰爭相比，一戰期間的英國不僅依賴強大的財力和海上封鎖，更投入了空前規模的陸軍。這反映出戰爭規模和烈度的提升，以及地理優勢對陸軍作戰的影響。德國的地理位置使其能夠利用內線作戰，對付

◆ 大不列顛的外交轉折與戰爭抉擇

四面八方的敵人,這個優勢使其一旦獲勝,將可能長期控制歐洲大陸。

總之,從拿破崙戰爭到一戰,歐洲大陸的力量對比和戰爭性質都經歷了深刻變化。大不列顛為了阻止德國稱霸,必須捨棄孤立主義,投入大量人力物力,深度捲入歐洲的戰事。這預示著舊有的歐洲格局正處於劇烈動盪和重構之中。

現代戰爭的總體化與國際互賴

20世紀的戰爭，無論從規模還是殘酷程度，都超越了19世紀的拿破崙時代。科學技術的進步帶來了武器裝備的革命性變化，從潛艇、飛機到坦克、化學武器，這些新式武器將戰爭推向了前所未有的殘酷境地。戰爭的規模因交通運輸和後勤補給的進步而大幅擴大，數百萬大軍可以長期駐紮在前線，造成了持續的消耗戰。更重要的是，戰爭不再僅僅是軍人的事務，而是整個國家和民族的生死存亡之戰。總體戰的概念使得平民百姓也無法置身事外，整個社會的資源和力量被動員起來，投入到戰爭中。

在這樣的背景下，大英帝國再也不能依賴其皇家海軍的優勢來保障安全。第一次世界大戰中，英國的殖民地，如加拿大、澳洲、紐西蘭和南非等，積極參與戰事，派出了150萬士兵支援戰鬥。印度也在戰爭初期派遣了大量軍隊至歐洲戰場。然而，隨著戰爭的持續，印度、埃及和愛爾蘭等地卻出現了動盪，顯示出戰爭帶來的社會不穩定因素。

與此同時，英國與美國的關係在戰爭中也經歷了微妙的變化。雖然兩國在貿易封鎖問題上存在分歧，但英國外交策略的調整，特別是重視美國的立場，最終促使美國加入協約國陣營。這個外交上的成功，得益於領導人的審時度勢和兩國人民的共同努力。英國面對德國潛艇的威脅，開發了現代化的反潛技術，並在與美國的合作下，有效封鎖了德國，確保了戰時利益。

現代戰爭對經濟和社會的影響，因國際間的經濟互相依賴而加劇。工業革命後，歐洲國家愈發依賴國際貿易，這使得戰爭對經濟的破壞性更為顯著。英國這樣的海上強國，也不能在戰時切斷對外貿易而無損。國內方

◆ 現代戰爭的總體化與國際互賴

面,政府與人民的關係也發生了變化,民眾的支持成為戰爭勝利的關鍵。政府不得不透過改革措施贏得民心,工人階級的支持成為決定戰局的重要因素。

總之,現代戰爭不僅是軍事對抗,更是國家綜合實力的較量。在這種情況下,國際互賴和國內團結顯得尤為重要。各國應審慎對待這些問題,以免在未來的戰爭中重蹈覆轍。

英國政壇的變遷與現代民主的奠基

在十九世紀的英國，政壇上權力的更迭與政黨的變遷如同時代的潮流，深刻影響著國家的發展與走向。從十八世紀末至十九世紀初，英國的政治舞臺上演了一場場權力的交替，從首次皮特內閣的成立到托利黨的主導，再到輝格黨的崛起，這些變化展現出英國政壇的多樣性與活力。

西元1783年，首次皮特內閣的組成象徵著一個新的政治時代的開始。最初由察坦派及國王的朋友組成的內閣，逐漸轉向托利黨人，並在西元1794年吸納了保守的輝格黨人。此後的數十年裡，托利黨成為英國政壇的主導力量，阿丁頓、小威廉·皮特、波特蘭、珀西瓦爾和利物浦等內閣相繼執政。然而，隨著利物浦內閣的政策逐漸自由化，黨內自由派逐步崛起，坎寧和戈德里奇的組閣為這個趨勢提供了新的動力。

然而，1830年代，輝格黨再度奪得政權，格雷和墨爾本的領導下推動了一系列政治改革，包括西元1832年的選舉法改革，這些改革擴大了選舉權，增強了民主的力量。隨著時間的推移，英國政壇的兩大主要政黨——輝格黨和托利黨（後來演變為自由黨和保守黨）——在政治舞臺上不斷競逐，形成了一種穩定的兩黨制格局。

十九世紀中葉至二十世紀初，正值大英帝國的鼎盛時期，英國的政治、經濟和社會發展在自由黨和保守黨的交替執政中不斷推進。自由黨在推行自由貿易、個人主義和小政府的同時，推動了選舉改革、義務教育等政策，促進了民主和平等的進一步發展。而保守黨則在擴張殖民地、推行貿易保護和實行干預主義經濟政策中，維護了國家的穩定與強盛。

◆ 英國政壇的變遷與現代民主的奠基

　　這個時期的英國，兩黨在議會和選舉的框架下合法競爭，形成了穩定的政治環境。自由黨和保守黨的多次輪替執政，不僅反映了社會的多元性與包容性，也在交替與制衡中推動了英國的繁榮與強大，為現代民主政治的發展奠定了堅實的基礎。這段歷史不僅見證了大英帝國的巔峰，也為現代英國的政治架構奠定了根本。

特里維廉的英國史（筆記版）：
從不列顛邊陲到世界強權，解析英國歷史的關鍵轉折點

作　　者：	[英]喬治・麥考萊・特里維廉（G. M. Trevelyan）	
編　　譯：	伊莉莎	
發 行 人：	黃振庭	
出 版 者：	複刻文化事業有限公司	
發 行 者：	崧燁文化事業有限公司	
E - m a i l：	sonbookservice@gmail.com	
粉 絲 頁：	https://www.facebook.com/sonbookss/	
網　　址：	https://sonbook.net/	
地　　址：	台北市中正區重慶南路一段61號8樓	
	8F., No.61, Sec. 1, Chongqing S. Rd., Zhongzheng Dist., Taipei City 100, Taiwan	
電　　話：	(02)2370-3310	
傳　　真：	(02)2388-1990	
律師顧問：	廣華律師事務所 張珮琦律師	
定　　價：	520元	
發行日期：	2025年03月第一版	

◎本書以POD印製

國家圖書館出版品預行編目資料

特里維廉的英國史（筆記版）：從不列顛邊陲到世界強權，解析英國歷史的關鍵轉折點 / [英]喬治・麥考萊・特里維廉（G. M. Trevelyan）著，伊莉莎 編譯. -- 第一版. -- 臺北市：複刻文化事業有限公司，2025.03
面；　公分
POD版
譯自：History of England
ISBN 978-626-7671-50-4(平裝)
1.CST: 英國史
741.1　114001890

電子書購買

爽讀APP　　　臉書